W0087208

BASTEI
LÜBBE

In gleicher Ausstattung sind außerdem lieferbar:

Budapest (Band 69 001)
Antwerpen (Band 69 002)
Irland (Band 69 003)
Andalusien (Band 69 004)
Prag (Band 69 005)
Wien (Band 69 006)
London (Band 69 007)
Mallorca (Band 69 008)
Toskana (Band 69 009)
Rom (Band 69 010)
St. Petersburg (Band 69 012)
Formentera (Band 69 014)

Niklaus Schmid, geboren 1942 in Duisburg, reiste einige Jahre durch Indien, Afrika und Südamerika, bevor er sich 1978 auf Formentera niederließ. Er schreibt Kriminalgeschichten, Hörspiele und Reisebücher.

Reisen&Entdecken
Der besondere Reisebegleiter

Niklaus Schmid

Formentera

*Eine Insel auf dem Weg
zur Legende*

BASTEI
LÜBBE

BASTEI-LÜBBE-TASCHENBUCH
Band 69 014

1. Auflage: Februar 1994
2. Auflage: Juni 1994
3. Auflage: April 1996

Originalausgabe
© 1994 by Gustav Lübbe Verlag GmbH, Bergisch Gladbach
Printed in Germany
Titelbild: Melba Levick
Satz: Fotosatz Froitzheim, Bonn
Druck und Bindung: Ebner Ulm
ISBN 3-404-69014-1

Der Preis dieses Bandes versteht sich einschließlich der gesetzlichen Mehrwertsteuer

Wer sich hier niederläßt,
hofft, der letzte Eindringling zu sein.

(Henry Miller,
»Big Sur und die Orangen des Hieronymus Bosch«)

Inhalt

Serviceteil von A–Z 257

Anhang

Vorwort

Ein Reisebuch einzig und allein über Formentera? Über eine Insel, die nicht einmal hundert Quadratkilometer groß ist, die nur rund fünftausend Einwohner hat, die in den Reiseführern über die Balearen bislang immer ganz am Rande oder lediglich als Anhängsel der größeren Schwesterinsel Ibiza behandelt wurde?

Ja, aber dazu mußte ein anderes Konzept her, dazu mußte ich vom üblichen Weg, ein Reisebuch zu schreiben, abweichen. Deshalb beginne ich nicht an einem bestimmten Ort, sondern zu einer bestimmten Jahreszeit, nämlich im Frühlingsmonat März, um nach zwölf Monaten, gleich zwölf Kapiteln, mit dem Wintermonat Februar zu enden.

Mal berichte ich aus der Vergangenheit, dann wieder springe ich zurück in die Gegenwart, erzähle Legenden aus meiner Wahlheimat oder gebe handfeste Tips für Besucher; Anekdoten aus der Hippiezeit mische ich mit Berichten über die Tier- und Pflanzenwelt, die Geschichte Formenteras lockere ich auf mit Geschichten über Künstler und Charakterkäuze, mit Schnurren und Rezepten aus Formentera.

Dies ist also das Porträt einer Insel im Verlauf eines Jahres – das Porträt einer Insel, die auf dem besten Wege ist, selbst zur Legende zu werden.

Niklaus Schmid

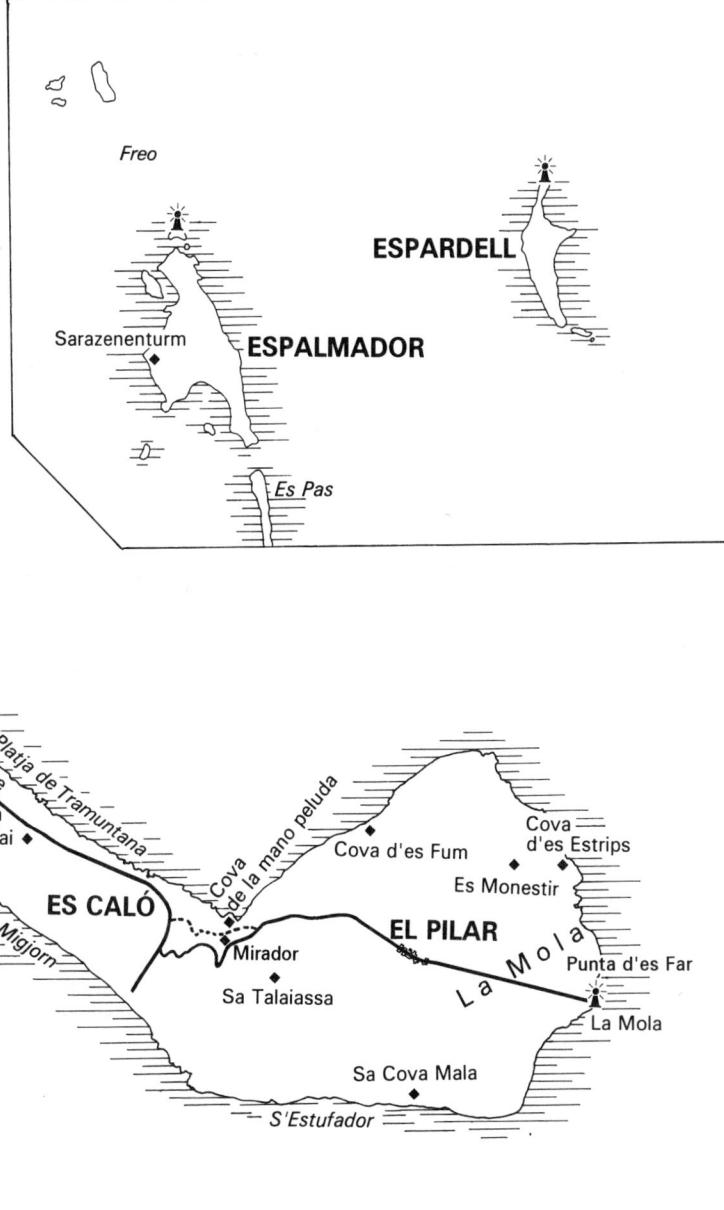

Eine Insel
auf dem Weg zur Legende

I. März

Künstler, Schelme, Träumer – aber für die Ziegen ist auch noch Platz.

»Hoffentlich kriegen wir noch die ›Joven Dolores‹«, sagt mein Sitznachbar, als die Maschine zum Landeanflug auf Ibiza ansetzt.

Knapper geht es nicht: Mit einem einzigen Satz hat der Mann, der eine Basttasche zwischen den Knien hält, kundgetan, daß auch er nach Formentera will und daß er sich in der Inselszene auskennt. Eingeweihte erkennen sich nun mal, und er gehört dazu. Seine Begleiterin ist beeindruckt.

Die Maschine fliegt eine Schleife. Da unten schimmert das Meer in allen Farbabstufungen von Hellgrün bis Dunkelblau. Tief dringen die Sonnenstrahlen ins klare Wasser. Aus der Luft sieht Formentera wie ein Hammer aus. Der Knubbel am Hammergriff ist die Hochebene LA MOLA. Manche sehen in der Inselform auch ein Seepferdchen; eins, das vom Kopf bis zum Schwanz achtzehn Kilometer lang ist. Und die Breite? An der schmalsten Stelle scheinen sich die heranrollenden Wellen fast zu berühren; weiße Sandstrände beiderseits.

Die Sicht ist klar, der nächste Industrieschlot, irgendwo auf dem Festland, fast hundert Seemeilen entfernt. Gut zu erkennen sind die beiden Salzseen im Norden und das Schachbrettmuster der Salinen, die guterhaltenen Piratentürme auf den markant ins Meer vorstoßenden Landspitzen, die weißen Bauernhäuser und die Natursteinmauern, die, einem großmaschigen Fischernetz gleich, das flache Land überziehen.

Das alte Fährschiff »Joven Dolores«.

Ich bin, wieder einmal, ganz hingerissen. Die Insel wirkt noch schöner, als ich sie in Erinnerung hatte. Das macht die Entfernung, das macht die mehrwöchige Abwesenheit.

»Formentera ist kein Reiseziel, Formentera ist eine Weltanschauung«, höre ich den Mann mit der Basttasche sagen. Seine hübsche, modisch gekleidet Begleiterin fragt, ob es auch Diskotheken gibt. Mir schwant, daß sich da eine Katastrophe anbahnt.

An Bord der »Joven Dolores« treffe ich die beiden wieder. Sie stützen sich auf die rotweiß gestrichene Reling, an der zwei Mofas festgezurrt sind. Neben ihnen in einer Pappschachtel piepsen Eintagsküken. Der Festungshügel von Ibiza zieht vorbei, Formentera taucht als blasser Strich am Horizont auf. Die Entfernung von Hafen zu Hafen beträgt elf Seemeilen, die engste Stelle zwischen den beiden Inseln nicht einmal drei. Doch diese Durchfahrt, *Freo* genannt, gehört bei stürmischem Wetter zu den gefährlichsten Wasserstraßen des Mittelmeers.

Wie mit einem Hüftleiden stampft das alte Schiff durch die Wellen. Zu dieser Jahreszeit sind nur ein Dutzend Leute an Bord, einschließlich der Mannschaft, deren Gesichter von den salzigen Böen des *xaloc* und abertausend Seemeilen gezeichnet sind.

Eine Stunde dauert die Überfahrt.

Das Mädchen ist unter der Schminke grün geworden, der Junge mit der Basttasche lächelt tapfer und trinkt Schnaps. »Mig i mig«, sagt er fachmännisch, »halb Kognak, halb Hierbas, das trinken die Marineros auch.«

Später gibt er mir noch einen guten Tip, wo ich Kaninchen mit Knoblauch und Schnecken essen soll, und wünscht mir viel Spaß auf der Insel.

Das hatte schon einmal jemand getan, vor mehr als fünfzehn Jahren. Damals hörte ich den Namen Formentera zum erstenmal. In einem Brief habe ich die Begegnung festgehalten:

Mein Freund!
Da stand ich am Tresen einer Dorfkneipe in Puerto Mogan auf Gran Canaria und wußte von einer Minute zur anderen, wohin ich wollte. Zwei, drei Sätze eines mir völlig fremden Menschen hatten genügt: »Formentera liegt bei Ibiza, gehört zu den Balearen, ist klein, überschaubar, nichts Spektakuläres, aber ganz groß in Kleinigkeiten. Das Licht

dort zum Beispiel, grell, gnadenlos, aber es bringt die Gedanken zum Tanzen. Und dann die Leute: Maler, Schelme, Lebenskünstler, Spaßvögel, eine Menge Sonderlinge, die irgendwann, irgendwo einen Spaziergang auf der wilden Seite des Lebens riskiert haben und jetzt ihren Träumen nachhängen. Die Insel ist so eine Art tintenblauer Tranquilizer. Da ist James, ein närrischer Kriegsfotograf aus Vietnam, da ist der Kartoffel-Hannes aus Köln, und da sind die Einheimischen, die die halbverrückten Ausländer gewähren lassen. Da sind – ach, fahr hin, schnupper mal rein, ich denke, es wird dir gefallen!«

Mein Freund, ich folgte diesem Ratschlag. Jetzt bin ich hier, und, in der Tat, es gefällt mir. Ob auch für längere Zeit – ich werde Dich auf dem laufenden halten.

In diesem Jahr ist alles anders auf Formentera, besonders in unserem Hauptstädtchen SAN FRANCISCO JAVIER. Vor einiger Zeit wurden alle Straßen aufgerissen und Rohre für die Kanalisation verlegt. Das war zweifelsohne nötig. Aber gleichzeitig begann auch das Verschönerungsprogramm. Eine Fußgängerzone entstand, Kugellampen wurden aufgestellt. Doch nach wie vor hängen die Stromkabel wirr wie Spaghetti entlang den Hauswänden. Kaum sind die letzten Gräben zugeschüttet, da werden die ersten schon wieder aufgerissen.

Wie gut, daß nichts perfekt ist! Noch gibt es die Ruinen einer Finca direkt hinter dem Rathaus, mit Ohrenkakteen und verwilderten Geranien.

Ich setze mich ins Café Estrella Dorada, das seinen Namen von der Biermarke hat, die dort ausgeschenkt wird. Der Baggerführer lehnt an der Theke, der Klempner kommt hinzu, dann der Lastwagenfahrer. Vor wenigen Minuten hat er mit seinem Auto die Markise einer Boutique gestreift und

von der Außenwand der Bank Abel Matutes ein paar Kacheln
zerdrückt. Nun schiebt er sich die Mütze in den Nacken und
bestellt ein Glas Vino tinto. Ist es seine Schuld, daß die Gassen
so eng sind? Natürlich nicht! Bernadette, die Besitzerin der
Boutique, wird Augen machen, wenn sie aus der Schweiz
zurückkehrt. Wer Formentera verläßt, und sei es nur für
wenige Wochen, dem fällt ja alles mögliche auf, nicht nur ein
heruntergerissenes Vordach.

Curro und Toni setzen sich zu mir. »Was sagst du zu dem
vergrößerten Hafen?« fragen sie als erstes.

Der Hafen ist schon einige Male vergrößert worden. Er
wird auch diesen Umbau verkraften. Eine neue Hafenmeiste-
rei hat man hochgezogen, mit Geschäften, Mietwagenbüros
und einer Touristeninformation. Sonst bietet LA SAVINA, das
kaum mehr als eine Reihe weißer Häuser umfaßt, den
gewohnten Anblick. Braungebrannte Abholer am Kai, die
bleiche Bekannte begrüßen, Taxifahrer, die nun im Winter
kaum etwas zu tun haben, streunende Hunde, der unermüd-
liche Angler, ankernde Fischerboote. Ein paar Segeljachten
sind hinzugekommen.

»Und dann die neuen Palmen«, sagt Curro, »die passen
doch gar nicht in die Landschaft! Aber im Bürgermeisteramt
war man der Meinung, daß zu einen südlichen Hafen auch
Palmen gehören. Wart mal ab, der erste große Sturm, und sie
knicken um, genau wie beim letztenmal.«

»Außerdem«, sagt Toni, »Palmen brauchen doch viel
Wasser.«

Da hat er recht. Doch die eine oder andere Palme wird
überleben, und in den Löchern, die man mit viel Mühe in den
felsigen Boden gebohrt und mit kostbarem Süßwasser gewäs-
sert hat, wird genügsames, einheimisches Kraut wachsen,
das harte, salzgewohnte Gras oder der unverwüstliche Mastixbusch.

In diesem Winter hatte es viel geregnet. Früher als gewöhnlich, schon Ende Januar, platzten weiß und zartrosa die Mandelblüten. Plötzlich sah es aus, als läge Schnee auf den Zweigen. Ziemlich unvorsichtig von der Natur. Denn ein einziger Frosthauch kann die gesamte Mandelernte zunichte machen. Doch nur selten sinken die Temperaturen bis zum Gefrierpunkt.

Als vor Jahren mal ein paar Schneeflocken vom Himmel fielen, war das ein Gesprächsthema für Wochen. Auf der Hochebene La Mola, ganze 192 Meter hoch, soll jemand einen Schneeball geformt haben. Na, ich weiß nicht. Auch daß Leute den Kauf eines Schlittens erwogen haben, gehört ins Reich der Legenden. Tatsache jedoch ist, daß meine Enten an dem Morgen besonders dumm guckten. Als sie in den Teich tauchen wollten, rutschten sie über eine dünne Eisfläche.

Der reichliche Regen hat auf den Brachen die Wildblumen üppig sprießen lassen. Einen halben Monat lang waren die Felder blau, dann leuchteten sie gelb. Danach erblühten die weißen Zistrosen. Sie für einen Strauß zu pflücken, hat keinen Sinn. Man hat sie noch nicht nach Hause getragen, da sind schon die Blütenblätter abgefallen. Feind der Zistrosen ist der leuchtendrote Zistrosenwürger. Ein Schmarotzer, der auf den Wurzeln der halbhohen Sträucher sitzt und nicht eher Ruhe gibt, bis er seiner Wirtspflanze den letzten Lebenssaft ausgesogen hat.

Am Wegesrand wächst jetzt, sattgrün mit gelben Blüten, der Nickende Sauerklee, der seine Heimat am Kap der Guten Hoffnung hat. Ob Seefahrer diese Pflanze bewußt als Viehfutter eingeführt oder als Samen zufällig in der Kleidung mitgebracht haben, ist nicht geklärt. Jedenfalls hat dieser Klee mit dem leicht säuerlichen Geschmack und den Blüten, die sich nur bei Sonnenschein öffnen, in zwei Jahrhunderten weite Landstriche erobert.

Natürlicher Feind aller Pflanzen am Wegesrand sind die
Schafe und Ziegen. Als vor ein paar Jahren auf Formentera
ein Radweg gebaut wurde, gab es noch einen anderen Feind:
die Zweimannkolonne des Straßenbauamts von Formentera,
genannt Energie und Ausdauer, nach den beiden deutschen
Bergungsschiffen, die einst im Suez-Kanal eingesetzt waren.

Mit Spitzhacke und Sense gingen die beiden ihrer Arbeit
nach, zäh, gleichmütig und ohne Aussicht auf Erfolg. Immer
wieder wuchs das Grün nach. Scheinbar zarte Pflanzen zer-
störten am Rand den Belag der Asphaltstraße, die wie ein
Rückgrat die Insel von West nach Ost überzieht. Sie überwucherten die Gräben, verengten die Fahrbahn. Bislang war das
nicht tragisch gewesen. Jetzt aber sollte hier ja ein Radweg
entstehen, der erste Radweg der Balearen.

Energie und Ausdauer legten die Sense zur Seite und griffen zum Gift. Fortan sah man sie irgendwo zwischen Kilome-
terstein 3 und 13; der eine hatte sich einen großen Giftkani-
ster auf den Rücken geschnallt, der andere pumpte. Die
beiden benutzten nicht mal eine Atemmaske. Sie grinsten,
rauchten, unterhielten sich. Unendlich wie der Vorrat an
Pestiziden schien ihr Gesprächsstoff zu sein. Vielleicht rätselten sie darüber, warum sich die Mofafahrer schon von weitem die Nase zuhielten.

Die Bauern nahmen ihre Ziegen erst vom Straßenrand, als
sich der grüne Klee rostbraun verfärbte, als selbst die harten
Gräser umfielen und die üppigen Blattrosetten der Meerzwiebel auseinanderbrachen. Anzeichen für eine erfolgreiche
Sprühaktion. Energie und Ausdauer hatten die Natur besiegt.

Die Teermaschine kam, ein weißer Strich wurde gezogen,
in Abständen von je hundert Metern malten die beiden Straßenarbeiter stilisierte Fahrräder auf den neuen Weg. Doch
als sie bei Kilometer 13 mit dieser Arbeit fertig waren, durch-
stießen bei Kilometer 3 die ersten Blätter der Meerzwiebel,

die in ihren kindskopfgroßen Knollen genügend Kraft gespeichert hatten, schon wieder den Asphalt.

Maria macht den besten Ziegenkäse der Insel. Doch Marias Ziegen weiden am Wegesrand. Ein Jahr lang hatte ich wegen der Giftaktion von Energie und Ausdauer keinen Ziegenkäse mehr gegessen. Nun bin ich auf dem Weg zu ihr. Die Gefahr ist vorbei. Denn nicht mehr mit Gift, sondern mit einer kleinen Mähmaschine bekämpfen die beiden Straßenarbeiter nun das Grünzeug. Rauchen und schwatzen tun sie wie eh und je, und nebenbei können sie jetzt auch noch fahren. Was für ein Leben! Die Ziegen freuen sich auch. Die duftenden Kräuter kitzeln ihnen den Bauch, die Jungen stupsen die Euter. Wenn die Kleinen zu gierig werden, verbindet Maria den Ziegenmüttern das Euter mit einem Sack. Ohne Milch kein Käse.

In dem separaten Kochhaus, wie es die meisten Bauernhäuser haben, steht die Ziegenmilch an einem kühlen Platz. »Nach dem Melken muß sie mindestens zwei Stunden abkühlen«, erklärt mir Maria. Auf dem Herd blubbert ein riesiger Topf mit Wasser. In einem Mörser zerstößt Maria die Blütenfäden der Distel *card de formatjar*, einer Abart der wilden Artischocke, die königsblau im Juni blüht. Viele von Marias Nachbarinnen nehmen anstelle der königlichen »Käsedistel« die Treibmittelchen aus der Apotheke. Doch Maria macht es eben noch auf die alte Art und Weise.

Jetzt gibt sie das Kräuterwasser in den mit einem Leinentuch abgedeckten Tonkrug. Zwei Stunden dauert es, bis die Milch zu Quark geronnen ist. Sechs Liter ergeben ein Kilo Käse. »Im Frühjahr ist die Ziegenmilch am besten«, sagt Maria. Im Herbst enthalte die Milch nicht genug Fett, der Käse schmecke dann leicht bitter und würde bröckelig.

Das Wissen und die Fertigkeit hat Maria von ihrer Großmutter. Die Alte, an die neunzig und nun fast blind, verrichtet immer noch einen Teil der Hausarbeit. Was aber ist mit der Enkeltochter? Maria zuckt die Achsel. Die habe kein Interesse, so sei nun mal die Jugend. Manches Wissen werde wohl, sofern nicht doch noch das Interesse an alten Fertigkeiten erwache, mit ihrer Generation verlorengehen.

»Die Jungen wollen den hausgemachten Käse ja nicht einmal essen«, sagt sie mit Bedauern.

Vermutlich, weil dem Ziegenkäse der Geruch der Armut anhaftet. Noch Anfang der achtziger Jahre gab es kaum anderen Käse auf der Insel. Ich erinnere mich, wie damals unter den Residenten der Verzehr eines Camemberts, den jemand aus Deutschland mitgebracht hatte, regelrecht zelebriert wurde. Jeder erhielt ein winziges Stückchen, und alle verdrehten, im Genuß schwelgend, die Augen. Heute bietet die Käsetheke im Supermarkt von San Fernando französischen Käse und dänischen und deutschen. Doch der hausgemachte Ziegenkäse fehlt, den kriegt man nur beim Bauern.

Die zwei Stunden Wartezeit sind um. Maria nimmt die Käsemasse aus dem Krug, nicht ohne sich vorher gründlich die Hände und Arme zu waschen. Das ist wichtig, weil von der Sauberkeit die Haltbarkeit der Käselaibe abhängt. Schlechter Käse wird schon nach wenigen Tagen glitschig, guter hält sich Jahre und schmeckt dann in geriebener Form besser als Parmesan.

Maria bearbeitet die Käsemasse so lange, bis sie nicht mehr auseinanderfällt. Dann reibt sie die runden, flach gedrückten Laibe mit grobem Salz ein. »Salz von unseren Salinen«, betont sie. Täglich müssen die Laibe gewaschen und gewendet werden. Den Rest übernimmt die Sonne. Innerhalb von acht Tagen entwickelt sich dann der typisch würzige Geschmack. Frisch essen ihn die Einheimischen am liebsten mit Honig und Feigen, im reiferen Stadium träufeln sie ein paar Tropfen Olivenöl auf den Käse.

Amigo kommt vorbei. Wie üblich fragt er nach der Uhrzeit. Doch das ist nur ein Vorwand für eine Plauderstunde. Und beim Sprechen muß man essen. Schon legt er eine der süßen, weiß-violetten Zwiebeln aus seinem Garten auf den Tisch und schneidet sie in Ringe. Amigo ißt nur, was er selbst angebaut hat. Weil er gern Wein trinkt, aber keine eigenen Reben hat, arbeitet er gegen Naturalien auf dem Weinfeld seines spanischen Nachbarn.

Amigo ist an die siebzig, hat einen breiten Brustkorb und dichtes Haar. Vor zwanzig Jahren kam er auf die Insel und baute sich von dem Geld, das er als fliegender Kartoffelhändler in Köln verdient hatte, ein Häuschen. Das einzige Wort Spanisch, das er damals kannte, war Amigo. Da alle Häuser auf Formentera einen Namen haben müssen, nannte er seines Casa Amigo; das wurde auch sein Name.

Inzwischen kann er sich mit den Fischern und Taxifahrern im Inseldialekt unterhalten. Ich kenne sonst keinen Residenten, der das schafft. Amigo spricht auch Französisch, und zwar so, das hat mir die französische Malerin Veronique le Gentil verraten, wie ein Hafenarbeiter in Marseille. »Na, das war doch meine Heimat, als ich im Untergrund gegen die Faschisten kämpfte«, sagt er und kneift verschwörerisch ein Auge zu.

Dann wechselt er zu aktuelleren Ereignissen. Zwei seiner Küken sind verschwunden, und er weiß auch, wen die Schuld trifft. »Ratten, die verflixten Ratten!«

Der Bürgermeister, fordert Amigo, müsse ein Gesetz erlassen, daß jeden Bewohner verpflichtet, im Monat zwanzig Rattenköpfe abzuliefern. Nur so sei der Plage beizukommen.

Eine andere Plage sind in Amigos Augen die Hippies. Vor seinem Haus hat er nach dem Modell der Vogelscheuche zwei Hippiescheuchen aufgestellt. Das ist ein Pärchen in ausgestopften Jeans, mit einer Stange Weißbrot in der einen und einer Milchflasche in der anderen Hand. Sehr typisch, jedenfalls für Amigo, der glaubt, daß sich Hippies ausschließlich von Brot und Milch ernähren.

Weil er sich jedoch nicht allein auf die abschreckende Wirkung dieser Scheuchen verlassen will, hat er sein Haus zusätzlich mit einem ausgeklügelten Alarmsystem gesichert, bestehend aus alten Fischernetzen und Fußangeln. Tritt jemand auf die verborgenen Drähte, fällt eine große mit Kieselsteinen gefüllte Blechdose in eine Badewanne, die allein diesem Zweck und eben nicht der Hygiene dient. Zusätzlich springt ein Kassettenrecorder an und Hundegebell ertönt.

Zwanzig Jahre hat Amigo die Insel nicht verlassen. Er glaubt noch an die Existenz von Hippies, und auch seine Vorsicht gegenüber feindlichen Agenten hat er nicht aufgegeben.

Es regnet, der Nordwind Tramuntana weht schon seit zwei Tagen. Zwei Tage können lang sein, wenn man daran gewöhnt ist, daß sich das Leben zum größten Teil außerhalb des Hauses abspielt.

Menschen und Tiere werden nervös. Wenn die Katzen mal müssen, gehen sie nur bis zum Vordach und keinen Schritt weiter, schütteln sich hinterher die nassen Pfötchen und kriechen wieder zurück ins Bett. Unser Hund Max haßt geschlossene Türen mit derselben Inbrunst, mit der seine Kollegen in Deutschland die Briefträger hassen. Hier gibt es keine Briefträger, allenfalls einen Telegrammboten, der aber auch nur bei schönem Wetter vorbeikommt, denn er fährt einen Motorroller. Bei richtig schlechtem Wetter erstarrt das Inselleben. Das Fährboot fährt nicht, und das Frachtschiff, das die Butanflaschen bringt, kommt auch nicht.

Zur Zeit gibt es kein Gas. Wer nicht die Möglichkeit hat, wie die Bauern im Kamin mit Reisig zu kochen, ist nun schlecht dran. Die Kamine in den alten Bauernhäusern ziehen zwar hervorragend, doch Wärme verbreiten sie so gut wie überhaupt nicht. So bleiben die Fincas, die im Sommer bestens gegen die Sonne schützen, im Winter kalt und feucht. Seltsamerweise haben sich die Formenterenser nie die Mühe gemacht, ein wirksames Heizungssystem zu entwickeln. In diesem Punkt offenbart sich bei ihnen das Vertrauen des Mittelmeerbewohners, der glaubt, daß der Winter schnell vorübergeht.

Tut er leider nicht. Noch immer heult der Wind ums Haus. Der Regen peitscht schräg übers Feld. Die Palme von Nachbar Jaime Carlos sieht aus wie eine zerzauste Klobürste. An Tagen wie diesen trinken die Fischer einen Kognak mehr als sonst, ihre Frauen laufen den ganzen Tag über im Morgenmantel umher, und die Residenten verfluchen die Entscheidung, im Winter auf Formentera geblieben zu sein.

Ich friere trotz Mantel und Wollmütze und doppelten Socken, und mir fällt ein, daß die Besucher immer fragen, wie kalt es hier im Winter werde. Auf die Antwort, so um fünf Grad plus, rufen sie »Wie toll!«, bedenken aber nicht, daß für den Bewohner einer Finca die Außentemperatur gleichbedeutend mit der Innentemperatur ist. Um einen Kaffee zu kochen, muß man rüber zur angebauten Küche. Die Toilette befindet sich ebenfalls in einem Anbau. Gespült wird draußen, Wäsche am Brunnen gewaschen. Rein, raus, da läßt man am besten, egal, wie kalt es draußen ist, die Tür gleich offen.

Nicht klagen, wärmer anziehen! Doch mit Handschuhen an der Schreibmaschine zu sitzen, ist auch nicht so lustig. Ich klappe die Maschine zu. Auf Formentera gibt es unzählige Gründe, sich vor der Arbeit zu drücken: Mal ist es zu kalt, meistens zu heiß, sind die Temperaturen ideal, möchte man zum Strand; und trifft all das nicht zu, kommt überraschend Besuch mit einer Flasche Wein vorbei.

Doch heute, da kann ich noch so lange schauen, kommt niemand. Die Touristen, die es sich in den Kopf gesetzt haben, Formentera im März zu besuchen, hängen auf Ibiza fest, und Besucher, die abreisen wollen, müssen eben noch bleiben. Die Insel ist von der Außenwelt abgeschnitten.

»Mal tiempo«, schlechtes Wetter, steht auf einer Tafel am Schiff. Gischt treibt über die Hafenmauer, die Fischerboote tanzen auf den Wellenkämmen, die Wolken hängen zum Greifen tief, die Hochebene La Mola ist hinter einem Regenvorhang verschwunden. Wenn es auf Formentera regnet, dann ist dies der kälteste und ungemütlichste Ort der Welt.

Zum Glück dauert der Regen selten länger als drei Tage. Von einer Stunde zur anderen bricht die Sonne durch, sofort ist es wieder warm. Alle Türen öffnen sich, auch die Herzen und Münder der Menschen und die Kelche der Blüten. Die Bienen summen, Hund Max sucht nach einem Floh, der vorher tief in seinem Fell verborgen war, und die Eidechsen kommen unter den dampfenden Steinen hervor.

Unsere Katze Luna bringt eine heran, läßt sie in der Sala frei. Nicht wirklich, sie tut nur so. Aus den Augenwinkeln beobachtet sie das kleine Reptil, das sich erst mal eine Weile tot stellt und dann loskriecht. Nicht weit, Luna legt ihr lässig eine Pfote auf den Kopf. Das Spiel wiederholt sich. Als die Eidechse ermattet liegenbleibt, hebt Luna die Spielverderberin hoch und wirbelt sie durch die Luft. Der Echsenschwanz bricht ab, was von der Natur so vorgesehen ist und schon vielen Lurchis das Leben gerettet hat. Denn unerfahrene Katzen stürzen sich auf das noch lange zuckende Schwanzende.

Nicht unsere Luna. Klug, wie sie ist, nimmt sie zuerst den Körper ins Maul, um das Schwanzende wird sie sich später kümmern. Sie frißt die Eidechse, läßt nur den Kopf übrig, und prompt muß sie würgen. Am Anfang habe ich den Katzen die Eidechsen abgenommen. Doch als ich dann merkte, daß sie sich umgehend eine andere fingen und diese in einer stillen Ecke zu Tode spielten, habe ich es gelassen.

Die Eidechsen sind die wahren Ureinwohner der Insel. Sie waren schon lange vor den Menschen da, was man von den anderen wilden Landtieren nicht mit Sicherheit sagen kann. Igel und Wildkaninchen, Ratte, Landschildkröte und Gartenschläfer wurden womöglich erst mit den Siedlern hergebracht. Groß ist die Anzahl der Landtiere nicht. Die Ursache habe ich mir erklären lassen:

Als vor fünf Millionen Jahren die Festlandverbindung abbrach, saß alles, was nicht fliegen konnte, auf den Pityusen in einer Falle. Bei Waldbränden und Überschwemmungen, bei großer Hitze und extremer Kälte gab es kaum Auswege. Verstecken konnten sich da nur kleine Tiere, wie eben die Eidechsen. Ein paar Millionen Jahre lang waren sie wohl so etwas wie eine Familie; zwar leicht unterschiedlich in der Größe, im Aussehen jedoch ziemlich gleich.

Als dann aber nach der letzten Eiszeit das Wasser im Mittelmeer stieg, unterbrach es die Landverbindung zwischen den beiden Pityuseninseln Ibiza und Formentera sowie zu den vorgelagerten Inseln Es Vedrà und Tagomago, und es entwickelten sich eigenständige Arten, 32 sollen es sein. Die *Podarcis pityusensis formenterae*, wie sie wissenschaftlich heißt, gibt es nur auf Formentera und sonst nirgendwo auf der Welt. Diese hübsche Ureinwohnerin der Insel, grün mit blauen Zierstreifen an der Flanke, ist größer als ihre Artgenossin auf der Schwesterinsel Ibiza.

In den Dünen und im baumlosen Norden Formenteras gibt es zudem eine Unterart, die sich der Umgebung mit einem sandfarbenen Kleid angepaßt hat, und auf der nur durch einen schmalen Wasserarm von Formentera getrennten Insel Espalmador schmückt sich eine Verwandte mit violett schimmernden Schuppen. Selbst das Inselchen Espardell hat seine eigene Eidechsenart, und die lebt in wahrhaft paradiesischen Zuständen, denn die Insel ist von Menschen unbewohnt.

Jörne kannte alle Arten. Er kannte auch ihre Schlupfwinkel und ihre Vorlieben. Jörne war Maler, aber weil er von seinen Bildern nicht leben konnte, fing er Eidechsen. Er stellte Gläser mit Resten von Marmelade oder Rotwein bei den Natursteinmauern auf. Angelockt von dem süßen Duft krochen die Mini-Saurier hinein und kamen, weil sie an der glatten Glaswand abrutschten, nicht mehr heraus. Hatte Jörne hundert Eidechsen zusammen, packte er sie in einen Karton und verschickte sie an Zoohandlungen in Deutschland.

In den kalten Frachträumen der Flugzeuge verfielen die Tiere in Starre, und ehe sie wieder munter wurden, befanden sie sich in einem Terrarium in Deutschland. Das ging so lange gut, bis eines Tages ein Streik den zügigen Transport unterbrach. Die Eidechsen erwachten vorzeitig aus ihrer Starre, wurden munter und fraßen sich durch den Karton. Da der Karton zufällig in einer Zollstelle stand, krochen einem erstaunten Beamten plötzlich Dutzende von Eidechsen über den Schreibtisch.

Jörnes Geschäft war gelaufen.

Die Mini-Saurier in freier Natur zu beobachten, ist ja auch viel schöner. Mit Obst kann man sie leicht anlocken, und mit etwas Geduld werden sie so zahm, daß sie einem an den nackten Beinen hochkrabbeln und aus der Hand fressen. Nicht selten kommt es bei einer solchen Fütterung zu wilden Kämpfen.

Bekannte, die ein Ferienhaus am Waldrand haben, fanden im Herbst einige Dutzend Eidechsen in ihrer Zisterne. Die meisten waren bereits tot. Die wenigen, die noch lebten, hatten sich auf die aufgeblähten Bäuche der Ertrunkenen gerettet.

»Zehntausend Liter Wasser verseucht, dazu die Arbeit«, schimpften die Feriengäste. Denn das stinkende Wasser mußten sie, bevor ihnen der Tankwagen neues brachte, erst einmal ausschöpfen.

Amigo ist überzeugt, daß jemand aus Böswilligkeit die Eidechsen in die Zisterne geworfen hatte. Es kann aber auch einen ganz anderen Grund geben.

Wenn man eine Zisterne, die nicht gut schließt, oder aber einen der alten Brunnen hat, dann fallen in der trockenen Zeit auch schon mal jene Eidechsen hinein, die auf der Suche nach Feuchtigkeit sind.

»Häng mit einem Bindfaden einen trockenen Thymianbusch knapp ins Wasser!« hat Amigo mir geraten. »Darauf können sich die Tierchen retten. Da es im Brunnen kühl ist, bleiben sie starr, und du kannst sie morgens hochziehen.«

Es gibt Leute auf der Insel, die dir ohne weiteres ihr Mofa oder Auto leihen, die dir aber keinesfalls verraten würden, wo sie die ertragreichsten Büsche mit wildem Spargel entdeckt haben. Zu diesen Leuten gehöre ich auch. Also werde ich in meinen Angaben zwar korrekt, aber eben nicht präzise sein; und so werde ich es auch halten, wenn es um seltene Pflanzen oder um die Nistplätze von Vögeln geht.

Ich stecke die Lederhandschuhe ein und mache mich auf den Weg. Am Salzsee halte ich an. Zwischen Binsen, Aleppokiefern und Phönizischem Wacholder, der die Höhe und Stärke von Bäumen erreicht, stehen die Spargelbüsche. Hier im Schatten wachsen auch Orchideen.

Der Untergrund aus Kalkstein und der Verzicht vieler Bauern auf Kunstdünger und Pflanzengifte machen die Insel zu einem regelrechten Paradies für Orchideen. Nicht weniger als zehn Arten soll es auf Formentera geben, drei davon sind erst in den letzten Jahren entdeckt worden. Schön, wie es schon der Name verspricht, ist das Hügelknabenkraut. Vielleicht noch schöner die Wespenragwurz, in die sich die männlichen Bienen vergucken, denn ihre Blüte ähnelt einer weiblichen Biene. Doch nicht genug damit, diese Orchidee verströmt auch noch den Sexualduft eines Insektenweibchens. Kein Wunder also, daß der Bienenmann förmlich auf diese Superbiene fliegt und so der Orchidee zur Befruchtung verhilft.

Wo die Pflanzen nicht mit Tricks arbeiten, da verstecken sie sich. Nachdem ich zu den Orchideen abgeschweift bin, muß ich meinen Blick erst einmal wieder für den wilden Spargel schulen. Es dauert eine Weile, dann sehe ich ihn, überall, praktisch sehe ich nichts anderes mehr; die Blumen sind verschwunden – selektives Wahrnehmen, vom Appetit auf die grüne Delikatesse gesteuert.

Die Spargelbüsche sind bis zu einem Meter hoch. Mitten drin die jungen eßbaren Triebe, die jedoch von Ranken mit zwei bis drei Zentimeter langen, äußerst spitzen Dornen geschützt werden. Mit einer Hand drücke ich die stacheligen Ranken zur Seite, mit der anderen knicke ich die frisch gesprossenen Stengel dort, wo sie noch wie Glas brechen.

Nach einer Stunde habe ich ein dickes Bündel beisammen. Arme und Beine blutig, das Hemd zerrissen, aber ich fühle mich glücklich.

Einen Teil des Spargels werde ich gleich nach Art der Einheimischen zubereiten, indem ich die dünnen, in Salzwasser gekochten Stangen zwischen die Kartoffelscheiben einer Tortilla lege. Den Rest wickele ich in ein feuchtes Tuch, um ihn später mit Schinken und Butter zu essen.

Für dieses Jahr war das der letzte wilde Spargel. Im April werden die jungen Triebe holzig, und etwas später kriegen sie dann selber Dornen.

Auf dem Nachhauseweg treffe ich das Pärchen aus dem Flugzeug wieder. Sybille und Thomas, so heißen sie, haben sich ein Tandem geliehen. Thomas will wissen, wo ich den Spargel gefunden habe. Ich weise in die falsche Richtung. Wenn er wirklich ein so ausgefuchster Inselkenner ist, wie er vorgibt, wird er in der entgegengesetzten Richtung suchen. Sybille fragt nach einem Restaurant, wo man schick essen kann. Dann fahren sie los. Er tritt in die Pedale, sie versucht hübsch auszusehen.

Im März ist die sonst eher karge Insel ein Garten. Hinter Natursteinmauern stehen mit schwarzweißen Samtblüten die Dicken Bohnen in Reih und Glied, bunt blühen die Zuckererbsen. Kniehoch und in Büscheln wie Schnittlauch wächst der Röhrige Affodil mit seinen weißen Sternenblüten, Felder mit Gänseblümchen, dazwischen der lila Riesenlauch und gelber Ginster; Felsheide und Rosmarin, die immer noch oder schon wieder blühen, Margeriten, Gladiolen und wilde Malven, deren hellblaue bis dunkelviolette Blüten später ihre wie winzige Käseecken aussehenden Früchte entwickeln, beliebt schon in der Antike als Gemüse und Heilmittel gegen Entzündungen.

All das wächst zu deinen Füßen, blüht, duftet; und du fragst dich, wann das war, der Regen, die Kälte. Es scheint Wochen her zu sein und war doch erst vor Stunden. Formentera im März, das ist eine Insel voller Gegensätze und Überraschungen.

II. April

Die Mauren, der Müll und Marianos Steine.

»Hier wohnen Fremde jeder Herkunft, hauptsächlich Phönizier«, schrieb der griechische Reiseschriftsteller Diodorus
Siculus im 1. Jahrhundert v. Chr. über Ibiza. Auf Formentera
wird es ähnlich gewesen sein, mit dem Unterschied: Ibiza, die
Stadt, 654 von den Phöniziern gegründet, war punische
Metropole, das kleine, strategisch unwichtige Formentera
aber war Provinz. Und es blieb Provinz. Alle Herren des
Mittelmeers waren scharf auf die hügelige Schönheit Ibiza,
um die flachbrüstige, eher herbe Schwester Formentera
kümmerten sie sich nur nebenbei.

Phönizier und Griechen herrschten etwa zur gleichen Zeit
im ersten Jahrtausend vor Christus. Den Karthagern, die das
punische Erbe auf den Balearen angetreten hatten, folgten
um 120 v. Chr. die Römer. Zur Zeit der Völkerwanderung, im
5. Jahrhundert nach der Zeitrechnung, schauten die Westgoten vorbei, die Vandalen blieben gleich ein ganzes Jahrhundert. Und hätte Byzanz, das nach der Teilung des Römischen
Reichs die Herrschaft im Mittelmeer anmeldete, ihnen nicht
auf die Sprünge geholfen, aus kriegerischen Vandalen wären
friedliche Formenterenser geworden.

Die Ansätze waren schon da, sie hausten nicht mehr, diese
Vandalen, wie man es ihnen immer nachsagt, sie wohnten
bereits. Doch ihr Reich, das die nordwestafrikanische Küste
und die Balearen umfaßte, ging unter. Auf den Inseln hatte

fortan das ferne Byzanz das Sagen, später gaben die ebenfalls recht entfernten Franken unter Karl dem Großen den Ton an. Nicht allzu lange.

Allah ist groß, Allah ist mächtig, hallte es aus den sehr viel näheren arabischen Ländern. Die Anhänger des Propheten Mohammed, der um 570 geboren wurde, verbreiteten seine neue Lehre mit Nachdruck. Den Sprung über die Straße von Gibraltar hatten sie bereits vollzogen, das Reich der Westgoten auf dem spanischen Festland schon 711 zerschlagen. Knapp zweihundert Jahre später nahmen die Muselmanen auch die Pityusen fest in ihre Hand. Nun galt die Lehre des Koran, auf Ibizas Stadthügel erhob sich eine Moschee, in Santa Eulalia ebenso. Für Formentera waren die Unterschiede mal wieder nicht so offensichtlich. Die Fischer und Bauern sprachen arabisch, und sie verneigten sich betend fünfmal am Tag gen Mekka, denn das schreibt der Koran zwingend vor.

Die Mauren – so bezeichnete man im mittelalterlichen Spanien die Araber, aber auch die Berber und später alle Muslime – pflanzten die ersten Dattelpalmen und ernteten das Salz in den Salinengärten, wie vor ihnen wahrscheinlich schon die Phönizier. Hin und wieder werden sie von der Steilküste des Kap Barbaria nach Süden geschaut haben, weil man von dort aus an klaren Tagen angeblich bis nach Afrika gucken kann. Aus Eroberern waren Einheimische geworden. Ihnen gehörte das Land, sie beherrschten das Meer ringsum. Wagten sich Seefahrer von der anderen Konfession in die pityusischen Gewässer, rückten sie ihnen mit ihren Feluken an die Bordwand, schwangen Enterhaken und Krummsäbel. Ein echter Formenterenser war schon damals ein Multitalent, war Fischer und Bauer, Hirte und Seeräuber zugleich.

So ging das ein paar Jahrhunderte, genau bis zum Jahre 1235. Die Rückeroberung, begonnen in den christlichen

Randstaaten Aragón und Katalonien, erreichte die Pityusen.
Am 8. August stürmten die Soldaten des Erzbischofs von
Tarragona, Guillermo de Montgri, die Festung Ibiza. Der
Feldzug stand unter Oberbefehl des Königs von Aragón,
Jaime I., genannt der Eroberer. Nachdem dieser sechs Jahre
zuvor bereits Mallorca den Mauren entrissen hatte, gehörten
nun auch die beiden Pityuseninseln »dem christlichen
Abendland an«, wie es in den Urkunden in Ibiza heißt.

Die Spanier, genauer gesagt die Krieger aus Aragón, Katalonien und Südfrankreich, waren also die letzten in der Kette
der Eroberer. Verhalten haben sie sich ähnlich wie ihre
Vorgänger. Sie töteten viele der Besiegten, aber nicht alle.
Eroberer sind meist grausam, selten besonders intelligent,
aber eben doch nicht so blöde, selbst auf dem Acker zu
schuften. Ein Teil der Araber blieb also als Sklaven auf den
Pityusen; Sieger und Besiegte vermischten sich. An Stelle der
Moschee auf Ibizas Stadthügel erhob sich bald eine Kathedrale, auf Formentera erstand eine bescheidene Kapelle. So
bescheiden, daß sie lange Zeit zwischen den Ziegenställen
und Neubauten am Ortsrand von San Francisco gar nicht
aufgefallen war. Die Kapelle SA TANCA VÉIA wurde erst vor
kurzem restauriert.

Toni ist Maurer, aber keiner, der mit Zement arbeitet. Toni
kann, was nur noch wenige auf Formentera können: Er
schichtet die Feldsteine nach alter Art, ganz ohne Mörtel, zu
wunderschönen Natursteinmauern. Zuerst spannt er eine
Schnur als Richtlinie. Dann legt er die großen Felsbrocken in
zwei Schichten entlang dieser Schnur. Ganz pingelig ist er bei
dieser Arbeit, schlägt hier eine vorstehende Ecke ab, rückt
dort einen Stein nach. Die Mauer muß, um sich selbst ohne
Bindemittel zu stützen, etwas konisch sein. Die Lücken zwischen den Außensteinen füllt Toni mit kleinen Felsbrocken.

Auf die Mauerkrone legt er flache Steine, die an der Küste gebrochen werden und Regen und Sonne lange widerstehen.

Tonis Hände sind rauh, seine Stimme ist, wie bei einigen Formenterensern, seltsam hell. Wenn er sich einem Haus nähert, ruft er nicht »Hallo«, sondern nennt seinen eigenen Namen. Es klingt, als riefe ein Vogel: »Ton-nii, Ton-nii!« Eine liebenswürdige und nachahmenswerte Gewohnheit. Ich wäre froh, wenn jeder, der sich meinem Haus nähert, seinen Namen riefe. Es gibt an den Bauernhäusern keine Klingel, nicht mal eine Gartenpforte, alle Türen stehen offen. Die Einheimischen machen sich grundsätzlich bemerkbar, die Besucher fast nie, stehen plötzlich wie aus dem Boden gewachsen vor einem, in der Sala oder am Bett, und fragen nach dem Weg zum Strand.

Bei Toni ist etwas alt oder sehr alt, oder es stammt aus den Zeiten der *moros*. Nach dieser Einteilung gehört mein rostiges Fahrrad in die Maurenzeit. Damit sind wir zurück in der Inselgeschichte.

Vorbei war es mit der Macht der Mauren in Spanien nach der »Befreiung« der Pityusen nicht. Auf dem Festland herrschten sie noch eine ganze Weile. Granada, der letzte arabische Staat auf europäischem Boden, erlebte mit dem Bau der Alhambra im 14. Jahrhundert sogar seine kulturelle Glanzzeit. Den Leuten von Ibiza und Formentera aber machten die weniger kultivierten maurischen Piraten das Leben schwer.

Die Ibizenkos zogen sich bei Überfällen der Seeräuber hinter ihren Stadtwall und die Mauern ihrer Wehrkirchen zurück. Da die kleinere Pityuseninsel keinen Schutz bot, flohen die Formenterenser auf die Nachbarinsel. Hin und wieder werden sie wohl über den nur gut zwei Seemeilen breiten Meeresarm Freo geschippert sein, um nachzusehen, ob die Luft rein war.

»Hay moros en la costa? – Mauren in Sicht?« – hieß es
dann. Diese Frage, als Redewendung noch immer in
Gebrauch, gilt für alles Verdächtige.

Meist waren Mauren in Sicht. Über Jahrhunderte galt Formentera als regelrechtes Piratennest. Erst gegen Ende des
17. Jahrhunderts änderte sich die Lage soweit, daß sich ein
gewisser Marco Ferrer mit Genehmigung des Königs auf
Formentera niederließ. Die Neubesiedlung begann.

Die Ortschaft SAN FRANCISCO JAVIER wurde Anfang des 18.
Jahrhunderts gegründet. Eine Wehrkirche und eine Handvoll
Häuser drumherum, aus mehr bestand der Hauptort bis Mitte
dieses Jahrhunderts nicht. Auf dem Dach der Kirche, wo
heute der Pfarrer Don Antonio wie in einem Penthouse
wohnt, standen lange Zeit Kanonen. Denn noch immer trieben Piraten ihr Unwesen; außer den maurischen vor allem
türkische, aber auch französische und englische.

Das Ende der Piratenplage kam erst, als die Ibizenkos und
auch die Männer von Formentera selbst zu Seeräubern wurden. Sie hatten von ihren Peinigern gelernt, ja diese am Ende
sogar an Mut und Kühnheit, List und Verschlagenheit über-
troffen. Selbst vor zahlenmäßig überlegenen Gegnern hatten
sie keine Angst. Bevorzugt lockten sie, den Heimvorteil nut-
zend, mit ihren wendigen Booten größere Schiffe in einen
Hinterhalt. Doch wagten sie sich auch bis nach Nordafrika,
um dort an der Berberküste Sklaven zu jagen.

Angriff als beste Verteidigung. Zur passiven Sicherheit
gehörten die fünf Wachtürme, die die Formenterenser gegen
Ende des 18. Jahrhunderts an den wichtigsten Ecken der
Insel erbauten. Von dort meldeten Wächter die Ankunft fremder Schiffe.

Im Morgengrauen des 1. Juni 1806 schlich sich das britische Korsarenschiff »Felicity« heran. Womöglich wäre der
schwerbewaffnete Zweimaster unerkannt geblieben, hätte es

nicht den Matrosen José Ferrer gegeben, der sich in den Gewässern vor Formentera von Bord des Schiffes stahl, wagemutig die Steilküste La Mola erklomm und seine Landsleute vor den bösen Absichten der fremden Piraten warnte.

Ibizas Korsaren unter dem Kommando von Antonio Riquer machten mobil, und es kam zum Gefecht zwischen der ibizenkischen »Vives« und der dreimal so großen britischen Brigg. Gemäß den Geschichtsschreibern muß es ein herrlicher Kampf gewesen sein, der im Hafen vor den Augen der Schaulustigen geführt und von der »Vives« gewonnen wurde. Die ibizenkischen Korsaren bekamen, wohl einzigartig in der Welt, ein Denkmal an der Hafenmole, ihr Anführer wurde umgehend zum Fregattenkapitän befördert, und die Pityusen hatten für alle Zeit ihre Helden – nur der Matrose José Ferrer, der den Sieg vielleicht erst möglich gemacht hatte, ging leer aus.

Es war ein letzter großer Triumph der pityusischen Gegenpiraten, denn mit der Seeräuberei ging es nun zu Ende. Wie so oft machte neue Technik einem alten Berufsstand den Garaus. Die Dampfmaschine wurde erfunden, ein Postdampfer nahm seinen Dienst auf. Die Pityusen, bis dahin zumindest im Winterhalbjahr isoliert und auf sich selbst angewiesen, rückten näher ans Festland.

Ist eine Gefahr gebannt, kommt eine neue. Die Fremden, die in der Mitte dieses Jahrhunderts die Insel betraten, kamen in friedlicher Absicht. Dennoch sollten sie Formentera rascher und nachhaltiger verändern als alle Eroberer vor ihnen. Zunächst waren es Einzelgänger, Maler und Schriftsteller und allerlei Sonderlinge. Die Hippies kamen schon in bunten Scharen. Sie fanden unverbrauchte Natur, friedliche Bewohner und niedrige Preise.

Den Blumenkindern folgten die Pauschaltouristen und Aussteiger, aber auch Geschäftemacher. Viele Besucher kamen für ein paar Urlaubswochen, blieben einen Sommer oder Jahre und machten die Insel zu ihrer Wahlheimat. Oft hatten sie nur den einen Wunsch: Hier ein Haus – und nach mir der allgemeine Baustopp. In dem vermeintlichen Paradies war es eng geworden.

Es war ein Tag wie jeder andere auf einer kleinen, kargen Insel im westlichen Mittelmeer ... Da sitzen sie mit gekreuzten Beinen auf steinigem Boden, den Blick aufs Meer, blau, bis hin zum dunstgrauen Schattenriß der Insel Vedrà. Im Rücken ein Ungeheuer aus Beton und eisernen Gräten, Fortschritt genannt. In rissigen Händen ein Fischernetz, engmaschige Tradition.

A: Sie haben uns die Luft genommen.

B: Sie haben Maschinen gebracht.

A: Sie haben uns die Stille genommen.

B: Sie haben Arbeit gebracht. Du weißt, noch vor Jahren –

A: Ich weiß, Arbeit. Arbeit sogar für die Handwerker aus Andalusien und für Geschäftsleute aus dem Norden. Sie haben unser Land genommen.

B: Gekauft.

A. Gut, gekauft. Und Mauern drumherum gezogen. Zuviel Neues, zuviel Technik. Das bedrückt mich.

B: Ich sah dich lachen, gestern, nach gutem Fang, im Fernsehen kämpften drei Engel für Charlie. Auch das ist neu, ist Technik.

A: Ja, ich hab' gelacht, war trotzdem traurig. Sie haben uns, versteh, das Wesentliche genommen und unwesentliche Dinge gebracht. Warum können wir es nicht wie sie machen, das, was sie wollen, in Kisten packen und ihnen zuschicken?

B: Die Sonne? Die Pinien? Den Duft von Thymian und Rosmarin? Das Blau des Meeres? Das Licht über den Salinen? Die

Fischernetze im Hafen von La Savina.

Trachten der alten Frauen? (Wird unterbrochen. Eine Urlauberin im Bikini erhebt sich aus der nachempfundenen Hocke der Fotoprofis, sagt halblaut und zögernd »gracias« und dann zu ihrem Begleiter: »Die merken nichts, die kümmert nichts, das sind noch echte Fischer.«)

A: Sag, wer rief sie denn, die Vielzuvielen?

B: Wir.

A: Wir? Und warum?

B: Sie sollten uns unabhängig machen vom unsicheren Fischfang, von mageren Ernten, vom Dienst auf fremden Schiffen.

A: Nun sind wir abhängig von ihnen.

B: Und von unserer Bequemlichkeit.

A: Jetzt haben wir andere Ängste. Letzte Nacht, am Rand der Mola, unterm vielspeichigen Lichtrad des Leuchtturms, sah ich eine Seemöwe auf Nahrungssuche. Sie tauchte ins Meer, doch das Wasser, wie flüssiges Blei, hielt sie gefangen. Verstehst du das?

B: Ein Traum, ein böser Traum, sonst nichts.

A: Sie haben unsere Träume verändert. Sie werden, wenn's weiter so geht, unser Denken verändern.

B: Ja, ja, wie's vor ihnen die Besucher taten: die Phönizier, die Römer und die Vandalen, die Mauren, die Normannen und die Männer aus Aragón. Wie schon seit dreitausend Jahren.

A: Die sind wieder gegangen.

B: Oder wie wir geworden. Es ist *igual*. Die Gleichgültigkeit hilft uns, Toleranz ist die einzig große Kraft einer kleinen Insel.

A: Du sagst: *Igual igual*. Alles ist gleich? Nichts ändert sich?

B: Doch ständig: Juan hat seine Strandbar verkauft, Juan geht wieder fischen.

Und die Vorgeschichte, Sie meinen, was vor den Phöniziern war?

Wahrscheinlich haben hier die Nachkommen der Kelten gelebt, die sich im 1. Jahrtausend vor der Zeitrechnung auf dem Festland mit den iberischen Ureinwohnern vermischt hatten. Die Zeit davor liegt im dunkeln. Das heißt, ein wenig Licht ist vor knapp zwei Jahrzehnten in die Vorgeschichte gekommen, 1975 wurde nämlich am Salzsee ...

Wie wär's mit einem Ausflug?

Ich schaue zum Himmel. Keine Regenwolken, aber auch nicht zu warm, das ideale Wetter für eine Radtour.

Schon bei Kilometer 10 gibt es einen Grund zum Anhalten. Doch lassen wir das Hinweisschild CASTELLUM ROMÀ DE CAN BLAI ruhig links liegen. Von dem Römerkastell ist nicht viel zu sehen, nur die Grundmauern. Doch ja, zugegeben, ich lenke deshalb von der Stelle ab, weil ich die Familie kenne, die auf dem Bauernhof nebenan wohnt. Für sie war der archäologische Glücksfund Anfang der achtziger Jahre nämlich eher ein Unglück. Mit ihrer Ruhe ist es seither aus. Motorräder knattern vorbei, aus Bussen quellen Reisegruppen mit schußbereiten Kameras. Die alte Frau traut sich kaum mehr aus dem Haus. Die ständigen Fragen, obwohl freundlich gemeint, sind ihr lästig: Wie groß? Wann gebaut? Aus Selbstschutz stellt sich die Bäuerin taub oder dumm.

Also weiter! Vorbei an schirmartigen Feigenbäumen, die bereits frische Blätter haben. Das Korn steht gut, dazwischen knallrote Flecken von Klatschmohn, der in diesem Jahr so prächtig wächst. Der SALZSEE ESTANY PUDENT kommt in Sicht. An der Landzunge am nördlichen Ufer biegen wir von der Asphaltstraße ab. Auf einer kleinen Anhöhe, von Büschen geschützt, da liegt es, das Großsteingrab CA NA COSTA. Als es Mitte der siebziger Jahre entdeckt wurde, war das eine Sensation. Denn eine Kultstätte aus der Bronzezeit, das hatte

Üppig blüht der knallrote Klatschmohn.

selbst das viel größere Ibiza mit seiner sonst so viel reicheren Kulturgeschichte nicht zu bieten.

Das Grab ist kreisrund und besteht aus hochkant stehenden Steinplatten, die einem gigantischen Blütenkelch gleichen. Der Grabeingang und der Ringwall sowie der mit flachen Steinen gepflasterte Boden drumherum waren seit ewigen Zeiten mit Erde bedeckt gewesen. In der Mitte wuchs ein Baum, und ein paar der Großsteine hatten die Bauern der Umgebung zum Bau von Ställen verwandt.

Zum Vorschein kamen bei den Ausgrabungen zunächst Töpfe und Werkzeuge aus Stein, später auch Knochen von zwei Frauen und sechs Männern, von denen einer an die zwei Meter groß war. Krankheiten konnten nicht festgestellt werden, bis auf Arthrose, das aber ist die typische Inselkrankheit.

Vor kurzem hat die Gemeinde rund um das nahezu viertausend Jahre alte Grab ein Gitter aufgestellt. Sicher in bester Absicht, doch leider nimmt dieser Löwenkäfig der Kultstätte viel von ihrem Zauber.

Formentera ist eine offene Insel. Es gibt nur wenige Kilometer Asphaltstraße, aber ein Labyrinth von Feldwegen. Eine der üblichen Wegbeschreibungen lautet: Fahr bis Kilometer soundso, biege an der Mülltonne ab und dann immer geradeaus bis zu der blühenden Agave.

Vorsicht! Sie kommen nie an. Es gibt keinen einzigen Feldweg, der geradeaus führt, überall sind Abzweigungen, die der Alteingesessene nur nicht mehr wahrnimmt. Dafür habe ich, als ich zum erstenmal solch einer Beschreibung folgte, von den Agaven gleich ein Dutzend blühen sehen. Agaven wachsen zehn bis fünfzehn Jahre, entwickeln dann in wenigen Wochen einen haushohen, einem riesenwüchsigen Spargeltrieb gleichenden Blütenstengel und sterben danach schnell ab.

Stunden habe ich gesucht, und als ich schließlich vor der
Finca stand, war niemand zu Hause. Für solche Fälle gibt es
den Anrufbeantworter nach Inselart. Das ist ein Block mit
Bleistift, der an der Tür hängt. Finca-Bewohner freuen sich
immer, wenn sie nach Hause kommen und eine Nachricht
vorfinden. Der schönste Gruß, den ich gesehen habe, war der
mit Steinchen gelegte Name des Besuchers. Eines Tages,
wenn auch die letzte Finca mit Telefon ausgerüstet ist, wird
man sich an diese Form der Kommunikation mit Wehmut
erinnern.

Wir müssen über den Müll reden. Der Müll ist das Problem
der Insel. Früher war er das nicht. Essensreste wurden den
Haustieren vorgeworfen. Keine Gräte, kein Knochen blieb
übrig. Dann kamen die Konservendosen, die Joghurtbecher,
die Plastiktüten.
Die ersten Mülltonnen wurden Anfang der achtziger Jahre
aufgestellt. Bis dahin hatte jeder an seinem Haus ein altes
Teerfaß, in das alles Brennbare hineinkam; Papier, Pappe,
Plastik verschwanden rauchend in der Luft. Mit den nicht
brennbaren Sachen war es schon schwieriger. Aus Gewohnheit warfen die Bauern die Konservendosen in den Korral, wo
die Schweine wühlten und die Hühner pickten. Weinflaschen
landeten in den Kakteen oder stapelten sich zu Mauern und
wurden so zu Zeichen der Trinkgewohnheiten.
»Wo die Literflaschen mit den drei Sternen herumliegen,
mußt du vorsichtig sein, da wird dir chemischer Wein angeboten«, lautete eine der ersten Warnungen, die mir Amigo
zukommen ließ.
Zu den Mülltonnen kamen später die Altglascontainer. Wer
umweltbewußt war, und das waren inzwischen fast alle, der
trennte nun die Flaschen vom übrigen Müll und brachte sie
zu den glockenartigen Behältern. Besonders brav waren die

Immer noch stehen alte verrostete Autos in der Landschaft rum.

Ausländer. Bis sich dann herumsprach, daß die Flaschen auf derselben Kippe landen wie der übrige Müll. Aber wenigstens sind sie dort vorsortiert, und die Möglichkeit, daß sie eines Tages in den Kreislauf zurückgeführt werden, ist zumindest nicht auszuschließen.

Schließlich wurden ja auch die alten Autos, die überall in der Landschaft herumstanden, abtransportiert. Wenngleich nicht alle. Einige der rostigen Wracks, darunter regelrechte Schätzchen, stehen noch nahe den Höfen, wo sie als Kaninchenställe dienen. Die Einheimischen haben für den Sperrmüll einen mehr praktischen Blick. Warum, so fragen sie sich, soll ich die aus Hotelzimmern ausrangierten Bettgestelle nicht als Weidezaun benutzen? Und der kaputte Kühlschrank paßt womöglich wunderbar in eine Mauerlücke.

Für die Ausländer ist solch ein zwangloses Nebeneinander von Alt und Neu ein Graus. Stilbruch! Verschandelung! Doch wenn die Mauer aus leeren Teerfässern erst einmal von Wildblumen überwuchert ist, kriegt sie ihren eigenen Reiz. Der Schweizer Fotograf und engagierte Umweltschützer Beni Trutmann hat ein Vorher-Nachher-Poster gemacht, auf dem zwei Fotos zu sehen sind: Eins zeigt Landschaft pur, das andere, zur Abschreckung wohlgemerkt, Autowracks im Schein der untergehenden Sonne. Und ich muß sagen: Das Bild mit den rostenden Oldtimern gefällt mir weitaus besser.

Wenn Toni einer Sache mit der Einteilung alt, sehr alt oder aus den Zeiten der Moros nicht beikommt, dann sagt er: »Das ist Politik.«

Auch damit hat er recht. Das Müllproblem zum Beispiel ist Politik. Jeder Wechsel im Rathaus bewirkt einen neuen Lösungsvorschlag. Hatte der Vorgänger den Abfall verbrennen lassen, wird der Nachfolger eine Schreddermaschine anschaffen. Hatten die Bürger vorher über die übelriechenden Qualmwolken geklagt, murren sie nun, weil ihnen der Wind die Papier- und Plastikfetzen aus der Schnitzelmaschine aufs Land und in den Garten treibt.

Und doch gibt es Fortschritte. Seit kurzem stehen in den Ortschaften Behälter für verbrauchte Batterien, und es kann durchaus sein, daß sie irgendwann einmal sogar richtig entsorgt werden. Es kann ferner sein, daß die Kanalisation, die kürzlich gebaut wurde, lange Zeit gut funktioniert, obwohl das von vielen bezweifelt wird. »Die Rohre sind zu dünn«, sagt Curro, »du wirst sehen, die sind bald verstopft, dann geht man mit der Spitzhacke ran, und dann fließt die ... nun, du weißt schon –«

Auch diese Sorte Abfall war früher kein Problem. Als Klo diente der Kakteenwald hinter dem Haus. Die Opuntien absorbieren gut, und ihr Geruch vertreibt die Fliegen. Ein Loch in der Erde genügte; ein Regendach aus Binsen galt schon als Luxus. Das Kakteen-Klo ist vielfach heute noch in Betrieb, selbst dann, wenn auf dem Dach inzwischen eine Parabolantenne steht.

Nachfolger des klassischen Kakteen-Klos ist der *pozo negro*. Dieser sogenannte schwarze Brunnen ist ein Erdloch, in dem die Abwässer versickern. Das funktioniert auf den Bauernhöfen. Bei den kleineren Hotels und in den Dörfern wird es anders gemacht. Da fließt alles in eine zementierte Grube. Ist die voll, muß der Wagen mit dem langen Rüssel kommen.

Und wohin fährt der? Als einer meiner Nachbarn auf die Idee kam, die Fracht auf seinem Feld verteilen zu lassen, wußte ich die Antwort. Plötzlich war es mit dem Duft nach Thymian und Rosmarin vorbei. Wehte der Wind aus Südost, mußten wir die Tür schließen. Die ganze Nachbarschaft regte sich auf, die Besitzer der Ferienhäuser am meisten. Daraufhin schimpfte wiederum der Bauer auf die Ausländer, die über eine Sache die Nase rümpften, von der er als Landwirt nun mal mehr verstünde: Jeder Mist ist gut fürs Ackerland, lautete seine Bauernweisheit. Doch sie traf nicht zu. Im Gegenteil, der Boden drohte zu verkarsten, und der Bauer schwenkte wieder auf Tiermist um.

Den Wagen mit dem langen Rüssel habe ich seitdem nicht mehr gesehen.

Die Norias, wie auch die Terrassenfelder auf den Nachbarinseln Ibiza und Mallorca, sind ein Erbe der Mauren. Für Formentera, das keine Quellen hat, ist dieses ausgeklügelte Bewässerungssystem eine großartige Errungenschaft. Die Norias bestehen aus einem großflächigen Brunnen, der sich in der Tiefe stark verbreitert, einem rechteckigen Vorratsbekken sowie Wassergräben aus ausgehöhltem Sandstein. Bis vor dreißig, vierzig Jahren trottete ein Esel mit verbundenen Augen im Kreis um den Brunnen und betätigte das Wasserrad mit den Schöpfeimern. Heute sind Pumpen angeschlossen, und häufig ersetzen Plastikrohre die in mühseliger Arbeit geschaffenen Steinrinnen.

Weil sie beim Pflügen störten, hat Mariano die alten Steine irgendwann herausgerissen. Er warf sie auf einen Haufen. Dort blieben sie liegen. Jahre vergingen, der Wind wehte Erde heran, Samenkörner fanden Halt. Bald wuchsen zwischen den Steinen Gras, Fenchel, verwilderter Mangold und die rosablühende Ackerwinde.

Eines Tages blieb Mariano neben dem Steinhaufen stehen. Etwas später sprach er mich an. Nach ein paar einleitenden Worten über das Wetter kam er schnell zur Sache: In dem Haufen fehlten zwei Steine. Unauffällig sah er sich um. Dann, ohne eine Frage gestellt zu haben, ging er wieder.

Der Bauer fand seine Steine, auch ohne meine Hilfe. Ein Ausländer hatte sie als Blumenbehälter in seinen Garten gestellt.

Mariano nahm die Blumen heraus, packte die Steine in seinen Wagen und warf sie wieder auf den Haufen. Dort liegen sie noch heute, und dort werden sie vielleicht noch in hundert Jahren liegen. Denn diese Steine aus den Zeiten der Moros »no sirven para nada«, sind nichts wert, wie Mariano sagt. Aber es sind seine Steine.

Osterzeit. Die Hühner legen auf Teufel komm raus. Wenn man nicht aufpaßt, verstecken sie die Eier in den Kakteen und kommen dann, genau 21 Tage nach dem letzten Ei, mit einer Schar frisch geschlüpfter Küken anmarschiert. Manche Hennen wollen nie brüten, andere wiederum haben nichts anderes im Kopf. Am eifrigsten sind die Zwerghühner, denen die Bauern sogar die großen Puteneier unterjubeln. Hennen, die in Brütstimmung sind und denen man die Eier wegnimmt, setzen sich auf Steine oder einen alten Turnschuh. Die Bauern stecken solche brütwütigen Hennen in einen Sack. Was soll man mit all dem Nachwuchs?

Das In-den-Sack-Stecken gilt als Allheilmittel. Hunde, die sich am Federvieh vergreifen, kommen zusammen mit einem Huhn in einen Sack und kriegen ordentlich was drüber. Angeblich rühren sie danach nie mehr etwas an, was Federn trägt. Jedenfalls nicht auf dem eigenen Hof. Aber unserem Hahn haben Hunde aus der Nachbarschaft ganz schön zugesetzt. Den Kaninchenstall haben sie auch aufgebrochen. Morgens lagen die Alten und ihre vierzehn Jungen tot in der Gegend. Zum erstenmal konnte ich verstehen, wie sich die Bauern fühlen mußten, die wildernden Hunden sofort eins auf den Pelz brennen. Oder sich den Schaden gut bezahlen lassen.

Peter Sander, der sich als Maler durchschlug, hat in manchen Jahren den Bauern mehr Geld für tote Schafe zahlen müssen, als er fürs Essen ausgab. Die Residenten sagen immer: »Mein Hund tut das nicht, der ist ganz lieb.« Stimmt wohl auch, wenn er allein ist. Kommt aber ein Kumpel vorbei, gehen die beiden Lieblinge auf Tour, streunen durch die Gegend, bis sie was zum Spielen gefunden haben. Dann heißt es: »He, Partner, schau mal da vorne das Wollknäuel mit vier Beinen! Ich von rechts, du von links, auf geht's!«

Ziegen, die von streunenden Hunden angegriffen werden, stellen sich im Kreis auf, drohen mit den Hörnern; Schafe blöken nur. Das hört sich dumm und gottergeben an, ist aber wirksam. Denn meist erscheint dann der Bauer – je nach Temperament mit oder ohne Flinte.

Zurück zu Ostern. Die Karwoche, *semana santa*, ist für alle, die mit dem Tourismus zu tun haben, so etwas wie ein Test. Es kommen die ersten Pauschaltouristen, aber auch Besucher vom spanischen Festland, und die Geschäftsleute können schon abschätzen, wie die Saison wird. Fällt Ostern sehr früh, tut sich nach der Karwoche bis zum eigentlichen Saisonbeginn so Mitte Mai das berüchtigte Osterloch auf.

Diesmal ist es mittelgroß. Karfreitag fällt auf den 9. April. Im Estrella stehen probeweise die Tische draußen, Bernadette hängt Kleider der neuen Kollektion an die Tür ihrer Boutique, und die Kellner der Fonda Pepe in San Fernando streichen die alten Eisenstühle wieder in bunten Farben. Überall wird geputzt und repariert. Auch der Touristenort ES PUJOLS, der seit dem Abflug der letzten Chartermaschine im Herbst einer Geisterstadt glich, erwacht aus seinem Winterschlaf.

Auf den Brachfeldern blühen jetzt die Katzenpfötchen. Aus den gelben Blumen, die einen starken Duft verströmen, flicht Bärbel wunderbare Kränze. »Du mußt die Büsche pflücken, bevor sie in voller Blüte stehen«, sagt sie. »Dann halten sie sich ein ganzes Jahr lang.«

Deshalb also der Name Immortellen oder Immerschön. Manche nennen sie auch Curry-Blumen. Wenn die Katzen durch diese Kräuter streichen, könnte ich dauernd meine Nase in ihr Fell bohren.

Lila oder gelblich weiß blühen jetzt die Mittagsblumen. In Deutschland eine Rarität, bilden sie hier auf sandigem Boden

Lila oder gelblich weiß blühen die Mittagsblumen.

weite Teppiche, die gegen Abend besonders intensiv leuchten. Immortellen, Ginster, samtschwarze Orchideen der Gattung Ophry, dazu all die Feldblumen – die Bienen kommen regelrecht in Streß.

Ihre Hinterbeine sind so dick mit Blütenstaub und Nektar verklebt, daß sie sich kaum in der Luft halten können. Es summt und brummt, die ganze Natur geht Volldampf voraus. Hier schneller als anderswo. Denn Tiere und Pflanzen wissen, schon in einem Monat oder in spätestens sechs Wochen hat die Sonne alles verbrannt.

An der *Playa Migjorn*, dem längsten Strand der Insel, haben die Wellen den Sand, den die Winterstürme genommen hatten, wiedergebracht. Weiß und feinkörnig liegt er da, kostenlos vom Meer gereinigt, nicht eine Pesete Kurtaxe; Badegäste und Strandbudenbesitzer sollten dankbar sein.

Der Strand ist leer. Ich laufe auf meinen eigenen Fußspuren zurück, setze mich in die Dünen. Noch kann man Spuren lesen. Die größten Abdrücke stammen von den Möwen, die kleinsten von den Mistkäfern. Einer dieser Pillendreher kommt heran, schiebt, rückwärtslaufend, eine Kugel vor sich her, die dreimal so groß ist wie er selbst. Er versucht sie bergauf zu schieben, scheint es auch zu schaffen. Ich drücke ihm die Daumen. Doch dann, ein Windhauch hatte genügt, rollt die Kugel zurück, der Käfer mit ihr, er krallt sich an das Stück Mist, als ginge es um sein Leben.

Tatsächlich braucht er die Kugel zur Aufzucht seiner Kinder. Sorgen, nichts als Sorgen! Ein paar Sekunden pumpt er

Auf den Brachfeldern blühen die Katzenpfötchen.

Sauerstoff unter seine schwarzen, fein ziselierten Deckflügel, dann stemmt er sich wieder in die Arbeit. Im alten Ägypten war der Skarabäus als Sinnbild des Sonnengottes heilig; ohne ihn wäre das fruchtbare Niltal mit seinen Menschen, Ochsen und Kamelen im Mist versunken. Ohne ihn stünden in der Serengeti Büffel und Antilopen bis zum Bauch im eigenen Dung.

Auch auf Formentera wäre die Arbeit zu schaffen, gäbe es hier nur die fünftausend Formenterenser. Aber in den Sommermonaten kommen ja noch viele Besucher hinzu, übers Jahr gerechnet hundertfünfzigtausend. Eine Menge Mist fällt da an – beim heiligen Skarabäus! –, zuviel selbst für die Heerscharen der unermüdlichen Pillendreher.

Für Thomas und Sybille ist der Urlaub vorbei. Sie reist ab, er will noch bleiben, für unbestimmte Zeit. Thomas schwärmt davon, wie gut das Frühstück schmeckt, wenn er vorher das Wasser für den Tee aus dem Brunnen geschöpft hat. Sie war es leid, das Wasser für die Dusche vorher aufs Dach pumpen zu müssen.

Es gibt viele Legenden auf Formentera. Sie sind ungenauer als die Geschichtsbücher, doch dafür schöner. Glaubt man der Legende, dann hat im Jahre 1108 kein Geringerer als Prinz Sigurd der Insel einen Besuch abgestattet, jener Sigurd, der später als Heftchenheld zu Comic-Ehren kam.

Stellen wir uns also folgendes Bild vor: blaues Mittelmeerwasser und rotbemalte Schiffe mit hohen Masten und buntgestreiften Segeln. Die Bugspriets sind reich verziert, die Wanten und Taue aus geflochtenen Walroßfellen; an den Bordwänden hängen als Panzerung die Kampfschilde der Normannen. Eine Flotte von sechzig Schiffen, auf jedem Boot mindestens dreißig Nordmänner, also Dänen, Norweger,

Schweden, aber auch Haudegen aus norddeutschen Landen. Die Schiffe sind das Beste, was bis dahin die Wogen durchschnitt. Die Truppe ist kampferprobt, und ihr eilt der Ruf voraus, wenig zimperlich zu sein. In Lissabon, derzeit in arabischem Besitz, gab es nach dem Wikinger-Besuch eine Menge Aufräumungsarbeiten. Bei Gibraltar wurde die Flotte der Sarazenen, so nannte man im Mittelalter die Araber, vernichtend geschlagen.

Zweites Bild: Auf Formentera, grün und flach mit der Mola als einziger Erhebung, leben maurische Piraten, auch sie nicht gerade Waisenknaben und zudem in ihrem Job recht erfolgreich. Was sie den vorbeisegelnden christlichen Seefahrern abgenommen haben, Gold und Edelsteine, lagern sie in einer Höhle an der nördlichen Steilküste der Hochebene.

Drittes Bild: Die maurischen Piraten stehen in ebendieser Höhle und verhöhnen die anrückenden Normannen, ganz im Vertrauen, daß ihr Unterschlupf uneinnehmbar ist. Sie schwenken Schmuck und Geschmeide, nennen die Männer, die aus der Kälte kommen, gar Feiglinge. Nun kann man den Wikingern allerhand vorwerfen, schlechtes Benehmen, auch Freude am Suff, aber kaum Feigheit. Die Burschen hatten 1061 Messina erobert und ein Jahrzehnt später Palermo, sie hielten über viele Jahre Sizilien besetzt und hatten auf dem Weg dorthin die halbe Atlantikküste in Schutt und Asche gelegt. Also bitte!

Viertes Bild: Prinz Sigurd grübelt, Prinz Sigurd kommt auf eine Idee. Er schickt seine Mannen an der flachen Migjorn-Küste an Land. Von dort bringen sie eines der Boote bis zur Hochebene − ächz, stöhn, um im Comic zu bleiben − und lassen dort, oberhalb der Höhle, das Boot an den Seilen aus geflochtenen Walroßfellen hinab, nach Art heutiger Fensterputzer an einem Hochhaus. Aus dieser nun günstigen Stellung schießen die Angreifer aus dem Norden ihre Pfeile, schleudern Lanzen und Streitäxte. Sie zwingen die Verteidiger zum Rücktritt und werfen brennendes Reisig in die Höhle.

Fünftes Bild: Schwarz, kohlrabenschwarz. Die Mauren sind ausgeräuchert, die Normannen unter Prinz Sigurd mit den Schätzen bereits abgezogen – zurück bleibt eine Höhle, die seit jenen Tagen *Cova des Fum*, Räucherhöhle, heißt.

Ende? Nein! Es gibt etliche Leute, die nicht glauben, daß Prinz Sigurd den Piratenschatz mitgenommen hat. Die Mauren hätten Zeit gehabt, argumentieren sie, zumindest einen Teil der Beute in den hinteren Kammern der Cova des Fum zu verstecken. Ein Düsseldorfer Fotograf ist regelrecht besessen von dieser Idee. Seit Jahren verbringt er seinen Urlaub auf Formentera, kniend, mit Schaufel und Metallsonde.

Doch es gibt, wie gesagt, viele Legenden auf Formentera – und noch mehr dunkle Höhlen.

III. Mai

Bob Dylans Pullover, Jennys Schaukelstuhl und Gabrielets Schwein.

Es gibt nichts Schöneres als Mairegen. Er kann recht heftig sein, doch man weiß, daß er nicht lange andauert. Danach sind die Pinien frisch gewaschen, und auch der Himmel ist wie blankgeputzt. Die Erde dampft und riecht gut. In der Sonne glitzern silbrig die Schneckenspuren. Ich mache mich auf die Suche, am Wegrand, nahe den Hecken und beim Weinfeld. Nach einer halben Stunde ist die Plastiktüte voll.

Nix da ein Dutzend Schnecken nach französischer Art mit Kräuterbutter und viel Brimborium. Auf Formentera putzen die Bauarbeiter ein, zwei Portionen am Tresen weg, so im Stehen mit dem gezapften Bier in der einen und dem Zahn-stocher in der anderen Hand. Ein Stück Weißbrot gehört dazu, weil die Schnecken scharf und ölig sind. Ich bereite sie so zu, wie Maria es mir gezeigt hat.

Formentera hat den Ruf, eine Insel der Aussteiger zu sein. Der allererste, der sich hier sehen ließ, war der österrei-chische Erzherzog Ludwig Salvator von Habsburg-Lothrin-gen und Bourbon; der bislang letzte ist Thomas.

Der Erzherzog, geboren 1847 in Florenz, wurde mit neun-zehn von seinem Vater Großherzog Leopold II. nach Böhmen geschickt, als Statthalter. Aber man könnte auch sagen, um dort was Anständiges zu lernen, denn immerhin stand der

Caragols sofregits – geschmorte Schnecken

Schnecken über Nacht in einen Topf legen, damit sie sich entleeren. Achtung! Stein auf den Deckel, sonst sind sie morgens weg. Schnecken mit Wasser und Salz waschen. Den Boden eines Tontopfes mit frischem Fenchelkraut, Majoran, Minze und Thymian auslegen; Schnecken darauf verteilen und mit kaltem Wasser bedecken. Ganz langsam erwärmen, bei kleinster Flamme, sonst ziehen sich die Schnecken in ihr Haus zurück und man kriegt sie nicht mehr heraus. Salzen und etwa 45 Minuten köcheln lassen.

In der Zwischenzeit eine Zwiebel, zwei Tomaten und drei Knoblauchzehen schälen und klein hacken. Schnecken aus dem Tontopf nehmen, abtropfen lassen, Olivenöl im Tontopf erhitzen und Zwiebeln darin glasig dünsten. Tomaten und Knoblauch, scharfe Pfefferschote und Gewürznelke hinzugeben und einkochen lassen, zuletzt Schnecken mit einer Tasse Weißwein und reichlich Petersilie in den Topf geben und aufkochen lassen. Mit Pfeffer und Salz abschmecken, heiß servieren.

Zahnstocher nicht vergessen!

junge Mann in der Rangfolge auf den österreichisch-ungarischen Thron an dritter Stelle. Doch Ludwig Salvator stand der Sinn nach dem Süden.

Mit der Jacht »Nixe«, die er seinem Vater abgeschwatzt hatte, taucht er 1867 unter dem Namen Graf Luis von Neudorf an der mallorquinischen Nordwestküste auf, wo er ganze Landstriche und etliche alte Herrenhäuser erwirbt. Sein

Interesse gilt der Pflanzenwelt, den Tieren und dem Brauchtum der balearischen Inselgruppe.

Einer seiner ersten Abstecher führt ihn nach Formentera. Nachdem er auf der kleinen Pityuseninsel sämtliche Häuser, Hühner und Bäume gezählt, nachdem er Zeichnungen, Pläne und Karten angefertigt hat, zieht er sich wieder nach Mallorca zurück, wo er in den folgenden Jahren an seinem grundlegendem Werk »Die Balearen« schreibt, das in Leipzig erscheint und auf der Pariser Weltausstellung im Jahre 1899 mit einer Goldmedaille ausgezeichnet wird.

Fast fünfzig Jahre lebt der Aristokrat, der aufs Äußere wenig Wert legt und auch schon mal die Mottenlöcher in seiner Uniform mit Medaillen abdeckt, in seiner Wahlheimat. Er liebt nicht nur das Land, sondern, wie man ihm nachsagt, auch die Landestöchter, erhält den Besuch seiner kaiserlichen Verwandten Sissi und verbietet auf seinem Besitz die Jagd und das Abholzen alter Olivenbäume.

Ein Sonderling, Weiser und Narr, zudem Naturschützer und Ahnvater aller Aussteiger; aber einer, der unermüdlich arbeitet und seine Wahlheimat der übrigen Welt nahebringt. 1915 stirbt der Arxiduc Lluis Salvador, wie er von den Einheimischen genannt wird, auf seinem Schloß in Böhmen. Auf den Balearen, wo er immer noch hochverehrt wird, hat er viele Spuren hinterlassen – bis hin zu der bei Touristen beliebten Ansichtskarte von der Kirche in San Francisco. Denn die ist nach einer Zeichnung des königlichen Aussteigers gemacht.

Gestern sprach mich Thomas an. Er muß das Ferienhaus, in dem er zwei Monate gewohnt hat, frei machen. In den nächsten Tagen ziehen dort Urlauber ein, und nun sucht Thomas eine andere Bleibe. »Nein, kein Hotel, keine Pension! Kennst du nicht einen Bauern, der seine Finca vermieten will?« hat er mich gefragt, und ich habe erst einmal tief durchgeatmet. Ein Bauernhaus zu mieten, ist heute nahezu aussichtslos; schwer genug war es schon vor fünfzehn Jahren ...

Wir ankern im Hafen La Savina. Wenig später sitze ich auf einem geliehenen Fahrrad, in der Nase die Duftmischung aus Salzwasser, Pinien und Thymian, vor Augen die sonnenüberflutete Landschaft. Ich bin wie betäubt, Liebe auf den ersten Blick. Wie so viele vor mir, will ich bleiben.

Aus dem Wörterbuch suche ich mir einen Satz zusammen: »Tiene usted una finca para alquilar?« – Haben Sie ein Bauernhaus zu vermieten?

Auf dem gegerbten Gesicht des alten Bauern zeigt sich ein Ausdruck, wie man ihn normalerweise für kleine Kinder, Verrückte und sinnlos Betrunkene bereithält: eine Mischung aus Bedauern und Nachsicht. Andere, denen ich dieselbe Frage stelle, bieten mir Wein, Wasser oder Feigen an. Aber gleichzeitig mache ich die Bekanntschaft mit einem grausamen Wort »Nada«, nichts.

Ich wende mich an die Ausländer, die schon eine Weile hier leben. Aus ihren Erfahrungen will ich lernen. Mit meinem Rad, dessen rote Nummer auf dem Schutzblech mich als Formentera-Eintagsfliege brandmarkt, halte ich vor dem Café Sol y Mar in San Francisco. Nach einem Glas Hierbas fühle ich mich stark genug, einen der Langzeiturlauber, den ich an der Gemüsekiste auf dem klapperigen Mofa und an der nachlässigen Kleidung als solchen zu erkennen glaube, mit der Frage zu belästigen, wie's denn so mit alten Fincas sei.

»Original mit dicken Mauern, kleinen Fenstern, Kamin und ein bißchen Land drumherum«, füge ich hinzu; denn das war meine Vorstellung von der Traum-Finca.

Der Typ ist nicht so nachsichtig wie die Einheimischen, oder nur direkter. Er sieht mich an, als hätte ich ihn gebeten,

eine Scheibe vom Mond zu verkaufen. Ganz ruhig fragt er:
»Mit lila Türen und senfgrünen Fenstern?« Dann, laut genug,
daß ihn alle auf der Terrasse hören können: »Mensch, so 'ne
Finca suche ich selbst schon seit zwei verträumten Jahren!«

Das ist deutlich. Ich begreife, daß in der Saison kein freies
Bauernhaus zu finden ist. Ich muß es später versuchen, am
besten im Winter. Dazu muß ich warme Sachen mitbringen,
aber auch ein dickes Fell und vor allem viel Zeit.

Im Januar, nach kurzem Aufenthalt in Deutschland, um den
Paß zu verlängern, bin ich zurück auf Formentera. Diesmal
entschlossen, nicht von der Insel zu weichen, und wenn ich in
einer der zahlreichen Höhlen übernachten müßte. Ich treibe
mich überall dort herum, wo sich die Überwinterer treffen.
Neidisch blicke ich im Sol y Mar und im Estrella auf all die
Typen, die gegen Mittag mit prallen Einkaufstaschen herein-
kommen. Jeder kennt jeden, ich keinen. Alle scheinen in alten
Fincas mit dicken Mauern und Kamin zu wohnen, nur ich in
einem Sommerapartment mit tapetendünnen Wänden.

Am Abend in der Fonda Pepe, wo sich dieselben Leute
wieder begrüßen, in der Basttasche statt Stangenbrot und
Gemüse jetzt die warme Mofakleidung, Stricksachen oder
einen jungen Hund. Küßchen rechts und links für die Eingeweihten, für Außenstehende nur die kalte Schulter. Neuankömmlinge kriegen nur schwer Kontakt. Aber vielleicht liegt
es auch an mir.

Gegen zehn Uhr abends verlagert sich die Szene zur Bar
Cizaña. Da sitzen sie wieder, mit leicht geröteten Augen vom
Cognac caliente und dem Qualm des schlecht ziehenden
Kamins. Jemand spielt Gitarre. Gesprochen wird wenig,
Lachen scheint verpönt zu sein.

Hören. Frieren. Fragen.

Einige sind diskret abweisend. Ihnen ist der Gedanke von
der Stirn zu lesen: Wieder einer mehr, der hierbleiben will.

Andere sind hilfsbereit, nennen Namen und Adressen von Leuten, die wiederum Namen und Adressen kennen, wo ich es versuchen könne. Das sind diejenigen, die sich noch erinnern, wie sie einst selbst die Insel abgeklappert haben.

So notiere ich mir schließlich die Nummer eines Taxis. Und der Fahrer Vicente weiß, daß in ES CALÓ eine Finca leersteht. Wir fahren hin. Ich sehe die Umgebung, ein verwildertes Weinfeld; ich sehe das Haus mit dem maurischen Backofen, mit dem von blauen Blumen überwucherten Vordach, und mir wird klar: Hier hätte ich nie gefragt, weil es fast zu schön ist.

Vicente übersetzt meine scharfkantigen Spanischbrocken in die Formentera-Mundart *pagés*, die sich vom Katalan leicht und vom Kastilischen oder Spanischen sehr stark unterscheidet. Das »si« des Besitzers aber verstehe ich, wage es dennoch kaum zu glauben, um nicht enttäuscht zu sein, falls es nicht klappt.

Tatsächlich wird meine Geduld auf eine harte Probe gestellt. Immer heißt es »mañana«. Es geht um eine Erbangelegenheit. In der Fonda erfahre ich, daß die Galeristin Susa Ackermann, die vier Jahre in der Finca gelebt hat, im letzten Sommer gestorben ist. Viele der Maler, die bei ihr ausgestellt haben, wären gern in das Haus gezogen. Sollte gerade ich, ein Außenseiter, das Glück haben?

Endlich ist *mañana* heute. Ich zahle die erste Miete, ich kriege den Schlüssel und habe sie: die alte Finca mit dicken Mauern, kleinen Fenstern und Kamin, mit Bäumen drumherum, einem Garten und Ställen fürs Viehzeug.

Schwein gehabt!

Mein Freund!

»Du lebst am Arsch der Welt«, schreibst Du. Ja, aber es ist der schönste, den ich je gesehen habe, und ich habe wahrhaftig lange gesucht, war auf Kreta und Korfu, auf den Seychellen und den Kanarischen Inseln. Und hier nun, nur zwei Flugstunden von Deutschland entfernt, sozusagen vor der Haustür, habe ich meine Trauminsel gefunden.

Aussteigen, mein Freund, ist ja noch leicht, überleben schon sehr viel schwieriger. Wie soll man sein Geld verdienen auf einer Insel, auf der sich die Männer Jahrhunderte lang auf fremden Schiffen verdingen mußten? Auf einer Insel, deren Beitrag zur spanischen Küche ein mit Tomate und Knoblauch abgeriebenes Brötchen ist?

Schwierig ist es ja schon, die Genehmigung zu erhalten, hier nur zu wohnen. Drei Monate geht das als Tourist, danach muß man die »permanencia« beantragen. Dazu gehören Paßfotos, eine Bescheinigung des deutschen Konsulats in Ibiza und die Bestätigung einer Bank, daß der Antragsteller über mindestens 150 000 Peseten verfügt. Ob die Leute im Ausländeramt wohl wissen, daß sich die meisten den Betrag zusammenleihen?

Nach vielen Fragen und einer Woche Wartezeit kann man dann die Verlängerung abholen; sie gilt für drei Monate. Danach wiederholt sich das Spiel. Insgesamt drei solcher Permanencias sind nötig, erst dann kann man den Antrag auf die »residencia« stellen. Dazu benötigt man zwei spanische Bürgen; der Antrag geht nach Madrid, und es dauert Monate. Telefonische Anfragen gelten nicht, immer wieder mußte ich nach Ibiza fahren. Beim letztenmal forderte mich der Beamte auf, meinen rechten, mit Tusche gefärbten Zeigefinger auf verschiedenen Dokumenten abzurollen. Ich hatte es geschafft.

Für zwei Jahre bin ich nun Resident.

Leben und träumen darf ich jetzt auf Formentera, aber nicht arbeiten. Also, schreiben oder malen, das geht schon, damit wird ja keinem Spanier eine Arbeitsstelle streitig gemacht. Aber strenggenommen dürftest du als Resident nicht einmal das eigene Haus anstreichen. Als Manfred das Mofa einer Freundin reparierte, stand plötzlich ein Uniformierter der Guardia Civil neben ihm und fragte nach den Papieren.

Normalerweise kümmerte es die Polizei nicht, ob Ausländer eine Aufenthaltsgenehmigung haben oder nicht. Jürgen, Du weißt, der mit der Erdbeere am Kragen, hat nicht einmal mehr seinen Reisepaß. Als er vor Monaten aus Deutschland Geld überwiesen bekam, konnte er sich nicht ausweisen. Da ist ein Zivilgardist mit ihm zur Post gegangen und hat sozusagen für Jürgen gebürgt. »Der Mann braucht das Geld zum Leben«, hat er gesagt. Kannst Du Dir das von einem deutschen Beamten vorstellen? Andererseits hat derselbe Zivilgardist Jürgen neulich auf die Schulter getippt und nur gesagt: »Morgen erstes Boot!« Keine Erklärung, warum und wieso. Jürgen ist dann auch sofort von der Insel verschwunden.

Tja, mein Freund, wenn Spanien mal in der Europäischen Gemeinschaft ist, wird sich vieles ändern, im Guten wie im Schlechten.

Damals – es scheint lange her, ist es aber nicht – damals war alles anders. Bob Marley und Suzi Quatro gaben Konzerte in Ibiza, und auf Formentera hatten sich die letzten Hippies auf die Hochebene La Mola verzogen. Die einheimischen Frauen gingen zur Entbindung in eine Klinik, die Ausländerinnen wollten unbedingt in einer Finca bei Kerzenschein und Trommelmusik gebären. Die Autos der Zugereisten hatten selbstgepinselte Nummernschilder, und als Stoßstange diente ein

Sabinabalken. Brachte ein Besucher Heringsstipp mit, wurde eine Party organisiert. Noch bis Mitte der achtziger Jahre schleppte ich mich mit Schreibpapier ab, weil das spanische Format zu breit, zu hoch oder zu klein war.

Es kam der Beitritt zur Europäischen Gemeinschaft. Das war 1985, auch schon eine Weile her.

Nun gibt es auf der Insel eine Art spanischen TÜV, und das Schreibpapier hat DIN-Format.

Nur die Post bewahrt die Tradition. Ein Brief, egal ob aus Indien oder Ibiza, dauert mindestens eine Woche, wenn das Wetter gut ist. Ist es aber schlecht, sind zwei oder drei Wochen normal. Nach heftigem Wind stapeln sich die Postsäcke in der alten Post am Kirchplatz. Aufgearbeitet wird dann von oben nach unten, und so passiert es, daß zu Ostern die Weihnachtspäckchen verteilt werden.

Sollte eines Tages noch die Post europäisiert werden, hätten die Residenten überhaupt keinen Grund mehr zum Mekkern. Wie schrecklich!

Die ersten Fremden, die sich Mitte der fünfziger Jahre auf Formentera niederließen, waren Bella Brisel und Sioma Baram. Die Ankunft des israelischen Malerpaars ist schon Legende. Denn, so will es die Fama, die beiden konnten zuerst nicht bleiben, weil es auf der Insel nur so viele Betten wie Menschen gab. Baram pflanzte später bei seinem Haus an die tausend Bäume und wurde der Nestor aller Inselkünstler.

Ernesto Ehrenfeld, der eigentlich auf Ibiza wohnte und mit Bildern handelte, bezog nur gelegentlich seine »Fluchtburg« am Salzsee. Der Journalist Hajo Schedlich, heute Redaktionsleiter beim ZDF, mietete sich in der Fonda Pepe ein und schrieb 1958 für die »Frankfurter Allgemeine Zeitung« einen Artikel über das »arme felsige Eiland«.

Der schon damals berühmte deutsche Maler Mac Zimmermann wohnte schräg gegenüber in einem Haus aus unverputzten Natursteinen, dem heutigen Restaurant Las Ranas, das Gwen Walker aus der Whisky-Dynastie Johnny Walker für ihre alte Mutter errichtet hatte. Später baute sich der Surrealist ein Haus bei Es Caló, in dem er noch heute, inzwischen über achtzig, im Sommer malt.

Nach diesen Wegbereitern kamen all die anderen Maler, Dichter und Lebenskünstler, angezogen von dem einmaligen Licht, bezaubert von der schlichten Lebensweise der Einheimischen, beeindruckt von den niedrigen Preisen. Ein Kognak kostete eine Pesete.

Sioma Baram, 1919 in Bessarabien geboren, starb 1980 an den Folgen eines Schlaganfalls, den er auf der Terrasse der Fonda Pepe erlitten hatte. Beerdigt wurde er nicht nach seinem Willen unter den Bäumen, die er selbst gepflanzt hatte, sondern auf dem Ölberg bei Jerusalem. Bella Brisel überlebte ihn nur um kurze Zeit. Die Finca, in der Formenteras erstes Künstlerpaar viele Jahre gearbeitet hat, steht seither leer.

Mit der Freiheit der Lämmer und Zicken ist es vorbei. Sie staksen über die Felder, sie meckern und klagen. Die Bauern haben ihnen, Strick rechts, Strick links, die Beine zusammengebunden. Das soll sie daran hindern, die Grenzmauern zu übersteigen. Den alten Schafen, die sich schon an den aufgezwungenen Paßgang gewöhnt haben, geht es in diesem Monat an die Wolle.

Die Tiere scheinen es zu ahnen, Unruhe hat die Herde erfaßt. Da hilft kein Zureden, die dicke Wolle sei für die Jahreszeit warm, die müsse runter. Nein, ein Trick muß her. Wie absichtslos bewegt sich Manuel vor der Herde, dreht sich dann jäh um, faßt das ausgewählte Tier und wirft es auf eine

Die Schafwolle muß gezupft und gesponnen werden.

Plastikunterlage. Während er das Schaf am Boden festhält, setzt seine Frau Esperanza den Scherapparat an. Eine halbe Stunde später steht das Schaf nackt in der Sonne, und drei Kilo Wolle liegen auf der Plastikplane.

»Eigentlich lohnt es sich nicht«, sagt Esperanza, »keiner will die Wolle haben. Aber die Schafe müssen ja geschoren werden.«

Bis vor wenigen Jahren war die gute Schafwolle sehr begehrt, als Exportartikel und für den eigenen Gebrauch. Aus Schafwolle wurden Bettdecken und Socken gestrickt. Doch zunächst mußte die Wolle gezupft, gereinigt und gesponnen werden. Noch sieht man alte Frauen mit der Handspindel am Wegrand sitzen. Auch Frauen, die stricken, während sie den Einkauf besorgen oder plauschen, gehören noch zum Alltagsbild. Sie tun es wie eh und je in einer besonderen Weise, ganz nebenbei, so als stillten sie ein Kind in der Armbeuge; aber es ist mehr Gewohnheit als Geschäft. Ein fertiger Pullover ist kaum teurer als die Wolle.

Obwohl ich nicht stricken kann, kaufe ich Esperanza einen Sack Schafwolle ab. Als Füllung fürs Kopfkissen gibt es nichts Besseres. Es ist braune Wolle, noch voller Knoten und Gras.

»Nur mit klarem Wasser ausspülen«, schärft mir Esperanza ein, »auf keinen Fall Waschmittel oder Weichspüler verwenden, etwas Fett muß in der Wolle bleiben!«

Ich halte mich an die Anweisung. Herrjeh, war das ein Schmuddelschaf! Es dauert lange, bis das Wasser sauber bleibt. Danach muß die Wolle ein paar Tage in lockeren Strängen auf der Mauer trocknen. Etliche Male muß ich die Katzen verjagen, die in den Wollflocken ein neues Spielzeug entdeckt haben; und noch öfter muß ich die vom Wind verwehte Wolle wieder einsammeln.

Pullover und Socken aus Schafwolle, bei den Besuchern als Souvenir beliebt, gehören für die Überwinterer zur Standardausrüstung. Bob Dylan, so höre ich immer wieder, soll bei seinen frühen Konzerten in einem Schafwollpullover aufgetreten sein, den er auf Formentera gekauft habe. ›Auf Formentera‹ ist mir zu ungenau.

Wann? Wo? Bei wem?

Ich frage in dem Lädchen auf der Mola, wo alle Besucher sich mit Wollsachen eindecken. Bob Dylan? Die Besitzerin zuckt die Achseln. Es kommen so viele Ausländer. Ich fahre zu John, dem Kriegsveteranen, der in Stalingrad ein Bein

verloren hat. Er ist siebzig. Auf Formentera lebt er seit fast
vierzig Jahren. Nachdem ich seine hübsche fünfjährige Tochter und seine artenreiche Kakteenzucht bewundert habe,
frage ich ihn nach Bob Dylan.

»Die Insel war voll mit Hippies«, sagt er. »Alle hatten lange
Haare, jeder zweite war Amerikaner, jeder dritte spielte
Gitarre.«

An Bob Dylan kann John sich nicht erinnern. Dafür erzählt
er mir die Geschichte von Jennys Schaukelstuhl. Die geht so:

Jenny, eine Engländerin mit blonden Haaren und rosiger
Haut, hat auf Ibiza einen Schaukelstuhl gekauft. Im Hafen La
Savina steht ihr Fahrrad, mit dem sie nach Hause fahren will,
doch das sperrige Möbelstück kann sie natürlich nicht transportieren. Also bittet sie den Fahrer des alten Linienbusses,
den Schaukelstuhl an ihrem Haus, das nahe der Straße liegt,
abzuladen. Sie wartet Stunden, sie wartet Tage, doch der
Fahrer liefert den Schaukelstuhl nicht ab. Jenny fragt überall
nach ihrem kostbaren Stück und erfährt schließlich, daß auf
der Mola ein farbiger Amerikaner seit neuestem vor seinem
Haus in einem Schaukelstuhl sitzt.

Jenny geht zu dem Farbigen, fragt ihn: »Wie zum Teufel
bist du an meinen Schaukelstuhl gekommen?« – »Reg dich
nicht auf«, sagt der Schwarze, »den hat mir der Busfahrer
gegeben.« Als Jenny nun wutschnaubend zu dem Fahrer geht
und von ihm eine Erklärung verlangt, sieht der alte Formenterenser die blonde Engländerin lange an, reibt sich die
Bartstoppeln und sagt ganz ruhig:

»Ach, da hab' ich mich vertan – ihr Ausländer seht aber
auch alle gleich aus.«

In San Fernando gibt es so etwas wie ein geistiges Dreieck.
Da ist die Gaststätte Fonda Pepe, die Kirche und die »casa de
libros«, eine private Leihbücherei. Sie gehört dem Amerika-

ner Bob, der 1967 nach Formentera kam. Doch Bob, obwohl gebürtig aus Kalifornien, war nicht der Hippie-Bewegung gefolgt. »Lange vorher«, sagt er, »schon als Sechzehnjähriger hatte ich mal auf einer Landkarte zwei Inseln im Mittelmeer herausgepickt, Ischia und Formentera. Die wollte ich sehen, weil sie so winzig sind.«

Viele Jahre später – inzwischen hatte er ein Architektur-büro in Manhattan aufgemacht – verwirklichte er seine Idee. Er kam, guckte und blieb. Seine Bücher ließ er sich nach-schicken, sie wurden der Grundstock der Leihbücherei.

Heute umfaßt Bobs »Biblioteca Internacional« an die zwan-zigtausend Bände in einem Dutzend Sprachen. Bücher von Kant bis Comic, Knaurs Lexikon ebenso wie Krishnamurti. Ob wertvolle Folianten oder abgegriffene Taschenbücher, der Amerikaner umgibt jeden Band vor dem Ausleihen mit einem Schutzumschlag aus Illustriertenpapier.

Die Bücher der Inselautoren, mit persönlichen Widmun-gen, stehen an einem bevorzugten Platz. Da sind die Krimi-nalromane von Irene Rodrian und die experimentellen Werke des holländischen Avantgarde-Dichters Bert Schierbeek, ein deutsches Kinderbuch, illustriert von dem Franzosen Jacques Petit-Jean-Boret, und die Bildbände der Amerikanerin Melba Levick.

»Den habe ich selber getroffen«, höre ich die sanfte Stimme des Amerikaners, als ich eine Biographie über Bob Dylan aufschlage. Ich will gerade nach besagtem Schafwollpullover fragen, da fährt er fort: »Damals in New York, als Bob Dylan noch einer der vielen unbekannten Sänger war, die mit selbstverfaßten Songs durch Greenwich Village zogen.«

Und hier auf Formentera? Bei ihm sei Dylan jedenfalls nicht gewesen, antwortet der hagere Mann ernst, aber mit einem amüsierten Blinzeln in den Augen, das so typisch für ihn ist.

Bobs »Biblioteca Internacional« umfaßt an die 20 000 Bände.

Dem Mann, der Bürohochhäuser entwarf, bevor er auf Bücher umstieg, ist es mit seiner »casa de libros« nicht immer glänzend gegangen. Und als es einmal wirklich knapp wurde, haben die Residenten eine Hilfsaktion gestartet, damit Bob seine Arbeit fortsetzen konnte. Das war wichtig für ihn, aber für die Residenten selbst zumindest ebenso wichtig. Der dänische Maler Mogens Egil, drückte es so aus: »Bob hat mir im Winter mein intellektuelles Leben gerettet.«

Da ist was dran. Nur mit dem Rockpoeten Dylan komme ich bei Bob nicht weiter.

»Frag Thea«, grummelt er, während er selbst das Comic-Heftchen einwickelt, das sich ein Junge bei ihm ausleiht.

Thea und Bert Schierbeek gehören zu den Pionieren. Als sie 1958 die Insel betraten, gab es weder elektrisches Licht noch eine Teerstraße. Das erste Taxi, es hatte gerade seinen Dienst aufgenommen, wurde mit einer Kurbel angeworfen; und den berühmten Chevy-Pritschenwagen, der als Linienbus eingesetzt war, mußten die Fahrgäste die halbe Zeit schieben. Taxi Nummer 1, mit seinem Klappverdeck und dem edel geschmiedeten Kühlergrill, stand bis vor kurzem am Wegesrand nahe der Tropfsteinhöhle Jeroni und rostete würdevoll vor sich hin. Das Gefährt, das es verdient hätte, als Erinnerungsstück erhalten zu bleiben, fiel einer Aufräumaktion zum Opfer.

Bert und Thea kennen wundersame Geschichten. Bevor ich mich nach Bob Dylan erkundigen kann, fragen sie, ob ich Gabrielet kenne? Aber ja doch, wer kennt ihn nicht, den bärtigen Alten, der auf der Mola die Keramiken macht und zusammen mit einer Ziege und einem Dutzend Katzen lebt.

»Früher hatte er ein Schwein«, beginnt Thea. »Ein riesiges Schwein, das er auch mit zum Strand nahm. Als sich einer der Badegäste beschwerte, so ein Monstrum dürfe doch wohl nicht frei herumlaufen, band Gabrielet seinem Schwein, das einen Pflug hätte ziehen können, einen Wollfaden als Leine um.«

Gemeinsam mit dem Schwein ging Gabrielet eines Tages in die Fonda Pepe. Das Schwein ließ er draußen vor der Tür, er selber begab sich zur Theke, wo ein Mann stand, der die Ankunft des Gespanns beobachtet hatte. Ob es nun derselbe Mann war, der schon am Strand genörgelt hatte, wissen Thea und Bert nicht mehr so genau. Jedenfalls entwickelte sich zwischen dem Mann und Gabrielet ein Streitgespräch.

Der Keramikkünstler behauptete, sein Schwein sei so folgsam wie ein Hund. Der Gast bezweifelte das, und es kam zu einer Wette. Daraufhin stieß Gabrielet einen Pfiff aus. Das Schwein, tatsächlich folgsam wie ein Hund, gehorchte und rannte los, machte auch nicht an der geschlossenen Holztür halt, sondern brach durch sie durch bis hin zu seinem Herrn.

Gabrielet hatte die Wette gewonnen, die Fonda Pepe aber hat seither eine Tür aus Glas und Aluminium.

Ach ja, die gute alte Fonda Pepe! Die Reiseschriftstellerin Ursula von Kardorff nannte sie die Keimzelle der Formentera-Begeisterung. Der dänische Maler Ging zeichnete dort jene Bilder, die noch heute an den Wänden hängen; eines zeigt einen glücklichen Pepe, der beim Brunnenbohren auf Wasser gestoßen ist. An der alten Holztheke hat der Maler Mario Prins gelehnt, gemalt und getrunken, bis ihm die Ellbogen abrutschten. An den einfachen Tischen wurde philosophiert und gestritten. Für viele war die Fonda auch Postadresse. An der Säule in der Mitte des Schankraums hing eines Tages, neben Zetteln, die Tickets und indische Fußsohlenreflexmassage anboten, ein Telegramm:

++++ klaus wenn du brigitte nicht in ruhe laesst komm ich zurueck +++ gezeichnet m.

Jeder wußte, wer gemeint war.

Die Fonda wurde berühmt, sie wurde vergrößert. Beim letzten Umbau mußte der alte Fonda-Frisör, der in einem Nebenraum bei offener Tür die Haare schnitt, seinen Frisiersessel räumen. Doch, fast schon ein Wunder, die Fonda hat alle Veränderungen überstanden. In den Sommermonaten ist der Vorplatz gerammelt voll, und eine seltsame Erwartung liegt in der Luft. Schön ist es in der Vorsaison auf dem Mäuerchen der schmalen Terrasse, wenn sich die Sonne neigt und ihre Strahlen von den Blättern der Eukalyptusbäume, die gegenüber am Hostal Pepe stehen, gefiltert werden.

Ich setze mich auf einen der bunten Stühle. Ein Taxi hält, und drei Typen steigen aus, wuchten ihre Rucksäcke auf die Terrasse, blinzeln in die Sonne, blinzeln zu dem Mädchen rüber, das mit hochgezogenen Knien auf der Mauer sitzt und liest. Die durchsichtigen Fähnchen, vor fünfzehn Jahren als

(Rest, Peyka)

Schön ist es in der Vorsaison auf der Terrasse der Fonda Pepe.

Ibiza-Look bekannt, sind noch nicht ganz verschwunden. Manchmal kann man sich darüber richtig freuen.

Pepes Sohn Julián, lange Haare, Revoluzzerbart und flinke Augen, dreht seine Runde. Er sammelt die leeren Gläser ein, spricht mit den Stammgästen; bedienen muß man sich selber. Nach einer Weile packt einer der Jungen eine Gitarre aus und beginnt zu spielen, einen Dylan-Song, was sonst. Ab und zu passiert so etwas noch. Ein Luftzug bringt den Duft nach süßem Gras herüber.

Neue Gäste. Ein älteres Ehepaar parkt seinen Leihwagen. Der Mann bleibt hinterm Steuer sitzen, die Frau steigt aus. Sie beäugt die Szene, liest buchstabierend den Namen Restaurant Peyka über dem Eingang, geht mit einem aufgeschlagenen Reiseführer in der Hand hinein und fragt den Barmann nach dem berühmten Künstlerlokal Fonda Pepe. Der Kellner macht eine den Raum umfassende Handbewegung. Ungläubig schüttelt die Frau den Kopf, und ihr Mann ruft von draußen:

»Nun komm schon, Hannelore, laß dich nicht veräppeln!«

Um einen Nachmittag oder eine halbe Nacht zu vertrödeln, ist die Fonda Pepe immer noch der beste Platz.

Auf dem Rückweg fällt es mir wieder ein: »Boots of Spanish Leather« hieß der Dylan-Song – Stiefel aus spanischem Leder. Schön, was aber ist nun mit dem Pullover aus Formentera-Wolle?

Nicht so wichtig! Fakten können Legenden sowieso nichts anhaben.

Im Frühjahr, von März bis Mai, rasten in den Salinen die Zugvögel. Auf Durchreise sind Felsenschwalbe, Pirol, die zierliche Grasmücke und der bunte Bienenfresser. Die Bachstelzen und die besonders zutraulichen Rotkehlchen kommen bis ans Haus. Kormoran und Eisvogel, die man im Winter in den Salinen beobachten konnte, sind nun nicht mehr zu sehen. Dafür sind Kuckuck und Nachtigall inzwischen aus Afrika zurückgekehrt. Wer sich still vors Haus setzt, kann ihr Rufen hören.

Kaum zu überhören ist das helle Fiepen der jungen Waldohreulen, die ihre Eltern auffordern, endlich eine Maus zu bringen. Die Bettelrufe klingen die ganze Nacht, über Wochen und Monate bis in den Hochsommer hinein. Denn es dauert sehr lange, bis die Jungen die nächtliche Jagd beherrschen. Was ihnen dabei hilft, sind die Millionen Sehzellen in den großen Augen und der schlapp wirkende, aber nahezu lautlose Flügelschlag. Nicht zu vergessen das gute Gehör, dem nicht das leiseste Mäuseraascheln entgeht.

Zur Beute könnten einer jagenden Eule auch die jungen Gartenschläfer werden, die jetzt das Nest verlassen. In mondhellen Nächten sieht man sie in ihrem charakteristischen Hoppelgang über die Natursteinmauern turnen. Sehr typisch sind auch ihre Geräusche, die – twing, twing – an surrende Telefondrähte erinnern. Gartenschläfer haben ein graubraunes, leicht rötliches Fell und eine schwarzweiße Gesichtsmaske. Wegen der ebenfalls auffällig schwarzweißen Schwanzquaste nennen die Einheimischen sie *rata de sa coa blanca*, Weißschwanzratte.

Mit einem Bauern darüber zu diskutieren, daß es sich bei den »Formentera-Hörnchen« nicht um Ratten, sondern um eine äußerst seltene, ja in der Welt einmalige Unterart der Gattung Gartenschläfer handelt, ist zwecklos.

»Ach wo, das sind Schädlinge!« würde er ausrufen, weil diese Nagetiere auf dem Feld die Früchte anknabbern und Korn stehlen. Daß die possierlichen Gesellen auf Ibiza bereits seit einigen Jahren ausgestorben sind, kann man den Katzen nicht anlasten. Sie respektieren die Gartenschläfer. Aus gutem Grund, denn werden die kleinen Burschen in die Enge getrieben, setzen sie sich auf die Hinterbeine und fauchen kämpferisch.

Amigo ist überzeugt, daß die Bommelschwänzigen seine Küken anspringen. Er fängt sie in einer selbstgebauten, mit getrockneten Feigen bestückten Falle. Durch einen kleinen Schwindel ist es mir gelungen, ihn davon abzuhalten, die auch auf Formentera gefährdeten Gartenschläfer zu töten. »Na schön, wenn du Geld mit dem Ungeziefer machen kannst«, sagt er und gibt mir die gefangenen Tiere.

Natürlich darf Amigo nicht erfahren, daß ich sie am Waldrand wieder freilasse. Er wird es nicht erfahren – doch davon später.

IV. Juni

Inselzeitung, Fahrradinsel und der Untergang der »Manolito«

Mein Freund!
Da hatte ich mit Glück einen Job gefunden, und nun – doch der Reihe nach.

Auf Ibiza traf ich den Amerikaner Chuck Wakefield, der das Blatt »Ibiza Insight« herausgibt, editiert und auch zum größten Teil selber schreibt. Für die deutsche Ausgabe, die »Ibiza Zeitung«, hat er mich angeheuert. Chuck stammt aus Oregon. Mit seiner Frau und vier vietnamesischen Adoptivkindern hat er einen Hund und zwei Dutzend amerikanische Leghornhühner auf die Insel gebracht. Eine seiner ersten Handlungen war, auf dem Dach seines Hauses ein Fernrohr aufzubauen und auf die vorgelagerte Insel CONEJERA zu richten. Chuck ist überzeugt, daß es sich bei dem unbewohnten Eiland um einen Ufo-Landeplatz handelt. Damit übertrumpft er die Einheimischen, die die kahle Kanincheninsel für den Geburtsort von Hannibal halten.

Ab und zu taucht Sexy Renée Cohen in der Redaktion auf und packt saftige Geschichten aus, Inselklatsch und Biographisches. Sie war viermal oder fünfmal oder sechsmal verheiratet, unter anderem mit einem arabischen Scheich. Vielleicht hast Du Renée mal auf dem Ibiza-Poster gesehen, das sie vor dem Montesol zeigt, ihre prallen Brüste dekoriert mit einer riesigen Schlange. Chuck möchte, daß sie unter der Überschrift »Leser fragen, Renée antwortet« so eine Kolumne für Verklemmte schreibt. Da aber im Sommer kaum mit Leserbriefen zu rechnen ist, soll ich die pikanten Fragen stellen. Warum gerade ich?

Chucks Kinder tragen die Zeitungen aus und verwalten das Archiv. Dauernd kramen ein oder zwei von ihnen wie Eichhörnchen nach Fotos und alten Artikeln. Chucks Frau sorgt fürs Essen, sie belegt Brötchen mit Salat, Senf und Mayonnaise. Chuck sitzt an der Schreibmaschine, zeigt ein Profil wie Marlon Brando, bevor der ganz fett wurde, und tippt so schnell, wie andere denken. In den Dämmerstunden liegt er mit seinem Fernrohr auf der Lauer. »Wenn sie kommen, bin ich bereit«, verriet er mir einmal. Mit ›sie‹ meinte er die Außerirdischen.

Überrascht wurde er allerdings von einem deutschen Spion, der angeblich während des Zweiten Weltkriegs in dem Haus wohnte und noch immer durch die Räume spukt. Doch Chuck, laut Inselgerücht ein ehemaliger CIA-Agent, war geistesgegenwärtig genug, dem nächtlichen Besucher ein Kopfkissen entgegenzuschleudern: »Es ging dem Kerl glatt durch den Körper.«

Mit Mühe konnte ich meinen Arbeitgeber davon abhalten, dieses Erlebnis zu veröffentlichen. Bei der Story über den Tod des genialen Kunstfälschers Elmyr de Hory ließ er sich nicht beirren. »Ist dies seine größte Fälschung?« fragt er herausfordernd in einer Titelgeschichte. Laut Chuck ist Baron Elmyr, der Bilder von Renoir bis Picasso gefälscht hat, nicht im Gefängnis von Ibiza gestorben; vielmehr habe der Adlige von eigenen Gnaden, der als Elmar Hoffmann in Budapest geboren, durch einen Film von Orson Welles international berühmt und von der Polizei ebenso international gesucht wurde, seinen Tod nur inszeniert, sitze nun in der Sonne und lache sich ins Fäustchen. Womöglich auf Formentera.

»Schau dich mal auf deiner Insel um«, sagte Chuck. Selber wollte er nicht kommen, da Formentera seiner Meinung nach von Hexen und Schamanen, von Narren und Leuten mit dem bösen Blick bevölkert sei. Mit dieser Ansicht steht er auf Ibiza nicht allein. Nach dem Artikel – er erschien in der deutschen Ausgabe mit der Schlagzeile »Tot oder nicht tot, das ist hier die Frage« – war wirklich alles wie verhext. Mal streikten die Drucker, dann klappte die Auslieferung nicht, eines der Adoptivkinder verschwand für Tage, und Chucks Hühner legten keine Eier mehr.

Aber es sollte noch seltsamer kommen, vor einer Woche.

Wie üblich fuhr ich rüber nach Ibiza, in der Tasche die Manuskripte für die nächste Ausgabe. Doch diesmal verlief meine Ankunft anders. Der Hund sprang mich nicht an, keines der Adoptivkinder kam mir entgegen, nur ein einziges Huhn kauerte im Gebüsch. Alle Fensterläden in Chucks Haus geschlossen. Stille, bis auf das Schnarren der Zikaden in den Pinien. Ich wollte schon wieder umkehren, da öffnete sich die Tür. Im Rahmen erschien Sexy Renée, zum tiefdekolletierten Kleid trug sie ellbogenlange Gummihandschuhe, im Hintergrund stand ihr Ehemann, der vierte, fünfte oder sechste. Ich fragte nach Chuck.

»He quitted, well, babe, he just fucked off!«

Behutsamer hätte man es nicht ausdrücken können: Chuck habe sich verpißt. Ob mit Raumschiff oder ohne, konnte ich nicht erfahren.

Ich schaute eine Weile zu, wie Renée und ihr Mann die Redaktionsunterlagen, Fotos und Manuskripte, im offenen Kamin verbrannten, dann fuhr ich zurück auf meine Insel.

Daß Formentera keinen Flughafen hat, erfährt der Besucher spätestens in seinem Reisebüro. Daß Formentera eine Insel für Radfahrer ist, erkennt der Besucher spätestens bei der

Steil fällt die Küste von der Hochebene La Mola ab ins Meer.

Blick von der Mola. Im Hintergrund Es Vedrà und Ibiza.

Oben: Haus auf der Mola

Unten: Finca Can Juan Mayans.

Blick aus einer Finca.

Typische Finca bei Es Caló.

Oben: Schafe gehören zur Landschaft.

Unten: Die Arbeit auf den Feldern ist hart.

Rast im Schatten eines Strauches.

Alte Kornmühle auf der Mola.

Oben: Strahlend blau-violett öffnen die Wildblumen ihre Kelche.

Unten: Blühender Mandelbaum.

Oben: Thymianfeld bei Es Caló.

Unten: Mitten in einem Klatschmohnfeld steht dieser Feigenbaum.

Mauren in Sicht? Kein Boot entging den Wachen auf diesem Sarazenenturm.

Hoch auf der Klippe: der Leuchtturm La Mola.

Fahrräder warten im Hafen La Savina auf Touristen.

Ankunft im Hafen La Savina. Dort stehen in sauber ausge-
richteten Reihen die Drahtesel. Dieser Ausdruck war früher
weit angebrachter als heute. Die alten Räder hatten einen
höchst eigenwilligen Charakter. Sie quietschten und klagten
bei jedem Tritt, schrien förmlich nach einem Tropfen Öl, und
bremsen taten sie, wann sie wollten und wie sie wollten, mal
gar nicht, mal ruckartig. Das Bremssystem bestand aus Stangen, die um etliche Biegungen und unzählige Rollen geführt
wurden. Daß es keinen Rücktritt gab, ging den Benutzern oft
erst auf, wenn die erste Schußfahrt von der Mola in einem

Gebüsch endete. Die alten Formentera-Räder hatten Charakter, die Verleiher auch, nur Wartung war nicht ihre Stärke.

Seit einiger Zeit gibt es auch moderne Räder, mit Gangschaltung und allen Schikanen. Also, ich weiß nicht. 24 Gänge, aber kein Schutzblech! Wo, bitte schön, wo soll man da die traditionelle Gemüsekiste für Kind und Kegel und Badesachen befestigen? Bequem sind diese Mountainbikes jedenfalls nicht. Mit ihren komischen Vorbaulenkern zwingen sie den Fahrer zu der Haltung eines angreifenden Ringers und verführen zum Schnellfahren. Fatale Folge: Man sieht weniger, fliegt weiter. Denn die Wartung der Bremsen ist immer noch nicht die Stärke der Verleiher. Die Formenterenser sind nun mal keine geborenen Mechaniker.

Toni erinnert sich noch an die Worte seines Vater angesichts des ersten Fahrrads auf der Insel. Aufgeregt rief der Alte den Familienmitgliedern zu: »Hört mal, hört mal! Gerade habe ich einen Mann gesehen, der auf zwei Reifen von einem Weinfaß fuhr!«

Die Formenterenser sind Fischer und Bauern geblieben, auch wenn sie heute ein Strandrestaurant führen oder Kühlschränke verkaufen. Als Kellner sind sie nicht besonders geschmeidig, als Verkäufer geben sie dem Kunden nur selten das Gefühl, König zu sein.

An meinen Kühlschrank, der wie fast alle auf der Insel mit Butangas betrieben wird, ist die Düse verstopft. Ich baue sie aus, versuche sie zu reinigen, und zwar mit einem sehr dünnen, aber stabilen Draht. Geeignet dazu ist allein Omas Nadeleinfädler. Das hat mir Amigo gezeigt. Doch der Draht bricht ab, eine neue Düse muß her. Das Haushaltswarengeschäft in San Francisco hat keine. Was nun? »Kaufen Sie einen neuen Kühlschrank!« rät mir der Verkäufer.

Jetzt weiß ich, warum neben den Mülltonnen so häufig

Kühlschränke stehen. Ebenso häufig liegen dort auch fast
neue Kinderfahrräder, an denen nur eine Kleinigkeit fehlt.

Ob er mir eine Düse besorgen könne.

Sicher, aber erst, wenn die Saison vorüber sei.

Nein, diesen Sommer noch, beharre ich.

Der Verkäufer wiegt den Kopf.

Ich denke an die zerfließende Butter, bleibe hart.

Mit Widerwillen reißt der Verkäufer vom Packpapier eine
Ecke ab, spitzt einen Bleistiftstummel und beginnt zu schrei-
ben. Die Prozedur erinnert mich an die Sache mit dem
Bilderrahmen beim Glaser. Monate wartete ich auf den Rah-
men; der Glasermeister vertröstete mich, er ließ sich verleug-
nen. Traf ich ihn auf der Straße und es gab für ihn kein
Entweichen, dann lud er mich, bevor ich nach dem Bilderrah-
men fragen konnte, zu einem Kaffee ein. Nachdem ich den
Auftrag zurückgenommen hatte, normalisierte sich unser
Verhältnis wieder.

Als ich nun dem Verkäufer sage, daß ich mir selber eine
Düse besorgen will, atmet er erleichtert auf.

Am anderen Tag fahre ich nach Ibiza. Auch der Verkäufer
im dortigen Haushaltswarengeschäft nennt mir
zunächst den Preis eines neuen Kühlschranks: knapp tausend Mark. Doch dann, nach vielem Hin und Her, ist er
bereit, mir für ganze achtzig Pfennig eine Ersatzdüse zu
verkaufen. Allerdings nur eine, und auch die nur, weil ich von
Formentera komme.

Von der »Manolito«, dem uralten Schaukelschiff, sagt man, es
hätte nach so vielen Fahrten seinen Weg durch den Freo auch
allein gefunden. Sein Deck zierte ein Schornstein, der gelb
gestrichen und dick wie ein Kanonenrohr war. Der größte
Komfort war ein Sonnensegel aus Baumwolle, unter dem sich
die Passagiere versammelten, die Fremden aufgekratzt, die

Einheimischen mit gottergebener Miene. Jede Überfahrt war ein Abenteuer.

Die »Manolito« sank im März 1960 an Formenteras Küste, nahe Espalmador. »Die Mannschaft und die vier Passagiere, meine Frau, zwei Französinnen und ein Deutscher, wurden gerettet«, schreibt der Heidelberger Romanistikprofessor Walter Mönch in seiner Autobiographie »Aus meinem Leben« und fährt fort: »Fast ein Wunder bei der stürmischen See. Der Kapitän sprang als letzter in das Rettungsboot. Dort stand er, nahm seine Mütze ab, sah noch, wie sein schönes, schlankes Schiff in den Wellen versank, da, wo es heute noch auf dem Meeresgrund liegt, und nahm mit einem letzten stummen Gruß Abschied von der ›Manolito‹, die er Jahr um Jahr sicher durch die gefahrvolle Meerenge gesteuert hatte.«

Soweit Walter Mönch, der heute knapp neunzig ist und in Bremen lebt. Der deutsche Passagier, den er erwähnt, ist kein anderer als John Kaktus. Ich frage ihn, wie er das Unglück erlebt hat.

»Wir waren bei stürmischer See von Ibiza losgefahren, im Freo schaukelte die ›Manolito‹ wie eine Nußschale. Plötzlich schwamm das Gemüse um uns herum, die Frauen schrien. Das Gezerre um die Schwimmwesten ging los. Manche der Einheimischen nahmen zwei – na ja, die können alle nicht schwimmen. Eine Rettungsweste legte ich Frau Mönch um, die halb bewußtlos war. Dann nahm ich ein Messer, um mein Holzbein abzuschneiden, das schwere eiserne Scharniere hatte. Der Kapitän steuerte die Küste von Espalmador an, und einer von der Mannschaft schnappte sich das Beiboot und ruderte los.«

»Wieso?«

»Angeblich, um das Fischerboot, das dort an der Küste lag, zu holen. Das Wasser strömte derweil weiter durch die leckgeschlagene Bordwand. Es sah nicht gut aus. Aber zum Glück

kam dann die ›Ciudad de Formentera‹ und rettete uns. Auf
der Reling hockte eine Taube, die jemand in Ibiza gekauft
hatte, mit zusammengebundenen Füßen. Der schnitt ich die
Fesselung durch. Der Kahn soff ab, aber weil es an der Stelle
nicht tief ist, guckte noch lange die Mastspitze aus dem
Wasser.«

Klingt irgendwie anders.

John zuckt die Achseln, zeigt mir einen Brief, den er am
selben Abend noch geschrieben hat. In dem Umschlag steckt
ein Fahrschein über neun Peseten.

Billig war damals die Überfahrt, darin sind sich auch die
anderen Augenzeugen einig, über das Geschehen gehen ihre
Aussagen stark auseinander. Mal waren drei Passagiere an
Bord, mal drei Dutzend; mal schnappte sich die Besatzung
das Beiboot zur eigenen Rettung, mal fuhr sie damit los, um
Hilfe zu holen. Heldenhaft haben sich immer die eigenen
Leute verhalten. Wer will schon was anderes über seinen
Nachbarn sagen, mit dem er weiter zusammenleben will. Der
Rest ist Schweigen.

Oder wird zur Schnurre.

Wie die Episode von Mönchs Koffer und den Möbeln, die
mit der »Manolito« untergingen und eines Tages an den
Strand schwemmten. Den Koffer, in dem auch Geld war, barg
ein Taucher. Die Pesetenscheine trocknete Catalina, Pepes
Frau, auf der Herdplatte. Die Möbel kamen in das Haus, das
sich die Familie Mönch kurz zuvor auf der Punta Prima
gebaut hatte.

Der Schreibtisch wies noch Spuren des Salzwassers auf, als
ich das Ehepaar Mönch in der Casa Rincon besuchte.

»Nichts war hier«, sagte Walter Mönch und deutete mit
ausgestrecktem Arm über die jetzt dicht besiedelte Landzunge. »Nicht ein Haus stand hier, als wir 1957 ankamen,
nur karger Boden, Himmel und Meer.«

Die ersten Ausländer konnten sich Bauland aussuchen, wo sie wollten. Was sie brauchten, war ein spanischer Strohmann und natürlich Geld. Doch nur rund 50 Pfennig kostete damals der Quadratmeter. Denn das Land nahe dem Meer, steinig und vom Wind gepeitscht, war für die Bauern nutzlos. Keine Ziege wurde da satt, und daß die Ausländer dort wohnen wollten, daß allein die Aussicht auf das Wasser etwas wert war, kam ihnen nicht in den Sinn.

Das Meer war der Arbeitsplatz der Fischer, basta! Es gibt heute noch alte Frauen, die kein einziges Mal in ihrem Leben an dem Strand waren, der vor ihrer Haustür liegt. Und gehen sie doch einmal hin, dann lüpfen sie allenfalls die Röcke ihrer Tracht, bohren ihre weißen Beine in den Sand und wenden dem Wasser demonstrativ den Rücken zu.

Aussteiger Thomas nennt sich jetzt Tomás, mit dickem Betonungszeichen. Ständig sagt er *claro* und *bueno*; die Einheimischen zum Beispiel findet er gut, also *bueno*, die Touristen dagegen schrecklich.

»Die Mauern werden innen und außen weiß gekälkt, wofür die Formentera-Frau eine angeborene Leidenschaft hat.« So steht es in dem ältlichen »Führer für den Reisenden« von Joan Castelló Guasch.

Möglicherweise ist die Passage in dem Büchlein etwas unglücklich übersetzt. Das ändert aber nichts an der Tatsache, daß das Streichen der Häuser auf Formentera seit jeher von den Frauen besorgt wird. Ob nun aus Leidenschaft oder nicht, sie tun es.

Maria gibt den gebrannten, mehlig feinen Kalk in eine Schüssel, schüttet etwas Wasser hinzu und rührt eine cremige Paste an. Dann gießt sie das restliche Wasser, etwa anderthalbmal soviel wie Kalk, in die Schüssel. Eine halbe

Stunde läßt sie die milchige Flüssigkeit ruhen, die sie
anschließend kräftig durchschlägt. In der Zwischenzeit hat
sie die losen Kalkschichten entfernt und die Wand angefeuch-
tet. Nun kann es losgehen. Nur im Schatten und immer den
Pinsel waagerecht führen. Sie streicht die Mauer bis in Kopfhöhe, dann bindet sie den Pinsel an eine Stange. Zunächst
sieht man keine Veränderung, doch nach ein paar Stunden
kriegt die Wand einen wunderbar seidigen Mattglanz. Die
vielen Farbschichten, zum Teil abgeblättert und wieder über-
tüncht, verleihen den Wänden Gesichter, wie alte Bäume sie
haben.

Jedes Jahr ist ein neuer Anstrich fällig, ausgenommen man
nimmt die neuartige Plastikfarbe. Maria hat davon gehört,
schüttelt aber energisch den Kopf. »Plastikfarbe atmet nicht«,
sagt sie. Es bilde sich Schimmel, und außerdem habe das
Streichen etwas mit Sauberkeit zu tun. Mit Brauchtum auch,
denn ein Haus, in dem jemand gestorben ist, wird grundsätzlich frisch geweißelt, egal, wieviel Zeit seit dem letzten
Anstrich vergangen ist.

Ich müßte auch mal wieder zum Pinsel greifen. Noch
zögere ich. Meine Frau meint, ich hätte Angst, mich mit der
typischen Frauenarbeit vor den Nachbarn zu blamieren.
Unsinn! Ich zeige zum Himmel. »Siehst du die rötlichen
Wolken? Voller Saharastaub! Der kommt beim nächsten
Regen runter, und alle Arbeit wäre umsonst.«

Gut, daß mir diese Ausrede noch eingefallen ist.

Mofaknattern. Ein Mann steigt ab, hebt die Brille mit den
getönten Gläsern. Heinz Löbig ist wieder da.

Als Goldfinger war er vor Jahren jedem auf der Insel
bekannt, und eine Zeitlang sogar in ganz Deutschland. Die
Illustrierte »Stern« hatte zwei dicke Berichte von Deutschlands berühmtesten Goldschmuggler gebracht. Dem Tatort-

Autor Michael Molsner dienten Löbigs Abenteuer als Vorlage zu dem Krimi »Gold unterm Sakko«.

Den Beinamen hatte sich Heinz durch seine Tätigkeit für ein Genfer Syndikat erworben, das Gold von Kurieren nach Fernost transportieren ließ. Heinz Löbigs Schmuggelreisen gingen so lange gut, bis er eines Tages auch seiner Tochter eine Spezialweste anlegen ließ. Gleich beim ersten Flug griff ein fremder Mann der starken Marlene – sie trug 28 Kilo hauteng – beim Gang zur Bordtoilette galant an die wertvolle Seite: »Ladies first.«

Als die Maschine in Manila landete, wartete auf dem Flughafen eine Meute von Reportern. »Ich dachte, da kommen die Rolling Stones, aber die meinten mich«, erinnert sich Heinz nicht ohne Stolz.

Der freundliche Herr im Flugzeug war der philippinische Zollchef gewesen. Dem aber waren Heinz und seine Tochter mehr wert als eine Rockgruppe. Denn das Familienunternehmen trug Gold für weit über eine halbe Million Mark am Körper. Doch bevor ihm der philippinische Staat den Prozeß machen konnte, gelang dem »German Goldfinger«, wie er von der internationalen Presse flugs genannt wurde, die Flucht.

Ein bestochener Helfer fuhr Heinz im Regierungswagen mit Blaulicht zu einer einmotorigen Cessna, die zur achthundert Kilometer entfernten Insel Mindanao abhob. Drei Tage versteckte sich Heinz in einer Schilfhütte, dann brachte ihn ein Schmugglerboot nach Borneo. Von dort ging es zurück nach Deutschland. Zwar war er nach deutschem Recht durch die Kurierdienste nicht straffällig geworden, doch seine Karriere beim Syndikat war zu Ende. Heinz zog nach Formentera, um erst einmal auszuspannen.

Die Verschnaufpause währte nicht lange. Als Anfang der siebziger Jahre der Rumäne Csürös geschnappt wurde, der

der Düsseldorfer Commerzbank acht Tonnen geschmuggeltes Gold über den Tresen geschoben hatte, beschuldigte er den ehemaligen Stuka-Flieger Löbig, die Ware eingeflogen zu haben. Heinz wurde zur Vernehmung vorgeladen. Auf Formentera verabschiedete er sich mit den Worten: »Ich muß da mal eine Sache kurz regeln.«

Heinz' Freunde mußten lange auf seine Rückkehr warten. Obwohl der zwielichtige Kronzeuge Csürös sich umgehend verflüchtigte, hielt ihn das Düsseldorfer Landgericht für glaubwürdig und verurteilte Löbig wegen Steuerhinterziehung in Höhe von 3,8 Millionen Mark zu drei Jahren Haft. »Ohne handfesten Beweis«, wie die »Stuttgarter Zeitung« damals feststellte.

Heinz fühlt sich noch heute als Opfer der Justiz und einer Intrige. Er ist siebzig, und die Beine tun ihm auch weh. »Vom verdammten Goldschleppen«, schnauft er und bockt das Mofa auf.

»Aber das ist doch zwei Jahrzehnte her«, gebe ich zu bedenken.

Er lacht. »Nicht ganz so lange. Vor drei Jahren bin ich noch mal los, für die alte Firma.«

»Und die Kontrollen?«

Jetzt lacht er noch lauter, über meine Naivität. »Du kennst die Schweizer nicht. Mit dem Zettel vom Syndikat gehst du außen um den Piepser rum. Der Zollbeamte zählt nur die Goldbarren in deiner Weste zwei, vier, sechs – von wegen der Rückerstattung der Mehrwertsteuer.«

Stunden könnte ich zuhören, wenn Heinz erzählt. Als Michael Molsner mal auf Formentera war, brachte ich ihn mit Heinz zusammen, der ja, wie gesagt, die Vorlage zu Molsners Krimi vom Gold unterm Sakko geliefert hatte.

Ich dachte, jetzt haben die beiden viele Stunden zu reden. Doch das Gespräch dauerte nur eine Minute.

»Ach, Sie sind derjenige, der –«

»Ja, bin ich.«

»Hmm.«

Und das war's dann.

Tja, Michael, da hast du aber was verpaßt! Heinz ist ein begnadeter Erzähler, und er hat was zu erzählen. Goldfinger war nicht nur Deutschlands routiniertester Goldschmuggler. Ähnlich schnell wie seine Ausbildung zum Sturzkampfflieger hat er einen Kurs als Opernsänger hinter sich gebracht, war bekannt mit Heinz Rühmann, fuhr mit Harry Piel im Taxi, als ein Rad abbrach, drehte Buletten in einer Strandbude auf Formentera, vertrieb Altbier in Tanger und junge Mode auf den Kanarischen Inseln. Doch seine witzigste Geschichte erzählt er so:

»Meine Kollegen vom Syndikat erkannte ich in den Hotelhallen auf den ersten Blick, und zwar an den weggespreizten Beinen der Sessel, in denen sie saßen. Ich mit meinen hundert Kilo plus der vierzig Goldbarren durfte mich erst gar nicht setzen. Die Weste konnte ich nicht ausziehen; sie war versiegelt und durfte allein vom Empfänger mit einer Rasierklinge aufgeschnitten werden. Auf diesen Mann, der sich mit der Hälfte einer Dollarnote ausweisen würde, wartete ich im Sheraton in Neu-Delhi. Hitze, Durst, und aufs Klo mußte ich auch noch. Irgendwann hielt ich es nicht mehr aus und ging auf die Toilette. Als ich abziehe, reißt über mir der Wasserbehälter von der Wand, und unter mir kracht die Porzellanschüssel zusammen. Um mich herum Kacke, Wasser, Scherben – und auf einer stand der Markenname Niagara.«

Im Gegensatz zu den kubenförmigen Casas auf Ibiza hat das typische Inselhaus auf Formentera ein Giebeldach. Seit ewigen Zeiten bauen die Formenterenser ihre Häuser ohne die Hilfe eines Architekten. Der Grundriß ist einfach. Da ist die

Sala, die Halle, in der gewohnt und gearbeitet wird. Ihr
schließt sich der Raum mit einem offenen Kamin an, der in
erster Linie als Kochstelle dient, wo die Bewohner sich aber
auch an kalten Tagen wärmen. Auf dem Kamindach, dem
trockensten Teil der Finca, lagern Vorräte oder schlafen hin
und wieder die Kinder.

Der Sala gegenüber befinden sich die Schlafzimmer, je
nach Größe der Familie, eins oder zwei, dazu ein weiterer
Raum mit gemauerter Kornkiste. Der Backofen liegt meist
seitlich am Haus. Seine runde Form verrät den maurischen

Die Zisterne befindet sich nahe beim Haus.

Einfluß. Die Wände bestehen aus Feldsteinen, sind knapp einen Meter dick und mit einem Gemisch aus Kalk und Sand verputzt.

Die Decke wird von Pinienbalken getragen, die zur Konservierung zwei, drei Jahre im Salinenwasser gelagert haben. Auf diese Balken kommen Schindelbretter aus dem harten Sabinaholz, die mit einem beilähnlichen Werkzeug so genau behauen wurden, daß sie fugenlos passen; darüber ein Polster aus Seegras, Kalk, Lehm und den langen Ästen der Glockenheide. Den Abschluß bilden Tonziegel, die nach dem Prinzip Mönch und Nonne verlegt sind. Solch ein Dach, ein handwerkliches Meisterstück, schützt gut gegen Kälte und bestens vor der brennenden Sonne. Selbst während der Augusthitze bleibt es in den alten Häusern angenehm kühl.

Die Zisterne befindet sich nahe dem Haus. Der Hauseingang ist immer nach Süden gerichtet; ein Vordach hält die Sonne ab. Die Fenster sind klein, ohne Scheiben, die Fensterläden im Sommer geschlossen; das Sonnenlicht soll draußen bleiben. Die Ställe an der Nordseite schützen das Haus vor dem rauhen Tramuntana-Wind.

Die Möblierung ist funktionell, sparsam, ja karg. Ein langer schmaler Tisch, davor die typischen niedrigen Stühle, die *sillas pageses*. Das Wort *pagés* begegnet uns oft. Es heißt im gewissen Sinne bäuerlich, mehr aber noch, wie beim Wein oder der Mundart »pagés«, bedeutet es: von hier, von der Insel. Im Unterschied dazu werden die normal hohen Stühle, die von außerhalb kamen, mit *sillas de señores* bezeichnet.

Oft steht in einem der Räume eine schmucklose, lediglich blankpolierte Truhe. Die Borde fürs Geschirr werden gleich beim Bau in die Wände eingelassen, dazu eine Nische mit einer dicken Bohle, auf der zum Kühlen die Tontöpfe mit Wasser stehen. Einziger Wandschmuck ist fast immer das Hochzeitsbild.

Das Inselhaus ist Ausdruck einer einfachen bäuerlichen Kultur, es ist der Landschaft angepaßt und mit einem natürlichen Gespür für Schönheit gebaut. »Da nur Material aus der Umgebung verwandt wurde«, sagte mal ein Resident, »konnte ja nichts schiefgehen.« Ein zynischer Bursche, aber er hatte recht. Als die Formenterenser anfingen, mit Zement und Hohlblocksteinen zu bauen, entstanden prompt die scheußlichen Zuckerwürfel. Rasiermesserscharfe Kanten bestimmten außen das Bild, drinnen hielt der Glitzerteppich mit Hirsch und Matterhorn Einzug.

Katze und Meerschweinchen teilen sich den Rest aus einer Paellapfanne.

Doch Wandel ist in Sicht. Mein Nachbar Francisco ist Maurer. Das erste Haus, das er für seine Tochter gebaut hat, ähnelt einem Schuhkarton mit Vordach. »Alle bauen jetzt so«, sagte er damals. Das zweite Haus, in das mal der Sohn einziehen wird, hat er im traditionellen Stil errichtet. Wieso dieser Wandel? »Es gab Probleme mit dem Flachdach, Risse«, erklärt er. Beim Giebeldach dringe kein Regen ein, schöner und komfortabler sei es auch.

Das waren wohl auch die Gründe für den allerersten Stilwandel. Denn ursprünglich sahen die Casas auf Formentera wie die auf Ibiza aus: kubenförmig, wenngleich kleiner und nicht so häufig auf verschiedene Ebenen gestellt. Noch Ludwig Salvator sah bei seinem Besuch auf Formentera mehr Häuser im ibizenkischen Stil als mit Giebeldach; und das ist nur rund hundertzwanzig Jahre her. Man nimmt an, daß Formenteras Seefahrer den neuen Baustil aus der Fremde mitgebracht haben.

Ob flach oder giebelig, zu einer Finca gehören ein Schwein, Hühner, Ziegen, Schafe, auch Puten und Tauben. Zusammen mit den Kaninchen hausen oft Meerschweinchen. Fragt ein Fremder, wozu die Meerschweinchen dienen, erhält er ausweichende Antworten, weil schon vor ihm zu viele bei der Auskunft, die würden gegessen, irritiert geguckt haben. Dabei ist es keine Schande. Meerschweinchen sind unter dem Namen Cuy in Peru ein Nationalgericht. Die südamerikanischen Nagetiere sind also auch ein Mitbringsel der Seefahrer, wie die Agaven und Feigenkakteen, die hinter dem Haus eine dichte Hecke bilden.

Zu jeder Finca gehören ein paar Olivenbäume. Die Bauern waren ja Selbstversorger, sind es zum Teil immer noch. Aprikosen und Granatäpfel, Feigen und Mandeln, an geschützten Stellen wachsen die empfindlichen Orangen und Zitronen. Die Maulbeerbäume stehen oft entfernt vom Haus.

»Weil man die Diebe an ihren blutroten Händen auch von weitem sehen kann«, meint Toni. Die Maulbeeren fangen Ende Juni an zu reifen. Beim Pflücken darf man die Früchte nur ganz zart anfassen, sonst zerplatzen sie, und nicht nur die Hände, sondern auch Gesicht und Oberkörper sind voll mit dem blutroten Saft.

Die frühen Feigen, die länglichen, blauschwarzen »breves«, müßten jetzt ebenfalls reif sein. Doch dieses Jahr findet man so gut wie keine. Es hatte im Winter zuviel geregnet. Profitiert hat von den reichlichen Niederschlägen eine Wildblume, die von den Einheimischen *Sant Ponç* genannt wird und sonst eher bescheiden auf den Brachen wächst. Dieses Jahr aber bilden die blaßblauen bis lila Blüten auffällig dicke Kugelbüsche und bedecken ganze Landstriche. Die Wildblume, die zur Familie der Gamander zählt, wird wegen ihres süßlich würzigen Dufts auch Formentera-Lavendel genannt.

Wie muß das gerochen haben, wenn die Kirchgänger früher diese Blüten in Mengen auf den Kirchboden streuten, zu Fronleichnam oder eben zum Fest des heiligen Ponç. Mary, eine Amerikanerin, die die Gemeindebücherei betreut und sich seit Jahrzehnten mit den Pflanzen der Insel beschäftigt, hat mir das erzählt. Der heilige Ponç gilt als Schutzherr der Fliegen, was hoffentlich bedeutet, das er gegen Fliegen schützt und vor allem gegen die Silberfischchen.

Dieses kleine, mit silbrigen Schuppen bedeckte Urinsekt ist allgegenwärtig, liebt Feuchtigkeit und Wärme, Kunst und Literatur. Meine Grafiken von Bella Brisel und Sioma Baram haben sie auf dem Gewissen und die Bücher von Raymond Chandler. Die Silberfischchen sind ein Fall, an dem selbst der rauhbeinige Detektiv Philip Marlowe zerbrechen würde.

Früher legten die Bäuerinnen ein Sträußchen Formentera-Lavendel zwischen die Wäsche; ich hänge eines vors Bücherregal. Sant Ponç, hilf!

Die frühen Feigen, die »breves« werden reif.

Heute morgen hat mich ein neuer Duft geweckt. Es riecht nach gemähtem Korn. Fernes Rattern dringt an mein Ohr. Noch bevor ich die Tür öffne, weiß ich, daß der Nachbar mit seinem Mähdrescher zugange ist. Zur Frühstückspause ist er mit dem eigenen Feld fertig, danach fährt er zu einem anderen. Bald riecht die ganze Insel nach frisch gemähtem und gedroschenen Korn – nach *forment* wie es in der Inselmundart heißt.

In allen Reiseführern und Prospekten heißt es immer, daß die Insel ihren alten Namen Frumentaria, Weizeninsel, von den Römern hat. Manche Historiker, aber auch einige Sprachwissenschaftler bezweifeln das und bieten, wie Professor Mönch, eine andere Deutung an. Demnach leitet sich der Inselname von »Promontoria« gleich Vor-Gebirge ab, und zwar wegen der beiden charakteristischen Kaps, dem Cabo de Berberia und der Mola. Für einen sanften Gelehrten wie Mönch klingt es fast schon scharf, wenn er fordert: Prospekte und Reiseliteratur sollten die Touristen nicht täuschen, da das Charakteristikum der Insel keineswegs weithin sichtbare Weizenfelder seien.

Einig sind sich Historiker und Sprachforscher, daß die Bezeichnung Pityusen, Pinieninseln, für Ibiza und Formentera von den Griechen stammt. Der noch ältere griechische Name Ophiusa für Ibiza und Formentera bedeutet Schlangeninsel. Doch Schlangen gibt es hier nicht; auch lassen sich keine Zeugnisse auftreiben, daß es je welche gegeben hat. Wo aber hatte dann in aller Welt der deutsche Dramatiker August von Kotzebue seine Infos her, als er das Stück »Der Eremit auf Formentera« verfaßte?! Den Ort der Handlung beschreibt er laut Walter Mönch so: »Der Schauplatz ist auf Formentera, bekanntlich eine Insel, unfern der spanischen Küste, die wegen der Menge der Schlangen unbewohnbar ist.«

Ein alter Dreschplatz.

Der Name Balearen gilt heute für die gesamte Inselgruppe. Doch ursprünglich galt er nur für Mallorca und Menorca. Denn hauptsächlich von diesen beiden Inseln kamen jene berühmten Steinschleuderer, die zunächst in den karthagischen und später in den römischen Heeren dienten. Aus »ballein«, dem Griechenwort für schleudern, wurde Balearen.

Namen sind Schall und Rauch – sind Geruch. Und heute riecht die Luft nach *forment*, nach Weizen in glühender Sonne; heute, zumindest heute trägt Formentera seinen Namen Weizeninsel mit vollem Recht.

V. Juli

Von Bienen, Fischen, Flöhen und dem Erfolg mit geklauten Höschen

Schreiend kommt meine Frau um die Ecke gerannt. Hunderte von Bienen sind hinter ihr her. Sie rennt ins Schlafzimmer, ich schließe die Tür. Doch eine Biene hat sich in ihrem Haar verfangen, und die sticht zu. Was tun? Malve, Petersilie, Salbei und Thymian sollen helfen, sagt der Naturarzt Maurice Messegué. Wir entscheiden uns dann für Amigos Rezept, angefeuchteten Puderzucker, der nach einer Weile abgeleckt wird.

Nach der Behandlung entdecken wir den Bienenschwarm. Wie ein Fußball hängt er in der Astgabel eines Olivenbaums. Mitten drin die Königin, die mit allen Nestgenossen verwandt ist. Bis zu 100 000 können es sein. Wird das Volk zu groß, teilt es sich und füttert eine neue Königin heran.

Unser Nachbar Jaime Carlos kommt und stellt einen Kasten unter den Baum mit dem aufgeregt summenden Fußball. Aus sicherer Entfernung können wir beobachten, wie die Bienen nach und nach in dem schmalen Schlitz der Kiste verschwinden. Es dauert einigen Stunden. Dann trägt Jaime Carlos den Kasten zu dem Brachfeld, auf dem jetzt der Thymian in voller Blüte steht.

Thymianhonig ist würzig, fast pfefferig. Thymianhonig, frisch aus der Wabe gelutscht, hat mit Honig aus dem Laden soviel zu tun wie eine sonnengereifte Walderdbeere mit einer Treibhausfrucht.

Ob Honig oder Hühner, Wein oder Früchte, von ihren Erzeugnissen geben die Bauern nur ungern ab. Will man ihnen etwas abkaufen, muß man schon gut bekannt sein mit ihnen. Zum einen sind die Formenterenser nicht sonderlich geschäftstüchtig, zum anderen wissen sie aber genau, wieviel Mühe und auch Geld in einer Flasche Honig, in einem Kilo Hühnerfleisch stecken. Ein Hähnchen aus der Batterie ist in sechs Wochen schlachtreif, ein freilaufendes Formentera-Huhn braucht dazu ein halbes Jahr. In der Zeit hat es an Körnern mehr gefressen, als umgerechnet drei Hähnchen beim Metzger kosten. Dennoch lohnt es sich. Das Fleisch solcher Hühner ist an den Schenkeln nicht weiß, sondern von dunkelrosiger Färbung und sehr schmackhaft.

Geruch und Geschmack des Formentera-Tabaks kann man schon als eigenwillig bezeichnen. Wer in einen Raum kommt, in dem *pota* geraucht wurde, denkt kaum an den Duft der weiten Welt, auch nicht an Freiheit und Abenteuer. Mich versetzte der Geruch, als ich neulich bei Jaime war, in meine Jugend zurück. Unwillkürlich hatte ich, als ich den Tabak roch, auf meine Schuhe geblickt, weil wir uns als Kinder gegenseitig mit einem Brennglas die Schnürsenkel anschmorten. Das roch genauso.

Früher wurde auf nahezu jedem Bauernhof Tabak angebaut, heute nur noch vereinzelt. Jaime hat ein kleines Feld neben seinem Haus angelegt. Im Juli blühen die hüfthohen Pflanzen. Ich schaue zu, wie er die gelben Blütenstauden abschneidet. »Damit die Kraft nicht verlorengeht«, sagt er.

Wochen später, wenn sich die Blätter gelblich verfärben, beginnt die Ernte. Die Pflanzen müssen im Schatten trocknen. Dann werden die Blätter zu einer Rolle geschnürt, jeden Tag enger, und schließlich in Streifen geschnitten. Jaime gibt noch Honig und Weinessig hinzu, zur Geschmacksverfeine-

FISCH

rung, sagt er. Ich weiß nicht so recht. Seine Frau Catalina wedelt mit der Hand durch die dunstblaue Luft, rollt die Augen, und wir verziehen uns in den Anbau.

Wände und Regale dort sind voll mit Angeln, Netzen und Keschern, mit Haken, Gewichten und Schwimmern. Fischen ist Jaimes große Leidenschaft. Jeder Fisch, erklärt er, werde mit anderem Gerät gefangen. Vom Boot aus und mit einem Grundhaken fängt Jaime die *raors,* die wie tropische Korallenfische aussehen und fast ausschließlich in den Gewässern um Formentera vorkommen. Im Fischgeschäft findet man den Raor oder Schermesserfisch selten. Die Fischer behalten ihn meist für sich und braten ihn *a la plancha*, das heißt mit etwas Öl auf dem Bratblech. Kurz in Butter angebraten, mit lediglich einer Prise Salz, so schmeckt er mir am besten. Jede weitere Zutat würde den zarten Geschmack verfälschen.

Viel Geschick ist nötig, um die Salpen zu fangen, die sich im Juli dem Ufer nähern. Jaime zeigt mir ein mit Blei beschwertes Netz. Um mir die Fangtechnik zu demonstrieren, schwingt er das Netz um den Kopf und wirft es zielsicher über das Spielzeugauto seines Sohnes.

Ebenfalls mit einem Netz, jedoch einem engmaschigeren, werden die nur streicholzlangen *muxas* gefangen. Die Einheimischen braten sie in Olivenöl und essen sie anstelle von Kartoffelchips beim Fernsehen.

Doppelhaken für den Drachenkopf, einfache Haken plus Tintenfischköder für Muräne und Meeraal. Die Zahnbrassen gelten als die Leckermäuler unter den Fischen. Jaime ködert sie mit den Innereien der Seegurke. Um den zehnarmigen Sepia aus der Familie der Tintenfische zu fangen, benötigt er ein Gerät, das aus der Spielzeugkiste seines Sohnes stammen könnte.

Es handelt sich um ein handgroßes Holzboot, das außen mit kleinen Spiegeln besetzt ist. Dieses Schiffchen zieht Jaime hinter seinem Boot her, wenn er im Mondlicht aufs Meer hinausrudert. Im März sei die beste Zeit, erklärt er mir, dann kämen diese Kopffüßler zur Küste, um an den Felsen und Meerespflanzen ihre Eier abzulegen.

»Die Glitzerspiegel locken die Sepien an. Ich stehe im Bootsheck mit einem Kescher, sehe sie ankommen – schnapp. Das ist ganz einfach«, hängt er bescheiden an. Doch ich weiß, daß er in einer Nacht bis zu dreißig Sepien fängt, während andere Fischer in derselben Zeit nur fünfmal erfolgreich »schnapp« machen. Schnelligkeit ist gefragt.

Mehr Gefühlssache ist es, die Pfeilkalmare zu fangen. Man läßt ein längliches Stück Blei, das mit einem weißen Faden umwickelt ist und viele Spitzen hat, bis auf den Meeresgrund hinab, wickelt die Schnur um den Zeigefinger und zuckt in regelmäßigen Abständen. Spürt man Widerstand, hat sich das Blei im Seegras verfangen oder aber es hat ein Pfeilkalmar zugelangt. Jetzt muß man, mit einer Hand über die andere greifend, die Schnur einholen.

»Nicht rucken, nicht mit dem Zug nachlassen!« sagt Jaime. Denn der Kalmar hängt ja nicht an einem Widerhaken, er klammert sich nur mit den Fangarmen an den vermeintlichen Beutefisch. Das ist wirklich spannend. Als ich meinen ersten Kalmar aus dem Wasser zog, spritzte er mir eine Ladung Tinte ins Gesicht.

Die Tinte färbt durchdringend, ist aber keineswegs Abfall. Im Gegenteil, beim Tintenfisch nach Seemannsart werden alle Innereien entfernt, der Tintenbeutel jedoch bleibt. Hier das Rezept:

Sepie a la marinera

Kalmar oder Sepia vierteln, Köpfe halbieren, Schnabel
entfernen, gut waschen und abtropfen lassen. Stücke in
einem Tontopf bei langsamen Feuer und wenig Wasser
weich kochen, Öl und eine kleingeschnittene Zwiebel
hinzugeben. Ein guter Schuß Kognak, Pfeffer und Salz
geben der blauschwarzen Soße die richtige Würze.

Kalmare haben zwei lange Greifarme und eine Art Plastik-
schiene im Leib, während die Sepien kürzere Arme und einen
Schwimmer aus porösem Kalk im Körper haben. Das Zeug ist
gut für Käfigvögel, wenn sie Kalk brauchen. Ein Schmuckma-
cher in Pujols nimmt es, um Ringe zu kopieren. Er drückt das
Original in den weichen, aber hitzebeständigen Werkstoff
und füllt die Hohlform anschließend mit Silber.

Sepia und Kalmar sind für die Paella begehrt und deshalb
ziemlich teuer, wie eigentlich alle Fischsorten. Einzig Pulpos
sind immer noch billig. Dabei sind diese achtarmigen Kraken
ähnlich schmackhaft, wenngleich nicht so süßlich wie Sepien.
Pulpo ist auch keinesfalls zäh, wenn man weiß, wie er behandelt werden muß: Entweder eine Viertelstunde mit einem
Stock schlagen – dabei löst sich die Haut, die ihn zäh macht –
oder einige Tage ins Tiefkühlfach legen, dann in reichlich
Wasser kochen und die Haut ablösen. Nach dieser Methode
werden selbst stramme Kraken zart wie Hummerfleisch.

»Mein größter Pulpo«, sagt Jaime, »hatte Arme so dick wie
meine Handgelenke und Augen wie Fincafenster.«

Kraken sind klug, neugierig und verspielt. Die Neugier ist
ihr Verhängnis. Jaime sucht den Meeresboden mit einem
Eimer ab, dessen Boden er durch eine Glasscheibe ersetzt

hat. Entdeckt er einen Pulpo, wirft er ihm einen mit hellem Garn umwickeltem Haken vor die Arme. »Der Neugierige will wissen, was es ist – schnapp, ziehe ich ihn hoch, und ab in die Kiste!«

Einen Pulpo in eine Plastiktüte zu stecken, hat keinen Sinn. Er ist mit seinen Armen so geschickt und knüpft sie wieder auf. Das habe ich, als ich mit Fischern draußen war, selbst gesehen – und beide Augen zugedrückt. Der Bursche ist auf allen achten übers Deck geschlichen und hat sich napfend saugend die Bordwand hinuntergelassen.

Hochintelligent, neugierig und verspielt sind auch Delphine. Wer sich der Insel mit einem Segelboot nähert, kann erleben, wie diese kleinen Verwandten der Wale vor dem Schiffsbug umhertollen und Wettrennen veranstalten. Schneller als eine Jacht sind sie allemal, bis zu 50 km in der Stunde. Lange Zeit rätselten Seeleute und Biologen, wie die Meeressäuger, die zum Atemholen an die Wasseroberfläche müssen, solche Geschwindigkeiten erreichen. Des Rätsels Lösung liegt in der Beschaffenheit der Delphinhaut, die ähnlich wie ein Golfball nicht glatt ist, sondern »Grübchen« aufweist, die störende Wirbel vermeiden.

Mit großer Vorsicht begegnen die Fischer einem kleinen Fisch, der an der Rückenflosse und an den Kiemendeckeln giftige Stacheln hat. Jaime bezeugt seinen Respekt vor dem Petermännchen, indem er im Boot Kombizange und Salmiakgeist griffbereit hält. Mit der Zange kneift er die Stacheln ab, die Ammoniaklösung ist für den Fall, daß er doch mal mit den Stacheln in Berührung kommt.

Wie damals, als er den zappelnden Fisch mit dem Fuß halten wollte und ein Stachel durch die Fischerlatschen drang. »Mein Fuß wurde doppelt so dick, und es schmerzte höllisch.« Das Nervengift, das der Fisch in den Drüsen speichert, bewirkt Fieber, Erbrechen und Atemnot. Ärztliche

Behandlung ist notwendig, weil in extremen Fällen Erstik-
kungsanfälle und Herzversagen drohen. Warum dann der
Aufwand? Nun, Petermännchen schmecken gut, und in einer
richtigen Fischsuppe dürfen sie ebensowenig fehlen wie in
einer guten Anglerstory. Der Fisch kann aber auch Badenden
gefährlich werden, da er sich gern in seichtem Wasser aufhält.

Nicht unerwähnt sollen die Meeresschildkröten bleiben. Sie
stehen unter strengem Artenschutz, es gibt nur noch wenige.
Doch hin und wieder kommen sie an die Küsten Formenteras, schwimmen an der Wasseroberfläche und sonnen sich.

Ich weiß, daß die Fischer dann mit abgestelltem Motor an
die schlafenden Tiere heranfahren und sie mit einem Haken
ins Boot ziehen. Offiziell sind Schildkröten vom Speiseplan
gestrichen. Doch man munkelt von Gerichten, die diese oder
jene Fischersfrau mit frischen Feigen oder gar Schokolade
zubereitet.

Die Altresidenten haben noch gesehen, wie die riesigen
Schildkröten zu Hunderten an die Playa Migjorn kamen. Hajo
Schedlich und Ernesto Ehrenfeld schmiedeten sogar Pläne,
die Panzertiere zu verschicken. »Lebendig oder in Dosen?«
lautete ihre Frage Ende der fünfziger Jahre. Als Hajo dreißig
Jahre später seinen Fernsehfilm über Formentera drehte,
hatte sich das Problem längst erledigt, doch trotz des gewan-
delten Umweltbewußtseins war er noch so mutig, das Thema
vor laufender Kamera anzusprechen.

Sonntag. Heute ist Mola-Tag wie jeden Sonntag. Da besuchen
die Leute aus dem flachen Teil der Insel ihre Verwandten auf
dem Hügel. Die Männer sitzen in der Bar Miguel und spielen
Karten. Toni erklärt mir die Spielkarten – Münzen, Kelche,
Schwerter, Stäbe – und gibt auch gleich die Erklärung dazu:
»Wer um Geld spielt und trinkt, der greift zum Schwert und
wird mit dem Knüppel bestraft.«

Lena verkauft handgewebte Schals aus Mohair.

Geld ist nicht zu sehen, dennoch soll es auch schon mal um größere Summen gehen. Ein beliebtes Spiel, bei dem zwei gegen zwei spielen, heißt *butifarra*, Blutwurst. Die Frauen – im Nebenraum – spielen um Orangen. Natürlich läuft unterdessen der Fernseher in voller Lautstärke, aber keiner guckt hin.

Schräg gegenüber der Bar Miguel haben die Kunsthandwerker ihre Stände aufgebaut. Gleich am Eingang neben Gabrielets Keramikwerkstatt sitzt die Schwedin Lena mit ihren handgewebten Schals aus Mohair. Etwas weiter verkauft Eva Puppen, die in der Inseltracht gekleidet sind, und

Sabina ihre bemalten Klappspiegel. Heike schneidet Haare. Reinhard, der Ruhe an seinem Schmuckstand haben will, liefert seine beiden flachsblonden Söhne bei ihr ab. Die Jungen protestieren, möchten lieber zum Nachbarstand, wo zwei Italienerinnen Rastazöpfe flechten. Reinhard verspricht ihnen Reibekuchen.

Ich folge meiner Nase und traue meinen Augen nicht: Im Bratendunst steht Chaim, der sich früher wie ein edler Beduinenführer kleidete, Flöten schnitzte und mit sanften Tönen die Zuhörer in ferne Traumwelten entführte. Er sieht jetzt so bodenständig aus. Neben ihm, sexy as ever, sitzt Renée

Ein Betonmonster von Zementkünstler Schoppi.

Cohen und verhökert aufgemotzte Hanfschuhe. Bio-Bauer Hardy, in bügelfrischer Latzhose, bietet Grafiken mit Rezepten feil: Renner ist das Formentera-Schwein mit Feigen und Apfelmus.

Aus der Bilderhöhle des Schweizer Malers Luma dringen psychedelische Klänge, die sich draußen mit dem Beat einer Rockgruppe mischen. In der Platzmitte thront Zementkünstler Schoppi, umgeben von einer Schar knallbunter Betonmonster, die langen Haare mit einem Stirnband gehalten, ein waches Seglerauge auf die jungen Mädchen. Bildhauer Bodo Bitzer erscheint mit gelbgoldener Mütze, John hat Frau und Kind und Kakteen-Ableger mitgebracht.

»Wie läuft das Geschäft?«

»Ach, Geschäft«, brummelt er. »Eigentlich kommt ja nichts bei rum.«

Oder doch. Dem einen füllt das Verkaufen die Reisekasse für den Winterurlaub auf Bali, dem anderen hilft es, auf Formentera zu überleben. Und ganz nebenbei ist der Mola-Markt eine Bühne. Geöffnet wird sie sonntags am frühen Nachmittag, den Vorhang zieht die Nacht.

Am Abend eine Vernissage in der Galeria Cadilhac des Belgiers Alain Depière. Die Künstlerin sei anwesend, heißt es auf der Einladung. Doch in dem Gedränge finde ich sie nicht. Denn sie sitzt, umgeben von Alains Antiquitäten, in einem Nebenraum, ein altmodisches Hütchen auf dem Kopf, klein, zart. Cecile Lemoine ist 81 Jahre alt, vor knapp vierzig Jahren kam die Französin nach Formentera. Warum?

»Ich wollte die Insel sehen, auf der die Fische an den Bäumen wachsen«, sagt sie mit blitzenden Augen. Auf Ibiza hatte sie von den Rochen und Hundshaien gehört, die Formenteras Fischer zum Trocknen in die kahlen Äste der Sabina-Bäume hängen.

»Die einfache Lebensweise der Einheimischen faszinierte mich, und dann dieses Licht, so grell und schonungslos, eigentlich mehr zum Erkennen als zum Malen geeignet.« Doch sie blieb und malte.

In Ceciles Bildern lebt das vergangene Formentera. Da hat die alte Kornmühle bei San Francisco noch Flügel, eine Bäuerin schneidet das Getreide mit der Sense, ein Bauer pflügt den Acker mit einem Ochsengespann. Cecile Lemoine malte, was sie sah: Landschaft pur, ohne Stromkabel, ohne Asphaltstraße, und immer wieder das Meer, die leeren Strände, Fischerboote, Segelschiffe und eben jene »Bäume, an denen Fische wachsen«.

Sind Sie ein Formentera-Typ? fragte vor Jahren ein Reiseveranstalter in seinem Prospekt. Das war die Zeit, als sich Urlauber in der Toilette am Flughafen von Ibiza umzogen. Zahnärzte schlüpften in schmuddelige Overalls, Sparkassenangestellte warfen sich die Afghanenweste über. Auf der Fonda-Mauer hockten Millionärsgattinnen in Fischerlatschen, Fabrikanten lasen Carlos Castaneda. Jeder ein Aussteiger – für zwei oder drei Wochen. Alle wollten ein bißchen flippig, keiner normal sein.

Wie anstrengend, wie unsinnig! Kein Gesetz schreibt vor, daß ein Formentera-Typ verrückt sein muß, nicht mal halbverrückt. Les und Gerald waren kreuznormal.

Verrückt sei es vielmehr, dauernd für Klamotten zu schuften, die man an und für sich nicht braucht. Zu dieser völlig normalen Erkenntnis kam Leslie Bailly an einem regnerischen Julitag im Jahre 1974. Wenig später stand er an der Autobahnausfahrt Düsseldorf-Süd, mit drei Mark zehn und einer Mundharmonika in der Tasche seiner kurzen Lederhose, die er angezogen hatte, weil sie zum Reisen »irre praktisch ist«. Sein Ziel war Formentera. Er schlug sich durch, schlief unter freiem Himmel, wehrte schwule Lastwagenfahrer ab, die in seiner Lederhose nicht das strapazierfähige Kleidungsstück, sondern ein Reizmittel sahen.

Nach sechs Wochen erreichte er Formentera. Als erstes heftete er an die Säule der Fonda Pepe einen Zettel: Erledige Arbeiten jeder Art. Ein Witzbold schrieb darunter: Viel Spaß! Les schlief am Strand und bei Freunden, die ihm eine Packung filterlose Ducados, ein Bier oder ein belegtes Brötchen spendierten. So ging das Jahre.

Als ich mich mit Les zum erstenmal unterhielt, war er bereits fein raus.

»Das hier ist mein Apartment Mercedes.« Er machte eine übertriebene Geste. »Tagesraum, Schlafzimmer, Arbeitsraum, alles mit Rundumsicht.«

Das Gespräch fand vor einem Daimler-Benz 250 S statt, der seit Jahren unter Zollverschluß stand und seit Monaten Leslies Zuhause war. Aus dem Kofferraum holte er eine vorsintflutliche Schreibmaschine hervor, ein Erbstück von Mario Prins, puhlte die Piniennadeln, die durch ein Loch in der Kofferraumabdeckung rieselten, aus dem Typenkorb und begann zu tippen. »Da war noch die Sache mit . . .«

So fing Les alle seine Kurzgeschichten an, die er abends im Schein einer Petroleumlampe auf zwei übereinander gestapelten Bierkisten schrieb. Tagsüber kochte der gelernte Elektriker in einem Strandrestaurant für heimwehkranke Urlauber Erbsensuppen. Völlig normal, wie gesagt.

Und dann war da noch die Sache mit Gerald. Der Bäckermeister aus dem niederrheinischen Kleve war etwa zur gleichen Zeit wie Les nach Formentera gekommen, mit dreißig Brieftauben auf dem Dach seines Autos. Seine gutlaufende Konditorei hatte er aufgegeben, fortan wollte er sich nur noch der Taubenzucht widmen.

Doch eines Tages fand er am Wegesrand einen ausrangierten Backofen. Den stellte Gerald zunächst in das Wohnzimmer seines winzigen Häuschens zwischen Pujols und San Fernando. Dann reparierte er ihn, und dann – ja dann buk er seinen ersten Kuchen. So einen Kuchen hatten die Feriengäste noch nie auf der Insel gegessen. Sie wollten mehr davon, sie bettelten, sie drohten. Aussteiger Gerald wurde ein Opfer seiner Backkunst. Er stieg wieder ein.

Er stellte zwei Gästetische unter die Pinien und zwei in seinen Wohnraum. In Geralds Altersruhesitz wurde es eng, er mußte anbauen. Als alternativer Konditor führte er die Maurerarbeiten selber aus. »Zwischen Rührteig und Speis ist wenig Unterschied«, sagte er und legte Stein auf Stein. Das ging so lange gut, bis eines Tages die Guardia Civil bei ihm auftauchte, die darauf zu achten hat, daß keine wilden Bauten entstehen.

Die Sorge schien Gerald unbegreiflich, denn er habe ja nur eine Mauer gezogen. Die Männer in den grünen Uniformen deuteten auf die Löcher in der Mauer. Gerald erklärte, das große Loch mit dem Bogen sei nur ein Durchgang, damit die Herren nicht über die hohe Mauer steigen müßten, die kleinen viereckigen Löcher hätten den Zweck, daß sie hereingukken könnten. Die Zivilgardisten nickten.

Bei ihrem nächsten Besuch hatte der besagte Durchgang eine Tür, und die angeblichen Gucklöcher waren mit Scheiben und Tüllgardinen bestückt. »Damit es schöner aussieht«, sagte Gerald. Die Beamten verabschiedeten sich mit der Ermahnung, nun auf keinen Fall auf die Mauer mit der Tür und den Fenstern noch ein Dach zu setzen, denn dafür brauchte er dann wirklich eine Genehmigung.

Die Polizeistreife gewöhnte sich an den Anblick der potemkinschen Fassade, und Gerald konnte dahinter in Ruhe weiterarbeiten. »Fertige Häuser dürfen auf Formentera nicht abgerissen werden«, verriet er mir. Und eines Tages war seine Cafeteria fertig. Er nannte sie »Buenavista«, gute Aussicht. Das Café existiert noch, Gerald starb 1991 in Deutschland. Ein Stammgast streute Sand aus Formentera über sein Grab – eine sentimentale, eine gefühlsduselige, eine herrliche Geste.

Zwei Feste gibt es im Juli. Am 16. feiern die Seeleute und Fischer mit einer Bootsprozession den Tag der Jungfrau Carmen. Doch noch bedeutender ist der 25. Juli, an dem alle Jaimes ihren Namenstag haben und der Schutzpatron der Insel gefeiert wird. Traditionell gehören drei Hauptpunkte zum Festprogramm: *ball pagés, tirada de galls* und *sa cantada.*

Zum *ball pagés,* dem alten Tanz, treten die Paare in den Ring der Zuschauer. Die Frauen tragen lange Röcke, gebauscht von unzähligen Unterröcken, darüber blaue Schürzen, rote Schultertücher und weiße, mit Gold durchwirkte Kopftücher. *Emprendades,* mehrreihige Goldketten mit Broschen und handtellergroßen Kreuzen, die seit Generationen von der Mutter auf die Tochter vererbt werden, zieren Hals und Brust.

Die Männer kleiden sich schlichter. Sie haben weiße Hosen und Hemden an, dazu rote Schärpen, schwarze Westen, Halstücher und lange rote Mützen, die keß auf ein Ohr fallen. An den Füßen tragen Männer wie Frauen die aus Hanf geflochtenen *espardenyes.*

Die Musiker beginnen zu spielen. Der Klang von Tamburin und Flöte, zu dem noch die großen Kastagnetten kommen, verrät den arabischen Einfluß. Ungewohnt für alle Fremden wirken auch die Tänze, bei denen die jungen Mädchen zierlich den Rock lüpfen und auf der Stelle trippeln, während die jungen Burschen wie Hähne um sie herumhüpfen.

Die *tirada de galls* ist ein Spiel, bei dem mit einer Holzkugel auf dreizehn Kegel geworfen wird. Das erinnert an das deutsche Kegeln, mit dem Unterschied, daß die Tirada de galls im Freien geschieht und der Sieger einen *gallo*, einen lebendigen Hahn, erhält.

Mit *sa cantada* wird ein von Trommelschlägen untermalter Rundgesang bezeichnet, bei dem die Texte philosophisch oder derb, lustig oder traurig sein können. Meist ist der Text vorgegeben, doch hin und wieder improvisiert der Sänger und macht Anspielungen auf Anwesende. Bis zu fünfzehn Minuten dauert der einzelne Vortrag, der ganze Rundgesang oft bis zum Morgengrauen. Früher, nach dem nächtlichen Kalkbrennen oder den Schlachtfesten, ließen die Männer, wie um zu zeigen, daß sie noch Kraft genug hatten, über die Insel *el grito*, einen lang anhaltenden Ruf, erschallen.

Zwei Monate hat es nicht geregnet. Das Grün ist verdorrt. Ich sehe die Schafe auf den abgeernteten Getreidefeldern knabbern und frage mich, was sie noch finden. Die Ziegen gucken ganz wütend mit ihren Knickeraugen. Gegen Abend kommt der Bauer mit einem Arm voller Grünzeug. Beim ersten Ruf laufen sie ihm entgegen. Am anderen Tag führt er die Herde auf das Feld mit dem Mais, den er nur für sie angebaut hat. In ganz trockenen Zeiten wirft er ihnen die Ohren der Feigenkakteen vor und in geringen Mengen auch Weinblätter.

Einst soll Formentera viel fruchtbarer gewesen sein. Glaubt man der Legende von den beiden Schwestern, dann befand sich an der Stelle, wo heute die salzigen Wasser des ESTANY PUDENT rosigbraun bis lila den Himmel widerspiegeln, ein Bauernhof samt blühenden Feldern und sprudelnder Quelle. Auf dem Gehöft lebte eine Mutter mit ihren beiden Töchtern und einer Schar Sklaven. Alle waren glücklich, die Besitzer wahrscheinlich etwas mehr als die Sklaven.

Doch dann starb die Mutter, und das Unglück begann, wie so oft, mit der Erbteilung. Jede der Schwestern erbte eine

Hälfte, aber es gab ja nur eine Quelle, und um diese Quelle stritten sich die beiden Schwestern nun fortan und immerzu. Vollauf beschäftigt mit diesem Streit, vernachlässigten sie das Erbe; die Felder verkamen, die Gebäude zerfielen. Die Abneigung wurde zu solch einem Haß, daß schließlich eine der Schwestern ausrief:

»Ich wünsche, daß du samt deiner verdammten Finca absaufen mögest!«

»Dasselbe wünsche ich auch dir!« rief die andere.

Nun ist es ja so, daß derartige Flüche meist nicht beachtet werden. Diesmal jedoch mußte jemand zugehört haben. Denn aus dem nahe gelegenen ruhigen Meer rollte alsbald eine Riesenwelle heran, schwappte über den schmalen Dünenstreifen und begrub das Landgut unter sich. Es versanken Mensch und Tier, die Felder in der fruchtbaren Bodensenke und der Brunnen. Zurück blieb ein salziger Tümpel, der bald darauf zu stinken anfing. So kam es zu dem »Stinkenden Binnensee«, denn nichts anderes bedeutet der Name Estany Pudent.

Als der Fäulnisgeruch immer schlimmer wurde, als der ruhende See Mückenschwärme in dichten Wolken entließ und Seuchen hervorrief, durchstachen die Formenterenser das Nordufer und ließen frisches Meerwasser zufließen. Nun konnte sich der brackige Weiher reinigen. Das geschah vor etwa zweihundert Jahren. Doch seinen wenig schmeichelhaften Namen trägt der See noch heute.

Die Ruinen des Landguts sollen auf dem Grund des Weihers zu sehen sein. Das sagt José Luis Gordillo, der ein Buch mit Legenden aus Formentera geschrieben hat. Seinem Anraten folgend, habe ich ein Boot genommen und bin bis zur Seemitte gerudert. Zugegeben, es war keiner dieser absolut stillen Tage. Und so habe ich auch die Seelen der Schwestern nicht seufzen gehört. Nichts! Das heißt, das Wasser schim-

merte wunderbar rosig. Ein Mofa lag auf dem Grund,
bewachsen mit Tang und Muscheln, umspielt von Krebstie-
ren und Fischlein, fast schon wieder Natur. Und Schaum-
flöckchen trieben ans Ufer. Die aber sollen, folgt man der
Legende, immer dann entstehen, wenn das Süßwasser der
verschütteten Quelle an die Oberfläche des Weihers steigt.

Tomás spürt die Schwingungen der Insel. Darüber hinaus ist
er imstande, empfindsame Naturen an diesem Erlebnis teil-
haben zu lassen. In Deutschland beginnen die Sommerferien;
»ganzheitlich gestimmte Frauen, die im Urlaub den Kosmos
auf sich wirken lassen möchten«, können sich bei Tomás
melden.

Mein Freund!
Du fragst, ob ich Flöhe habe. Meinst Du die richtigen
oder die falschen? Also, Geld verdiene ich bei einer
neuen Inselzeitung, die von einem Trupp Verrückter und
Halbverrückter gemacht wird. Der Anzeigenmann fährt
mit dem Skateboard zu den Kunden, der Fotograf ist Ibizas schnellster Hindernisläufer, was er bei einem Wettrennen mit den Leibwächtern von Ex-Kaiserin Soraya
bewiesen hat. Die Redakteure treffen die Themenaus-
wahl, indem sie mit Dartpfeilen auf eine Pinnwand zielen. Die Jungs kennen jeden Barmann und alle schrägen
Vögel, sie kennen die echten und die selbsternannten
Prinzen, die irrsten Künstler und die hübschesten Mädchen. Ibiza ist voll mit Geschichten und Skandalen, mit
echten, aufgebauschten und völlig frei erfundenen. Für
Stoff ist dort gesorgt.
    Eine Seite mit Meldungen aus Formentera zu füllen, ist
dagegen weitaus schwieriger. Manchmal habe ich Glück.
Wie an jenem Tag, als Terry vorbeikam und mir erzählte,

daß seiner Frau die Höschen von der Leine gestohlen würden. »Teure Stücke! Nun habe ich an der Wäscheleine einen Faden befestigt, der bis zur Hundehütte führt und dort bei der geringsten Berührung ein Glöckchen klingeln läßt. Bellt der Hund, renne ich mit einem Knüppel raus.«

Erraten, mein Freund, die Ausgabe mit dem Aufmacher »Höschenklau auf Formentera« verkaufte sich blendend, jedenfalls auf Ibiza. Auf Formentera aber nicht so gut. Urlauber und Residenten sind hier nun mal anders, scheren sich weder um geklaute Höschen noch um Prominenz. Wenn sich Wolf Biermann bei einem Fest auf der Mola als Kellner betätigt, schaut kaum einer auf. Wenn Nina Hagen mit Eßbesteck im karottenroten Haar und einer Waschpulvertrommel unterm Arm durch San Francisco läuft, schaut kaum einer hin. König Juan Carlos ißt bei Jonny in der Salzmühle – na schön. Von den Insulanern wird so etwas allenfalls am Rande wahrgenommen. Sollte sich jedoch der alte Pepe, der immer noch mit seinem Fiat 600 herumkutschiert, jemals ein neues Auto kaufen, wäre das Gesprächsstoff für Wochen.

Sehr sympathisch! höre ich Dich ausrufen. Stimmt! Auf einen meiner Zeitungsartikel wurde ich nie angesprochen, auf meine selbstgebastelte Mofakiste schon etliche Male. »Mensch, prima, so schön groß und stabil. Hast du die aus Sabinaholz gemacht?«

Und die Künstler? Klar reden die, aber so gut wie nie über ihre eigentliche Arbeit. Maler Sijpko Wijk, der gerade in Amsterdam ausgestellt hat, spricht am liebsten über Vögel. Irene Rodrian, die zur Zeit an einem Filmskript

Wandbild von Peter Buch, Marianne macht Seidenmalerei.

schreibt, sprüht vor Witz, wenn es um Katzen und gutes Essen geht. Maler Hans Grass kann sich ausführlich über die Vorteile der echten aus Espartogras geflochteten Tragetaschen auslassen, beim Thema Kunst streicht er sich über den dekorativ ergrauten Vollbart und schweigt. Peter Buch, der seine Bilder und Collagen mit Fabelwesen bevölkert, bleibt immer wortkarg.

Um so lieber reden die Besucher über Kunst und Literatur. Die stehen dann vor der Finca eines Inselkünstlers, recken die Nase in den Wind, schnuppern, zwinkern ins grelle Sonnenlicht, nicken und sagen: »Ja, hier könnte ich auch malen!«

»Ach ja, und auch davon leben?«

Dann entsteht meist eine lange Pause.

Soviel, mein Freund, zum Thema Flöhe im Sinne von Geld. Oder meintest Du etwa die richtigen, die tierischen? Doch ja, von denen habe ich eine Menge, manchmal mehr als der Hund und die Katzen zusammen. Es gibt Tage, da brauche ich nur fünf Minuten durchs Gras zu streichen, schon muß ich eine halbe Stunde lang meinen Körper absuchen. O ja, ich knacke sie. Ich sage Dir, das ist ein winziges, aber herrliches Geräusch. Meist erwische ich sie zu spät, längst haben sie mich gebissen, und so ein Biß juckt in der Hitze tagelang.

Knoblauch soll helfen. Ich nahm den einheimischen, besonders scharfen, und er ätzte mir die Haut weg. Ich stäubte meine Hosenbeine mit Flohpulver ein und stank wie ein ganzes Chemiewerk. Ich zog helle Socken an, um die kleinen kastanienbraunen Freunde sofort zu entdecken. Socken im Juli! Dann kam ich auf die Idee, mir Flohhalsbänder um die Fußgelenke zu schnallen. Da schwitzte ich nicht, da stank ich nicht, aber es nützte auch nicht viel, weil das Mittel wohl erst beim Reiben mit Hundefell wirksam wird. Außerdem sehen Flohhalsbänder zu kurzen Hosen recht verwegen aus. Kurz vor dem Verzweifeln nahm ich Kalziumtabletten, und siehe da, zwar sprangen mich die Flöhe nach wie vor an, auch bissen sie, aber die Bisse juckten nicht mehr so schlimm. Also, Kalzium!

War es das, mein Freund, was Du zum Thema Flöhe wissen wolltest?

Von meinen Erfahrungen mit größeren Tieren, mit zwei gestrandeten Walen, berichte ich Dir in einem späteren Brief.

VI. August

Die schönsten Strände, drei Wale, aber keine Eierbecher.

Es ist heiß, schon seit Tagen. Die Katzen liegen in der Fensternische, lassen sich vom Durchzug umschmeicheln. Sie träumen von Mäusen und von Menschen, die ihnen Leckerbissen reichen. Hund Max döst auf der Türschwelle, nichts kann sein Interesse wecken, kein Floh, nicht das schwarze Huhn, das mit hängenden Flügeln und weit geöffnetem Schnabel in die Sala stolpert. Selbst ein dummes Huhn weiß, wo es jetzt am kühlsten ist. Ich danke den alten Formenterensern, die wußten, wie man Häuser gegen die Hitze baut. Nie mehr will ich klagen, daß die kleinen Fenster zu wenig Licht hereinlassen, daß die dicken Mauern viel Feuchtigkeit speichern. Nie mehr – zumindest nicht vor dem nächsten Winter!

Die Einheimischen kennen nur zwei Jahreszeiten: *verano y invierno* – Sommer und Winter. Kein Mensch spricht je von *primavera*, Frühling, oder *otoño*, Herbst. Winter ist die schlechte Zeit, wenn es regnet und Stürme über die Insel fegen. Sommer ist die gute Zeit, wenn es warm ist und die Touristen Geld auf die Insel bringen.

Ganz unbestechlich sind die Singzikaden; wenn die zu zirpen anfangen, ist Sommer. Je heißer, desto doller. Zur Zeit sind die Männchen – nur sie geigen ja auf ihren Hinterbeinen – nahe dem Delirium. Den ganzen Tag geht das, bis tief in die Nacht. Nach einigen Wochen horcht man nur noch auf, wenn die Bande mal für eine Weile Ruhe gibt.

Formenteras Strände sind die schönsten der Balearen. Der Sand ist hell und feinkörnig, das Wasser dank fehlender Industrie und günstiger Strömungen sauberer als sonstwo im Mittelmeer. Es gibt, bis auf die Steilküsten der Mola und am Kap Barbaria, Strände rund um die Insel. Die großen Playas sind, entsprechend ihrer geographischen Lage, nach den Winden Llevant und Migjorn genannt. Die kleinen Strände haben oft zusätzliche umgangssprachliche Bezeichnungen, die auf Besonderheiten hinweisen, wie Franzosenbucht oder Tanga-Beach. Beginnen wir im Norden.

Beiderseits der Landspitze ES TRUCADORS, die wie ein dürrer Finger zur vorgelagerten Insel Espalmador weist, liegen kilometerlange Sandstrände. Der nach Osten gerichtete LLEVANT-Strand ist beliebt bei Strandläufern, Surfern und Familien; die meisten kommen mit dem Fahrrad. Ganz anders sieht es auf der westlichen, Ibiza zugewandten Seite der Landzunge aus. Am ILLETAS-Strand ankert sommertags eine Armada von Jachten und Sportbooten; mit jungen Mädchen an Bord, so passend mahagonibraun und messingblond, als wären sie beim Schiffskauf gleich mitgeliefert worden.

Charakteristischer und zudem viel ruhiger als die Playa Illetas ist der südliche MIGJORN-Strand, ein sechs Kilometer langer, flacher Küstenstreifen, der von Felsnasen in kleine Sandbuchten geteilt wird und nur auf Feldwegen zu erreichen ist. Hier gibt es Dünen wie an der Nordsee, aber zum Glück keine Sandburgen. Gleich bei den Ausläufern der Mola, wo die PLATJA MIGJORN noch Arenals genannt wird, steht die schon legendäre Strandbude *Pirata-Bus Ewiger Schnee.*

Kennen Sie nicht? Dann kommen Sie mit! Ich mache mich auf den Weg, es ist nicht weit.

An Marianos Weinfeld vorbei, wo langsam die Trauben reifen, durch den Pinienwald, und dann, hinter den letzten

Bäumen, erhebt sich wie eine riesige blaue Scheibe das Meer. Ein paar Schritte durch die Sandberge, in denen noch die letzten Dünentrichternarzissen blühen, weiß und stark duftend. Linker Hand liegt der Pirata-Bus. Pascual ist gerade dabei, die schwarze Fahne mit dem Totenkopf zu hissen.

Einst war Formenteras originellste Strandbude tatsächlich ein ausrangierter Omnibus, mit einem Vordach aus Pinienzweigen und Barhockern davor. Aber ohne Räder, und da lagen auch die Schwierigkeiten. Jedes Jahr im Herbst mußte Pascual den Bus mit einem Kranwagen wegschaffen, auf Anordnung der Marine, die in ihrer zwölf Meter breiten Hoheitszone kein Gewohnheitsrecht aufkommen läßt. Beim letzten Umzug vor einigen Jahren brach dann der alte Blechkörper, der nur noch vom signalroten Anstrich zusammengehalten wurde, in zwei Teile. Pascual ersetzte die abenteuerliche Konstruktion durch eine Holzbude. Doch der Name »Pirata-Bus« blieb, die Schar der Gäste auch.

Die ersten trudeln ein. Rosi, die aus Perlen und Muscheln Modeschmuck fertig, kommt auf klapprigem Mofa, der blonde Tommie mit dickem Motorrad und hübscher Begleiterin. Ein offener Kübelwagen staubt heran. Auf dem Beifahrersitz ein mannsgroßer Panda aus Plüsch, hinterm Steuer ein bärenstarker Typ aus Fleisch und Blut, Käptn genannt. Matthias Graf Lambsdorff steigt aus seinem blauen Horten-Bulli und fragt nach seinem Onkel. Hagen Graf Lambsdorff, Botschafter in Riga, gehört auch zu den Stammgästen.

Mädels in knappen Badesachen, die ersten Blicke, die zweite Runde Drinks. Der Mann mit der chromblitzenden Harley Davidson bringt den eigenen Backgammon-Koffer mit. Tommies hübsche Begleiterin geht mit einem Bündel Bikinis auf Verkaufstour. In der Nachbarbucht sonnen sich die Gäste der Hotelanlagen *Mar y Land* und *Club La Mola*, einige nackt, die meisten jedoch in Badeanzügen.

Noch vor wenigen Jahren waren die Nackten an fast allen Stränden auf Formentera in der Überzahl. Das Recht hatten sie sich erkämpft, gegen Mucker und Obrigkeit. Unter Franco hatte die Guardia Civil darauf geachtet, daß die Moral eingehalten wurde. Die Frauen trugen Einteiler, und die Männer lagen im gebührenden Abstand zu ihnen. Wer sich im Bikini sonnte, demonstrierte nebenbei gegen das politische System, oben ohne war schon die Revolution. Herrlich, was man seinerzeit allein durch das Ablegen der Kleider bewirken konnte! Zum Beispiel, daß ein Zivilgardist seinen Knüppel schwang. Baden ohne Klamotten galt aber nicht nur als Ausdruck der Freiheit, es war auch schick: Nie wieder nasse Plünnen am Leib!

Nie?

Vor vier, fünf Jahren schwang das Pendel zurück. Plötzlich lagen nur noch die Vatis und Muttis nackt am Strand. Die Söhne hatten Badehosen und die Töchter fesche Einteiler an. Die Eltern schüttelten die Köpfe. Nicht lange. Was die Knüppel der Zivilgardisten nicht geschafft hatten, vollbrachten die jungen Italiener, die in immer größerer Zahl kamen, mit der sanften Gewalt ihrer Blicke. Also wieder rinn inne Plünnen! Am besten ohne viel Getue. Denn um gekonnt die Schau hinter einem Badetuch abzuziehen können, muß man jung, knackig und aus Mailand sein.

Die Sonne steigt. Nur wer sich lange Zeit nach ihren Strahlen gesehnt hat, hält es über Stunden am Strand aus. Ich ziehe mich zurück. Siesta!

Ein Mensch, der zwischen zwei und vier Uhr nachmittags an eine Finca-Tür klopft, sollte einen triftigen Grund haben. Dasselbe gilt für Besucher, die zwischen zwei und vier Uhr morgens ans Haus klopfen. Beides ist mir passiert.

Für die Geschichte vom Mittagsbesucher muß ich etwas

Diesen Wal schwemmten die Wogen bei Es Carnatge auf die schroffen Klippen.

ausholen. Drei Wale sind in den letzten Jahren an Formenteras Küste gestrandet. Die Knochen des ersten zieren das Dach von Gabrielets Keramikwerkstatt auf der Mola. Den zweiten schwemmten die Wogen bei Es Carnatge auf die schroffen Klippen. Segellehrer Tilo, der ihn entdeckt hatte, gab mir Bescheid. Ich konnte von dem sechs Meter langen und – abgesehen von einigen Flecken – weißen Koloß etliche Fotos machen, ehe die Marine mit zwei Fässern Benzin anrückte und ihn verbrannte.

Die Fotos und einen kurzen Text schickte ich an das Magazin »Das Tier«. Der Artikel »Beluga an Formenteras Küste« fand ungeahnten Widerhall. Unter anderen schrieb mir der Duisburger Zoodirektor Dr. Wolfgang Gewalt, der sich als Walforscher einen Namen gemacht hat. Der Fachmann erbat sich weitere Fotos, bezweifelte aber, daß es sich bei dem Wal um einen Beluga handelte. Da ein weißer Wal, so schrieb er, in den Gewässern um Formentera sehr weit von seinem Heimatgebiet entfernt wäre.

Der dritte Wal, der angeschwemmt wurde, war grau und lag eines Morgens an der Playa Migjorn zwischen Pirata-Bus und Juans Strandrestaurant Fregata. Möwen trippelten auf dem Schwergewicht und fingen an, ihm Löcher in die dicke Fetthaut zu hacken. Ein paar Tage stank der Koloß so vor sich hin. Da die Marine mit anderem beschäftigt war, griff Juan zur Selbsthilfe, mit Treibholz und einem Kanister Benzin. Doch außer einer angekokelten Schwarte kam bei dem Brandanschlag nichts raus.

Der Wal stank weiter, Juans Gäste rümpften die Nase. Der Wirt löste das Problem schließlich mit dem Schaufelbagger seines Nachbarn Santi: tiefes Loch in die Dünen, Wal rein, Sand drüber. Die Möwen, um ihre Beute gebracht, trippelten noch eine Zeitlang auf dem Sandberg. Dann vergaßen sie den Wal.

Ich auch. Bis zu jenem Tag, an dem durch hartnäckiges Klopfen meine Siesta unterbrochen wurde. Vor der Tür stand ein dicklicher Mann mit getönten Haaren und Ohrring. Er komme von der schweizerischen Wal- und Delphin-Forschung. »Grüezi, Herr Kollege.«

Ich habe ziemlich lange ziemlich blöd geguckt. »Ich bin kein Kollege.«

»Und der Wal?«

»Der ist weg.«

»Aber ich bin extra aus der Schweiz gekommen, oder?«

Mir fiel der dritte Wal ein, und wir sind dann zu Juan gegangen.

Unterwegs hörte ich, daß die Wale, ursprünglich Landtiere, vor sechzig Millionen Jahren ins Wasser gegangen sind, wo sie sich perfekt dem neuen Element angepaßt haben. Aus den Vorderbeinen wurden Seitenflossen, die Hinterbeine verkümmerten zur Schwanzflosse.

»Wale sind so intelligent, sie könnten sich einen Pullover stricken, wenn sie ihn brauchten«, hörte ich meinen Besucher noch schwärmen. Dann standen wir vor dem Restaurant Fregata.

Juan war damit einverstanden, daß der Mann aus der Schweiz seinem Forscherdrang nachgab. »Aber nur nachts graben! Sonst fallen mir bei dem Verwesungsgeruch ja die Gäste von der Terrasse«, sagte der um sein Geschäft besorgte Wirt.

Stunden später, die Nacht war hereingebrochen, fand ich den Walforscher in einer tiefen Grube. Er legte die Schaufel beiseite und leuchtete mit einer Stablampe auf eine bläulich glänzende, glitschige Masse zwischen seinen Gummischuhen. Sein rundes Gesicht glänzte vor Eifer. Alles könne er leider nicht mitnehmen, aber den Kopf doch schon. Ich zuckte nur die Achseln, der bestialische Gestank nahm mir den Atem.

»Aber wie wollen Sie ...?«

»Na, ich habe einen extra großen Koffer mitgebracht, oder?«

Nun die Geschichte von dem nächtlichen Besucher.

Es war ein ungewöhnlich heißer Tag gewesen. Kein Windhauch brachte Abkühlung, die Luft im Haus war stickig. Bevor wir ins Bett gingen, rissen wir alle Fenster und Türen auf. Irgendwo war ein Strandfest. Ich lauschte eine Weile der entfernten Musik, pendelte in einem Zustand zwischen Wachsein und Träumen und schlief schließlich ein.

Irgendwann schreckte ich hoch. Da waren Geräusche im Kakteenwald unterm Schlafzimmerfenster gewesen, die ich zunächst meinen wirren Träumen zugeordnet hatte. Doch ein erneutes Pochen an die Hauswand machte mich hellwach. Es klang, als ob jemand einen Rammbock ansetzte. Ich griff zur Taschenlampe, leuchtete zum Fenster, und der Lichtschein fiel auf ein blutüberströmtes Gesicht.

Ein junger Mann mit irren Augen stand da und starrte mich an.

»Feuer! Feuer!« schrie er, nahm Anlauf, soweit es die Kakteen zuließen, und rammte seinen Kopf gegen die Wand.

Finca-Mauern sind wahrhaftig dick, aber die Erschütterung ging durch das Haus. Ein Wahnsinniger! Die Haustür weit offen. Das Fleischmesser liegt draußen beim Abwasch, die Axt im Schuppen. So etwas schießt einem im ersten Schreck durchs Hirn. Dann, nach weiterem Pochen, begleitet von tierischem Schreien, der Gedanke: Der bringt sich selber um. Es muß was geschehen.

Während meine Frau auf ihn einredet, gehe ich ums Haus. Der Mann sieht mich und gerät in Panik. Er glaubt, ich sei ein Bär. Um ihm die Angst zu nehmen, leuchte ich mir ins Gesicht und versuche, ihn an der Hauswand entlangzulotsen. Doch er bahnt sich einen Weg durch die schier undurchdringlichen Kakteen. Dann steht er vor mir, nackt bis auf eine Badehose, den Körper voller Stacheln.

»Der Bär! Das Feuer!« stammelt er. Dann, wieder ganz vernünftig, fragt er: »Was machen Sie hier?«

Ich erkläre ihm, daß ich hier wohne und ihm helfen will.

Er hat Durst. Ihm ist kalt. Ich gebe ihm Wasser, hole eine Decke. Wir reden. Er spricht von einer Feier, einem Getränk, das ihn wie ein bunter Wellenkamm wegtrug, und von einer Freundin, die bei den Schiffen auf ihn wartet.

Ich reime mir zusammen, daß er im Hafen wohnt, und hoffe, daß er von seinem bösen Trip bald runterkommt.

»Ich muß weg. Sie kommen!« schreit er plötzlich, wirft die Decke ab, zieht sich die Hose aus und rennt los, in Richtung Nachbarhaus. Wenn er so, wie er ist, nackt und blutverschmiert, bei den Bauersleuten eindringt! Die denken nicht an LSD, sondern an Mord, und wer weiß, was sie ...

Ich renne hinter ihm her, hole ihn ein. Er schüttelt mich ab, ändert aber zumindest die Richtung und läuft jetzt zur Hauptstraße. Ein Auto kommt uns entgegen. Ich versuche, den Fahrer anzuhalten. Doch der schlägt einen Haken, gibt Gas. Dann taucht aus einem Feldweg ein Mofa mit zwei Jungen auf. Während ich sie bitte, Hilfe zu holen, schwingt sich der Kakteenmann auf das Mofa. Nach hundert Metern hat ihn die Nacht verschluckt.

Eine Weile stehe ich da, die Badehose eines fremden Mannes in der Hand, dann trolle ich mich. Der Morgen graut.

Am Vormittag mache ich mich auf die Suche. Das Hotel, in dem mein nächtlicher Besucher gewohnt hat, finde ich noch, ihn selber nicht mehr. Mißtrauische Blicke, als ich mich nach seinem Verbleib erkundige. Später höre ich, daß der Inselarzt am Morgen einen von Kakteendornen völlig zerstochenen Patienten verarztet und mit dem nächsten Flugzeug nach Deutschland geschickt hat.

Im August sind die Mandeln reif. Die unteren Zweige erntet Maria mit den Händen ab, bei den oberen benutzt sie eine lange Stange. Auf den Nachbarinseln legen die Bauern, bevor sie die Früchte abschlagen, ein Netz unter den Baum. Hier sammeln sie die Mandeln vom Boden, entfernen die lederartige Haut und legen sie ein paar Tage in die Sonne. Danach läßt sich die harte Schale gut knacken. Früher wurden die Mandelschalen aufbewahrt und sorgfältig verbrannt. Die Asche diente als Seifenersatz. Man gab sie in einen Wassertrog, rührte kräftig durch und ließ die Asche sich setzen. Wenn das Wasser klar war, kam die Wäsche hinzu.

Noch immer werden die Mandeln in verschiedenen Gerichten verwendet, nicht nur bei Süßspeisen. Maria beispielsweise schnitzelt eine Handvoll Mandeln in kleine Stücke und zerstampft sie in einem Mörser zusammen mit Fenchel und Zitrone. Den Brei gibt sie in eine Soße aus Öl, Zwiebeln und Tomaten. Diese *salsa de almendras* schmeckt gleichermaßen zu Fisch und Fleisch.

Köstlich ist im Sommer ein Glas Mandelmilch, das mit gestoßenem Eis als *horchata* in allen Eisdielen, aber auch in einigen Kneipen verkauft wird.

Mein Freund!
Schreiben ist leicht, das Verkaufen von Manuskripten eine Plage. Daß man nicht mal locker zum Telefon greifen kann, um einen Verlag oder eine Redaktion anzurufen, macht die Sache noch schwieriger. Doch ja, es gibt Telefonzellen, aber noch nicht sehr lange. »Franco sollte mindestens ein halbes Jahrzehnt im Grab sein, bevor man ihm das antat«, sagt Toni. Er meint, der Caudillo hätte Münztelefone und Spielautomaten, die unter seiner Herrschaft verboten waren, für ein und dieselbe Seuche gehalten. Wie dem auch sei, in ES CALÓ steht eine Telefonkabine. Ich packe die Tasche voller Münzen, radele los.

Schon von weitem sehe ich eine Gruppe von Urlaubern vor dem Glaskasten warten. Ein sicheres Zeichen, daß das Telefon funktioniert. Beim letztenmal, als niemand wartete, kam nur Musik aus dem Hörer.

Ich reihe mich ein. Die Frau in der Kabine hält mir, dem

Neuankömmling, eine Münze entgegen, strahlt über die sonnengebräunten Wangen. Ich verstehe: Sie telefoniert umsonst. So was kommt vor, da muß man nachsichtig sein, wenn's länger dauert. Wegen der Treibhaushitze hat die Frau die Tür offen gelassen, zwangsläufig höre ich mit:

»Ja, irre heiß, schon seit unserer Ankunft. Und bei euch? Ach, ihr Ärmsten! Das Frühstück ist nicht schlecht, natürlich kein deutscher Kaffee, können die ja nicht machen, viel zu stark gebrannt. Was sagst du? Nein, keine Brötchen! Eier ja, die gibt es zum Frühstück, leider viel zu hart gekocht. Doch das Irrste ist: Die kennen hier keine Eierbecher. Ja, Ei-er-bech-cher! Nee, kennen die nicht. Verrückt, was? Jetzt sag du doch mal was!«

Eine Weile ist es still. Es so sieht aus, als wolle die Frau einhängen. Ich atme auf. Doch dann sehe ich, wie sie, den Hörer zwischen Schulter und Kopf geklemmt, in einem kleinen, aber dicken Adreßbuch zu blättern beginnt. Mir und allen Wartenden wird klar, daß sie die Gelegenheit, umsonst zu telefonieren, nutzen will.

Ich vertrete mir die Beine. Als ich zurückkomme, wartet niemand mehr. Bald werde ich wissen, was mit meinem Manuskript los ist. Ein paar Hunderter in die Münzschiene, eher zur Sicherheit, denn heute ist das Telefonieren, wie ich gesehen habe, ja billig.

Ich wähle, und die Verbindung, o Wunder, kommt auf der Stelle zustande. Doch ich habe noch nicht einmal meinen Namen genannt, da sind alle Münzen schon verschwunden. Klick! Zweiter Anlauf. Zwar habe ich jetzt die Redaktion an der Strippe, aber nicht die zuständige Redakteurin.

»Können wir zurückrufen?«

»Nein«, schreie ich. »Ich stehe in einer Telefonzelle auf Formentera.«

»Moment, bitte!«

Die Münzen verschwinden mit rasender Geschwindigkeit, der Apparat scheint zu wissen, daß er viele kostenlose Gesprächseinheiten aufzuholen hat. Mein Vorrat geht zur Neige.

»Moment noch!« höre ich. »Die Kollegin vom Ressort Romane und Kurzgeschichten kommt gerade.«

Endlich! Die letzten Münzen. Hastig frage ich nach meinem Manuskript, daß nun schon seit Monaten...

»Wie war Ihr Name?«

Ich nenne ihn. Sie wiederholt meinen Namen, so mit hundert Fragezeichen in der Luft, als sei er der ungewöhnlichste der Welt. Ich helfe nach, werfe das Wort Formentera ein.

»Ach, Sie sind der Mann, der von unserem Geld am Strand liegt?!«

Mein Freund, da blieb mir die Spucke weg. Die Münzen waren auch alle. Ich hängte ein, radelte wieder nach Hause.

Abends hörte ich dann von der Deutschen Welle den Wetterbericht. Regen in Deutschland, und das seit Wochen, und das im August! Da hatte ich wohl mit meinem Anruf den falschen Zeitpunkt erwischt.

Nun gibt es ja tatsächlich Leute auf Formentera, die ihr Geld am Strand verdienen. Da ist Marek, Sohn eines millionenschweren ägyptischen Diplomaten, der als Don Fruto am Migjorn Früchte verkauft. Da ist der Inselfotograf Ekkeheart Gurlitt, der jahrelang in den Dünen am Illetas-Strand mit dem Großwildtele auf der Lauer lag. Bis er eines Tages Frauke, die Tochter des Duisburger Architekten Quast, im Sucher seiner Nikon hatte. »Ich mache aus dir einen Weltstar«, sprach er die erst fünfzehnjährige, aber einsachtzig große Schülerin an.

Nicht sehr originell, meinst Du, mein Freund? Mag sein, doch warte ab! Ekkeheart knipste nicht nur. Mit den Bildern, die Fraukes kühles Gesicht und ihre langen Beine zeigten, bestürmte er die Pariser Modellagenturen und gab nicht eher Ruhe, bis er sie Helmut Newton unter die Nase halten konnte. Wenig später gehörte Frauke Quast zu den bestbezahlten Fotomodellen der Welt. Titelseite »Vogue«, Plakatwände mit ihrem Gesicht in New York – aber hier am Strand hatte es angefangen.

Übrigens, mein Freund, Dein letzter Brief ging um den halben Erdball, bevor er nach drei Monaten hier eintraf. Das passiert gar nicht so selten. Aber nicht, weil irgendein Postsortierer zu dumm war. Andersherum, fatal wirkt sich da Wissen aus. Der kluge Kopf sieht die Adresse – aha, San Francisco! – und steckt den Brief in den Sack für Kalifornien. Fehlgeleitete Briefe aber müssen, wie guter Rum, nach altem Postbeamtenbrauch per Segelschiff über alle sieben Weltmeere geschippert werden.

Ein Rat zum Schluß: Unterstreich Spanien dick in der Adresse! Und noch einer: Komm nie im August nach Formentera! Die Strände sind voll, die Hotels überbelegt, die Kellner schwitzen und sind nervös.

Ende August reifen die Feigen. Diese späte Sorte ist kleiner und süßer als die frühe. Die Früchte sind auch nicht blauschwarz, sondern grün bis violett. Es gibt rund ein Dutzend Sorten. Die Bauern stützen die Äste der Feigenbäume mit Stelzen und zusätzlichen Rundstangen. So läßt sich der Boden um den Stamm herum besser auflockern, die Schafe finden Schatten, und das Abernten fällt auch leichter. Der größte Feigenbaum Formenteras, der Balearen oder der Welt, stand bei San Francisco. Er hatte hundert Stützen und einen Schirm von dreißig Metern Durchmesser. Doch der alte

Die Bauern stützen die Feigenbäume mit Stelzen und Stangen.

Stamm konnte die Last nicht mehr tragen, die Äste mußten beschnitten werden. Nun fehlt den Besuchern ein beliebtes Fotomotiv.

1947 gab es auf Formentera genau 3 285 Feigenbäume, fast auf den Punkt so viele wie Einwohner. Die Zahl stammt von Joan Vilà Valenti, einem katalanischen Geographieprofessor, der eine Studie über das gesellschaftliche Leben auf Formentera geschrieben hat. Ein halbes Dutzend der gezählten Bäume steht auf dem Land rund um Marias Finca.

Es sei Zeit, mit der Ernte zu beginnen, sagt sie. Die Feigen platzen bereits, sie zeigen ihr rosiges Fleisch. Maria sortiert die Früchte; die guten legt sie vorsichtig in einen Korb, den ihr Großvater aus Espartogras geflochten hat. Die überreifen Feigen kriegt das Schwein.

Nachdem Maria die unteren Zweige abgeerntet hat, holt sie aus dem Schuppen einen Greifstock, der wie eine Zange aus Löffel und Messer aussieht. Mit einer geschickten Drehung pflückt sie die Frucht, ohne daß diese zu Boden fällt. Nur die älteren Frauen ernten mit der traditionellen Greifstange, die jungen benutzen eine Leiter.

Acht Tage müssen die Feigen trocknen.

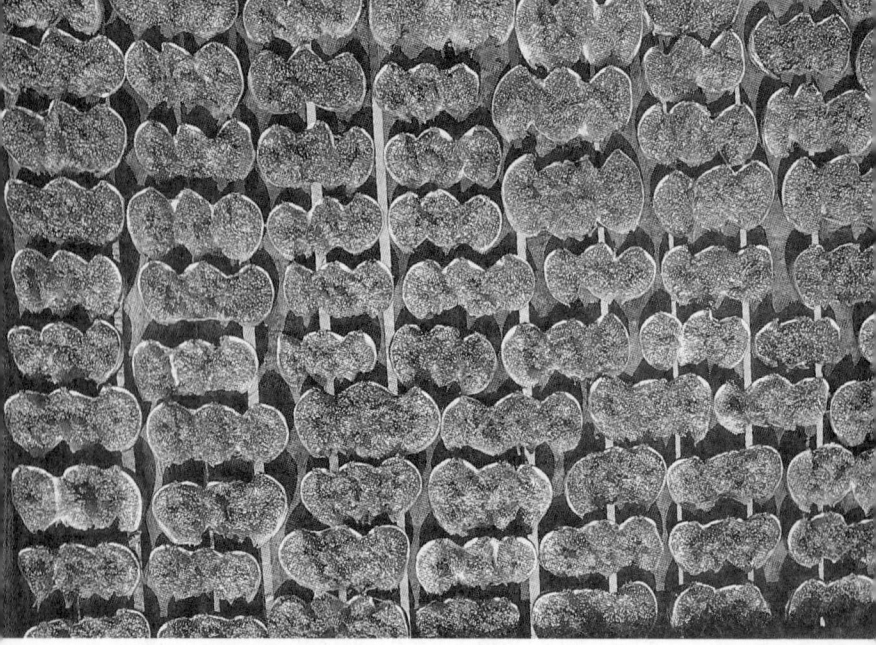

Zur besseren Konservierung taucht Maria die Feigen in kochendes Wasser. Anschließend schichtet sie die Früchte in flache Holzschachteln und stellt diese auf ein barrenähnliches Gestell. Hier, von der Sonne beschienen und vom Wind befächelt, müssen die Feigen acht Tage trocknen. Dann kommen sie, zusammen mit Thymian und Fenchel und Blättern des Johannisbrotbaums in eine Pappschachtel. Dort entwickeln die getrockneten Feigen ihre Würze und bleiben für Monate haltbar und lecker.

Als ich vor einiger Zeit einen Feigenbaum pflanzen wollte, riet Toni mir heftig ab: »No, Hombre, das hat keinen Sinn. Dieses Jahr hat einen Tag mehr, und Bäume, die man in einem Schaltjahr pflanzt, tragen keine Früchte.«

Bestimmt? hakte ich nach.

Nein, so ganz sicher sei er sich nicht. »Aber warum willst du etwas riskieren?« fragte er. »Pflanz den Baum doch einfach im nächsten Jahr!«

Es ist noch immer heiß. Die Erde ist graubraun und bröselig, scheinbar tot. Doch die Kleinstlebewesen, von denen in jedem Fingerhut Erde viele Milliarden schaffen, haben sich womöglich nur in tiefere Schichten zurückgezogen; so wie es die Würmer getan haben. Die Hühner, unentwegt wild auf Würmer, sind ihnen auf der Spur, scharren, picken, wirbeln den Staub auf. Richtig hektisch werden sie, wenn in der Nähe ein Ameisenvolk auffliegt. Dann lauern sie vor dem Erdloch, wo die Ameisen gerade ihre ersten Flugversuche machen. Hunderte von ihnen, zum erstenmal an der Sonne, wandern in die unersättlichen Hühnermägen. So viele auch sterben, es überleben genug, um wieder neue Ameisenvölker zu gründen.

Es gibt über hundert Ameisenarten auf Formentera, von den winzigen roten bis zu den großen schwarzen. Sie bilden Staaten mit bis zu zwei Millionen Bürgern und haben strenge

Arbeitsteilung, ergreifen aber keinen Beruf fürs Leben. Wenn eine Arbeit getan werden muß, wird ohne große Umschulung aus einem Kindermädchen eine Soldatin, aus einem Gärtner ein Totengräber, aus einem Baumeister ein Jäger. In dieser flexiblen Haltung ähneln sie den Formenterensern.

Es gibt Ameisen, die sich Sklaven halten. Es gibt Süchtige in ihren Reihen, die eine bestimmte Käferart melken und sich an deren toxischen Ausscheidungen berauschen. Die Flügelameise wiederum hat nur eins in ihrem kleinen Kopf: Sex. Verliebt schwebt sie gleichsam das ganze Jahr über in den Wolken, während sich ihre arbeitsamen Verwandten nur einmal im Jahr einen kurzen Hochzeitsflug gönnen.

Die langen, gutausgebauten Ameisenstraßen kann man überall im Gras erkennen. Ich habe beobachtet, wie ein Kampftrupp der roten Waldameise einer dicken Raupe auflauerte. Zunächst setzten die Angreifer Chemie ein, bespritzten ihr Opfer aus der Ferne derart mit ihrer scharfen Säure, daß es schon halb von Sinnen war. Dann stürzten sie sich auf das mindestens zehnmal so große Kriechtier. Drei, vier von ihnen hielten es auf der Stelle, während die anderen ihre Unterkieferzangen in den weichen Larvenleib gruben.

Zur Ameisenbeute könnte auch ein Käfer werden, der zwar daumengroß, aber äußerst träge ist. Tagsüber sieht man ihn nie, nachts häufig. Man läßt den schwarzen Gesellen am besten in Ruhe, denn er verspritzt eine gelbe, übelriechende Flüssigkeit. Er gehört zur Gattung der Laufkäfer, doch der Volksmund nennt ihn nur Arschbeißer.

An lauen Sommerabenden sieht und hört man oft den Nashornkäfer, wenn er mit lautem Gebrumm nach einer Gefährtin sucht. Die Weibchen haben kein Horn und ähneln den Maikäfern, wie auch ihre Nachkommen den Engerlingen zum Verwechseln ähnlich sehen. Wozu das Horn beim Käfermann? fragen sich die Insektenforscher. Reine Zierde!

Gegen Abend kommen auch die Taubenschwänzchen, eine Schwärmerart, die mit Vorliebe die Bougainvilleas aufsucht. Wie ein Kolibri, mit schwirrendem Flügelschlag, steht dieser fingerdicke Flattermann in der Luft und zielt mit seinem langen Rüssel in die Blüten. Er ist der einzige aus der Familie der Schwärmer, der schon am Tage auf die Rolle geht.

Später, nach Einbruch der Dunkelheit, erscheinen die Fledermäuse. Mit den Nagern haben diese Fledertiere, die sich vor 70 Millionen Jahren in die Luft erhoben, nichts zu tun, mit den Vögeln noch weniger. Es sind Säugetiere, die sich im Laufe der Jahrmillionen zu äußerst geschickten Nachtjägern entwickelten.

Fledertiere arbeiten mit Echopeilung. Ständig stoßen sie hohe, aber lautlose Töne aus, deren Widerhall sie mit den großen, sehr beweglichen Ohren auffangen. Ob Hausmauer oder Nachtfalter, nichts entgeht ihnen. Die Angst vieler Menschen, eine Fledermaus könne sich in ihren Haaren verfangen, ist unbegründet. Allerdings fliegen die Nachtjäger die messerscharfen Kurven gerade oft in Kopfhöhe, weil sich dort ihre Beutetiere, die Mücken, aufhalten.

Fledermäuse lieben Bäume und Büsche, ihr Sommerquartier schlagen sie gern in Formenteras Höhlen auf, hängen da mit den Füßen an der Decke, in ihre Flederhäute gehüllt, und vertändeln den Tag.

Allmählich gibt die Erde die gespeicherte Tageswärme ab. Gegen Mitternacht ist es angenehm kühl. Noch ein Blick zum Himmel. Im Süden, knapp über dem Pinienwald, der sich wie ein Scherenschnitt vor dem Firmament abhebt, leuchten die Sternbilder Skorpion und Schütze. Es gibt Sommerabende auf Formentera, da schießen so viele Sternschnuppen durch das Dunkel, daß man mit dem Wünschen kaum nachkommt.

VII. September

Körbe kontra Plastiktaschen, Kaninchen gegen Taschenrechner

Das erste Hotel entstand 1957 auf einer Felsspitze in der Bucht von PUJOLS. Es erhielt den Namen Roca Bella – schöner Felsen. Als Hans Werner Richter, Mentor der Gruppe 47, zum erstenmal nach Formentera kam, fand er die Bucht, heute das Touristenzentrum der Insel, »noch einsam wie am ersten Tag« und das Roca Bella »eingehüllt in einem Staub- und Mörtelschleier«. Die Bauarbeiten an dem Hotel waren noch nicht abgeschlossen. Abends hörte der Schriftsteller den Generator brummen, denn es gab noch keinen Strom. Das hört sich heute romantisch an, war derzeit aber sicher nur lästig.

Gemäß den Erzählungen der Veteranen saßen damals in der Hotelhalle spanische Damen, die ihre ondulierten Köpfe fächelten, Piloten, die irgendeinem Krieg den Rücken gekehrt hatten, und polnische Adlige, die vor dem Kommunismus geflohen waren. Dazu deutsche Professoren, die eine Insel beobachteten, die ihre ersten Schritte in Richtung Tourismus machte.

Es ging im Laufschritt. Aus Fischerjungen wurden Kellner, Bauern verkauften ihr Land an Bauunternehmer. Am weiten Strand von Migjorn ragte bald ein Hotelkasten in den Himmel, für den, so sagt man, nie eine Baugenehmigung erteilt worden war. Der Satz, daß dieses Jahr das Hotel Formentera Playa abgerissen werde, ist kein Gerücht, sondern ein uralter

Witz unter den Residenten. Das einzige, was je auf den
Pityusen abgerissen wurde, war ein Hotelklotz auf der Nach-
barinsel Ibiza. Das geschah aber auch nur deshalb, weil der
Bau genau in der Landeschneise der Flugzeuge lag und die
Piloten mit Streik drohten.

Die letzte große Ferienanlage wurde auf der Landspitze
PUNTA PRIMA vor etwa fünfzehn Jahren errichtet. Die Häuschen erhielten einen Tarnanstrich in der Farbe der rotbraunen Felsen. So richtig freiweg klotzen wollte niemand mehr.
Die Formenterenser waren wach geworden. Sie hatten
erkannt, daß ihnen die großen Hotels, die internationalen
Gesellschaften gehören, keinen Nutzen bringen. Vom tiefge-
frorenen Fisch bis zur abgepackten Marmelade wird alles
angeliefert. Das Management sitzt in Luxemburg oder Liech-
tenstein, die Bedienung kommt aus Andalusien oder Murcia.
Für die Einheimischen fällt allenfalls ein Job als Gärtner ab.

Oder ein Auftrag, wie der über zweihundert Stühle, die
Catalinas Vater schreinern und ihre Mutter mit Hanfkordel
bespannen durfte.

Noch dauern die Sommerferien an. Formentera ist ausge-
bucht, die rund siebentausend Fremdenbetten sind belegt.
Doch das ist die offizielle Bettenzahl. In Wirklichkeit steht den
rund fünftausend Einwohnern in der Hochsaison mindestens
die doppelte Anzahl an Fremden gegenüber. Denn nicht
gezählt sind die privaten Unterkünfte, nicht erfaßt jene Besucher, die bei den Residenten vorbeischauen und dann für
zwei Wochen ihr Lager in der Sala aufschlagen, nicht die
Rucksackreisenden, die ihre Schlafrolle in den Dünen ausbreiten.

Mangel an Unterkünften einerseits, weithin unbebaute
Strände andererseits – das läßt die Spekulanten nicht ruhen.
Unruhe auch bei den Inselbewohnern, die immer wieder

durch Meldungen über Bauvorhaben aufgeschreckt werden. Die angesehene Tageszeitung »El Pais« berichtete von einem Riesenprojekt mit 15 000 Hotelbetten auf der kargen Landspitze Punta Pedrera. Der ibizenkische Europa-Abgeordnete Abel Matutes stecke dahinter, munkelte man, oder gar der Allesschieber Kashoggi. Egal, die Formenterenser zogen mit Plakaten zur PUNTA DE SA PEDRERA. Hier hatten ihre Vorfahren Steine aus der Küste geschnitten und nach Ibiza exportiert. Die stufenartigen Steinbrüche, die dabei entstanden, sind nicht nur schön, sie sind auch Mahnmale, die an die harten Zeiten erinnern.

Lag es am Protest oder ist auch bei den Geldleuten ein Sinneswandel eingetreten? Bislang jedenfalls wurde bei dieser Urbanisation nicht ein Stein bewegt. Doch andere Pläne tauchten auf: ein schicker Jachthafen am Fischteich ESTANY DES PEIX, ein Flugplatz auf dem KAP BARBARIA, ein Golfplatz nahe der CALA SAONA. Eher Hirngespinste als konkrete Pläne – Gott sei Dank!

Doch inzwischen sind die Leute derart auf der Hut, ja reizbar, daß sie selbst den aberwitzigsten Gerüchten, wie dem von der Seilbahn an der Steilküste La Mola, Glauben schenken und schon zu den Spruchbändern greifen, wenn in der freien Landschaft auch nur ein gelbes Baufahrzeug gesichtet wird.

Kontrolle und Meinungsbildung durch die Medien? Da ist »Radio Illa«; der Sender, der im zweiten Stock des alten Rathauses Platten auflegt und Pepe seine Grüße an Maria ausrichten läßt. Es gibt auch eine Tageszeitung; die Altgazette »Diario de Ibiza« von der Nachbarinsel, die einmal die Woche etwas ausführlicher über Formentera berichtet. Aber schneller und sicherer in dem, was die Bewohner bewegt, ist ein anderes Medium: das Haus von Energie und Ausdauer.

Natürlich gehört es nicht den beiden Arbeitern, die stellen hier nur ihr Gerät unter. Das Haus ist doppelstöckig, steht genau im Scheitelpunkt der Kurve vor San Francisco, wo die Autos abbremsen müssen, und es hat wunderbar weiße Wände – das Haus ist eine Herausforderung an jeden Sprühdichter. Man braucht nur daran vorbeizufahren, und schon ist man auf dem laufenden.

Vor fünfzehn Jahren, das Tauziehen um die Salinen erreichte seinen Höhepunkt, stand hier die Parole: SES SALINAS PARC NATURAL – sie wurde zu einem Schlachtruf der Umweltschützer. Als es um die Bebauung der Punta Pedrera ging, konnte man deutlich NO MAS URBANIZACIONES! lesen. Und nachdem eine Kommunalwahl wiederholt werden mußte, weil in den Wahllisten die Namen von Toten aufgetaucht waren, rief eine Sprühschrift über den Wahlplakaten der verschiedenen Parteien: QUE MIERDA! Knapp und deutlich formuliert! Die Zeitungen hatten in geschraubten Sätzen von Versehen und Unregelmäßigkeiten berichtet.

Der jüngste Sprühspruch richtet sich an eine Gruppe von Geldleuten, die den Formenterensern den Bau eines Campingplatzes schmackhaft machen will; er lautet: CAMPING NO GRACIAS! Und das System funktioniert. Binnen einer Woche sammelten die Bewohner über tausend Unterschriften gegen den Campingplatz. »Mehr Müll, aber keine Geschäfte«, sagt Toni, dessen Neffe einen Lebensmittelladen hat, »die Camper bringen doch noch die eigenen Teebeutel mit.«

Natürlich überstreicht die Gemeinde in Abständen die Sprühschriften auf den Wänden. Aber vielleicht ist das nur ihre Methode, um darüber auf dem neuesten Stand zu sein, was das Volk bewegt. Umfragen wären teuer, Kalk ist billig.

Er lebt noch, der Mann, der die stabilen Körbe und Taschen aus Espartogras herstellt. Er heißt Mariano Simon und wohnt auf dem CAP DE BARBARIA. Ich fahre zu ihm.

Da steht er unter dem Vordach seines Hauses, untersetzt, kräftig, mit vollem dunklen Haar, in dem, wie eingeflochten, nur wenige graue Fäden sind. Kaum zu glauben, daß er schon über achtzig ist. Wir setzen uns auf die niedrigen Stühle. Ich will ihm bei der Arbeit zuschauen.

Er nimmt etwa fünfzig Halme, teilt sie in fünf Stränge und beginnt damit zu flechten, zwei rechts, drei links und umgekehrt. Bei jedem Seitenwechsel packt Mariano Simon einen neuen Halm dazu. So entsteht ein drei Finger breiter Streifen, der endlos sein könnte, sofern ihm nicht das Material ausginge oder die Kräfte verließen. Mit dem Materialnachschub hat Mariano tatsächlich Probleme. Er ist der einzige, der noch Espartogras verwendet.

Carlos von der Eisenwarenhandlung in San Francisco muß es extra für ihn auf dem Festland bestellen. Früher wuchs Esparto auch an einigen Stellen auf der Insel, und in vielen Häusern saßen Männer, die aus den harten Halmen die verschiedensten Behälter fertigten: Tragetaschen für Früchte und Erde und solche, die in der Zwillingsausführung den Eseln übergeworfen wurden. In die besonders fein gearbeiteten Körbe legten die Frauen ihre Wäsche.

Vorbei, alles ersetzt durch Plastik oder Gummi. Dennoch hat Mariano genügend Aufträge. Es gibt Leute, die den Rüttelweg zu seinem Haus nicht scheuen, die unbedingt einen handgeflochtenen Korb haben wollen, um ihn nach München, Paris oder Stockholm mitzunehmen. Acht Meter von dem geflochtenen Band braucht Mariano für einen Korb. Die Streifen näht er zusammen, mit einem wiederum geflochtenen Faden aus Esparto, aber solches, das er vorher mit einem Stein weich geschlagen hat. Es ist unglaublich, wieviel Mühe, wieviel Kraft er braucht, um die störrischen Halme zu bändigen.

»Ja, manchmal tut mir die Schulter weh«, sagt er. Von seinen Fingern, die rund und voller Schwielen sind, spricht er gar nicht. Er erzählt von seiner Kindheit. Dreizehn Kinder waren da im Haus. Die Mutter starb, als er zwölf Jahre alt war. Da mußte er den Haushalt versorgen, waschen, Essen kochen, die Sachen seiner Brüder flicken. Sehr früh ging er aus dem Haus, hütete Schafe bei Verwandten, die ihn dafür durchfütterten. Später arbeitete er in den Salinen, ein Knochenjob. »Wir trugen das Salz in Körben auf dem Kopf, und das Salzwasser fraß sich durch die Lappen, die wir uns als einzigen Schutz um die Stirn wickelten. Der Lohn waren ein paar Peseten. Aber andere Arbeit gab es nicht.«

Nicht auf der Insel. Marianos Bruder heuerte auf einem Schiff an. In nahezu jeder Familie fuhr damals einer zur See. Während die Ibizenkos hauptsächlich afrikanische Häfen anliefen, verschlug es die Männer von Formentera bis nach Südamerika. Manche kamen Weihnachten kurz zu Besuch, brachten Geschenke mit und etwas Geld, andere blieben bis zu drei Jahre unterwegs. Und einige, wie Marianos Bruder, blieben in der Fremde, gründeten dort Familien.

So kommt es, daß viele Formenterenser Verwandte in Argentinien, Uruguay und auf Kuba haben. Havanna ist, seit das Reisen für die Einheimischen erschwinglich wurde, ein beliebtes Ziel. Wer nicht selbst fliegt, versucht durch andere, mit den Verwandten in Südamerika Kontakt aufzunehmen.

Als Juan vom Restaurant Sa Palmera hörte, daß die Reiseleiterin Kola beabsichtige, nach Kuba zu fliegen, gab er ihr den Zettel mit dem Namen seines Onkels mit, der vor siebzig Jahren ausgewandert war. »Frag nach ihm in der Provinz Pinar del Rio, dort, wo der Tabak angebaut wird!«

Kola fragte nach Francisco Tur und hörte: Ah ja, der

Gallego – für die Kubaner sind alle Spanier Gallegos, egal, woher sie wirklich kommen, weil ihr Máximo Líder Fidel Castro aus der Provinz Galicia stammt. Kola fand den inzwischen 92jährigen Auswanderer, der sich noch an vieles von der Insel und als alter Seefahrer natürlich am besten an den Hafen La Savina erinnern konnte.

Eine Folge der Seefahrerei sollen die halben, wie abgeschnitten wirkenden Fincas sein. Nach der Verlobung wurde für die jungen Leute ein neues Haus errichtet – aber eben nur zur Hälfte, und zwar längs zum Giebel. In diesem Teil lebte die Braut. Der Rest des Hauses sollte dann fertiggestellt werden, wenn der seefahrende Bräutigam aus fernen Ländern heimkehrte.

Aus dieser Zeit stammt auch das »Kubanische Schwein«. Hajo Schedlich hat dieses Essen, das gleichzeitig Ereignis war, Mitte der Fünfziger miterlebt: Ein Schwein wurde mit Thymian, Rosmarin und Knoblauch gefüllt und danach über einer Grube mit Holzkohle an einem Spieß gedreht. Die wichtigste Aufgabe hatte der »Sandmann«, der wie ein Zeremonienmeister über Stunden mit Sand die aufflackernden Flammen löschen mußte. Die aufwendige Zubereitung gerät langsam in Vergessenheit.

Ein Rezept, die Eigenart, Häuser mit Schrägdächern zu bauen – was sonst ist aus der Epoche geblieben? Ein paar Liedertexte von den mutigen Seeleuten aus Formentera, Kartons mit vergilbten Fotos sowie in den Gesichtern der Alten eine Miene der Gelassenheit und darunter die Erinnerung an eine harte, aber ereignisreiche Jugend.

Der Korb ist fertig. Als letztes hängt Mariano ein Preisschildchen an: 3 500 Peseten, rund fünfzig Mark. Wie lange hat er dafür gearbeitet? Zwei Tage, drei Tage? Er zuckt die Schultern, die Stunden zählt er nicht. Wer wird dieses Handwerk weiterführen? Auch das weiß er nicht. Ein junges Mädchen habe ihn mal aufgesucht. »Sie wollte das Flechten mit Esparto erlernen.« Mariano Simon schmunzelt in Erinnerung an seinen Lehrling: »Nach einer Stunde sagte sie, daß sie mal kurz nach Hause müsse. Sie ist nie wiedergekommen.«

Schon von weitem sehen wir den Qualm. Der Wald brennt. Eine dicke schwarze Rauchsäule steigt aus dem Pinienhain am Fuße der Mola. Ostwind treibt sie auf unser Haus zu. Auf dem Vorplatz parken die Autos unserer französischen Nachbarn, deren Ferienhaus mitten im Wald steht. Sie haben die allerwichtigsten Dinge aus dem Haus geräumt und auch die Flaschen mit Butangas mitgebracht.

Sie haben Angst, daß die Gasbehälter wie Bomben explodieren, wenn das Feuer ihr Haus erreicht. Noch ist es hundert oder mehr Meter entfernt. Doch schnell frißt es sich weiter. Hellrot und gelb schießen die Flammen empor. Das Krachen der Pinienstämme ist zu hören.

Dann mischt sich in das Inferno ein anderes Geräusch. Nachbar Jaime Carlos hat den Schaufelbagger angeworfen, rattert den Feldweg entlang und auf den Brandherd zu. Er will eine Schneise brechen. Einmal, um das Feuer abzuriegeln; zum anderen, um der Feuerwehr einen Weg zu bahnen.

Das rote Auto mit der Aufschrift *bomberos* kommt mit dem üblichen Tatütata. Skepsis auf den Gesichtern der Franzosen. Jeder auf der Insel kennt die Geschichte vom ersten Einsatz des neuen Feuerwehrautos. Der Inhalt des Tanks habe, mit Amigos Worten, soviel Wirkung gehabt wie Spucke auf einen heißen Stein. Und als danach die Schläuche zum Nachtanken in einer Zisterne angeschlossen werden sollten, stimmten die Anschlüsse nicht. Daraufhin hatten die Feuerwehrleute zu den altbewährten Patschen gegriffen und den Brand gelöscht.

Das allerdings wäre heute nicht möglich, das Feuer ist zu groß. Die Aufregung steigert sich. Weitere Autos rasen heran.

Und dann hören wir Motorengebrumm in der Luft. Von Westen nähern sich zwei Wasserflugzeuge. Die erste Maschine steuert auf die Rauchwolke zu, geht tief herunter, so tief, daß sie fast die Pinienwipfel streift, um dann, im Aufschwung, die Klappe am dicken Bauch zu öffnen. Wie ein Block stürzt das Wasser auf die Feuerstelle, wo es in Tausende von Tropfen zerstiebt.

Der Pilot der zweiten Maschine macht es ebenso. Dann drehen beide ab, in Richtung Estany des Peix. Sie werden über der glatten Oberfläche des Sees ihre großen Klappen aufreißen und mit einem Riesenschluck Wasser zurückkommen.

Nach einer Stunde ist der Brand gelöscht. Verkohlte Pinienstämme bleiben zurück und die Frage nach der Brandursache. Eine Paella am Waldrand? Eine weggeworfene Kippe? In der trockenen Zeit genügt auch ein Stück Glas, in dem sich die Sonnenstrahlen bündeln. In der aufgeregten Nachbarschaft herrscht der Eindruck vor, das Feuer sei gelegt worden. Das denken die Leute immer zuerst.

»Zufall? Zigarettenkippe?« schimpfte ein Resident vor einigen Monaten, nachdem es bei ihm gebrannt hatte. »Dann müssen aber vier Menschen an vier verschiedenen Ecken rund um mein Haus zur selben Zeit geraucht haben.«

Wenn Brandstiftung, was wäre das Motiv? Auch da hatte der Betroffene eine Antwort: »Laut Gesetz darf in der grünen Zone, das heißt in den bewaldeten Gebieten, nicht mehr gebaut werden. Ist ein Gebiet aber nicht mehr grün, sondern pechschwarz, dann könnte man ja über eine Parzellierung nachdenken.« Gerüchte, wie gesagt. Genaues kommt nie heraus.

Tatsache ist aber auch, daß die Brandgefahr in den letzten Jahren zugenommen hat. Die Wälder sind voll mit abgestorbenen Ästen. Früher sammelten die Bauern das trockene

Unterholz. Sie legten das Reisig in Bündeln an den Waldrand. Obwohl es wertvolles Brennmaterial war, das sowohl zum Kochen als auch zum Heizen verwandt wurde, vergriff sich nie jemand daran. Toni erklärte mir, daß die Bauern die Bündel an den Farben der breiten Packbänder erkannten und an der Art, wie sie verknotet waren. Es sind die gleichen Bänder, mit denen auch die Ziegen befestigt werden; sie sind sehr typisch für die Insel.

Mein erstes Kaninchen erhielt ich im Tausch gegen einen Taschenrechner. Das ist einige Jahre her. Damals hatten Taschenrechner beinahe das Format von Taschenbüchern. Auf Formentera waren sie sehr begehrt, als Statussymbol, aber auch als praktische Hilfe. Wenn man in einer Kneipe zwei Bier bestellte, tippte der Mann hinter dem Tresen in den Rechner 2 mal 20 und hielt einem brav die Anzeigetafel mit der grünlich schimmernden 40 unter die Nase.

Amigo hatte mir den Tauschtip gegeben. Das sei besser, als Geld anzubieten. Denn wenn es ums Verkaufen geht, zieren sich die Formenterenser. Sie wiegen die Köpfe, wollen nie den Preis sagen. Vielleicht kommt da eine gewisse Schläue durch, wahrscheinlicher aber ist, daß da ihr Stolz eine Rolle spielt. Mit Juan, der gerade seine Strandbude aufgemacht hatte, kam ich klar: Taschenrechner gegen trächtiges Mutterkaninchen.

In den folgenden Tagen wartete Juan in seinem Kiosk auf Kundschaft und ich auf Nachwuchs. Doch der stellte sich nicht ein. Scheinschwangerschaft, was weiß ich. Also steckte ich das Mutterkaninchen in eine Reisetasche und brachte es Juan, der es noch einmal für zwei Tage zum Kaninchenbock sperrte.

Erneutes Hoffen. Es war anstrengend. Bis dahin hatte ich gedacht, daß sich Kaninchen wie – ja, eben wie Kaninchen

Der rotbraune Bursche mit den Hängeohren wurde der Vater einer stolzen Kaninchenschar.

vermehren. Bei meinem klappte es wieder nicht. Falsches Futter, schlechter Stall? Dann kam mir der Verdacht, daß mit Juans Bock irgend etwas nicht stimmte. Ein anderer sollte mal ran.

Ich ging zu Jaime Carlos, fragte: »Haben Sie einen Bock?« Er hatte. »Kann ich den mal ausleihen?« Ich durfte, steckte den rotbraunen Burschen mit den Hängeohren gleich in die

Reisetasche, brachte ihn zu meiner Kaninchendame. Dann
ließ ich die beiden allein. Das heißt, ich tat nur so. In Wahr-
heit lauerte ich draußen vor der Tür und linste alle Augenblicke wie ein Spanner durchs Gatter. Würden sie es treiben?
   Sie taten es. Wild und schnell. Ich hatte Glück, daß ich es
überhaupt mitkriegte. Ich sah gerade noch, wie der Rotbraune mit verdrehten Augen zur Seite abkippte. Die verdrehten Augen waren für mich der Beweis. Und ich hatte
recht. Vier Wochen nachdem ich mich als Voyeur betätigt
hatte, sah ich die Karnickelmutter mit Stroh im Maul durch
den Stall hoppeln. Sie baute ein Nest. Später rupfte sie sich
die Brusthaare als zusätzliche Polsterung aus. Drei Tage
darauf lagen sieben Junge im Nest, nackt und blind.
   Die Jungen wurden einmal am Tag gesäugt, sie wuchsen
gut heran. Bald mußte ich einen weiteren Stall bauen und die
Jungs von den Mädels trennen. Ich schleppte Grünzeug
heran, was in trockenen Zeiten auf Formentera ein Problem
ist. Ein Problem war auch das Schlachten. Am Anfang dachte
ich, es sei nur eine Frage der Gewöhnung. Tatsächlich aber
fiel es mir immer schwerer. Zudem hatte ich allen Appetit auf
Kaninchenfleisch verloren. Was wirklich zu blöd ist, wenn
man die Ställe voller Karnickel hat.
   Eines Tages brach bei den Wildkaninchen auf der Insel
jene Krankheit aus, die zuerst an ihren Augen auftritt und sie
im fortgeschrittenen Stadium blind und so apathisch macht,
daß sie schließlich nicht mehr fressen und elend zu Grunde
gehen. In einem Züchterbuch habe ich gelesen, daß die
Seuche von Insekten übertragen wird. Meine Kaninchen wurden auch befallen. Ich mußte alle töten. Es dauerte eine
ziemliche Weile, doch dann war ich darüber hinweg, und
mittlerweile esse ich auch wieder gern Kaninchenfleisch –
weil es vom Metzger kommt.
   Conejo picante, Kaninchen in scharfer Soße, ist ein Inselge-

richt. So bereitet es Juan in seinem Strandrestaurant La Fregata zu:

Conejo picante

Kaninchenhälften in kleine Portionen teilen, das Fleisch in Olivenöl scharf anbraten. Dann ungeschälte Knoblauchzehen und grob gehackte Zwiebeln sowie Lorbeerblatt und Chilischoten hinzugeben, alles dünsten lassen und zuletzt mit Weißwein abschmecken.

Sechs Wochen ununterbrochene Hitze, das Wasser ist jetzt so aufgewärmt, das es über Tag kaum mehr Abkühlung bringt. Also gehe ich schon kurz nach Sonnenaufgang zum Meer. Dann ist der Strand noch leer, das Wasser von der Nacht frisch. Doch heute macht das Schwimmen keinen Spaß. In Ufernähe treiben Quallen. Schön sehen sie ja aus, auch elegant, wie sie so durch das Wasser schweben, gelblich, rötlich, lichtblau oder gläsern weiß.

Aber diese Nesseltiere sind der Schrecken der Urlauber und der Fischer, denen sie die Netze mit einer unappetitlichen Schwabbelmasse füllen. Mich selber kann der Ruf: »Da ist eine Qualle im Wasser!« so stark alarmieren, als hätte jemand einen Hai gesichtet.

Es gibt weltweit über 700 Quallenarten, viele kleine, harmlose; ich aber denke sofort an die schlimmste: Die Portugiesische Galeere sieht aus wie ein gigantischer Wackelpudding und zieht fünfzig Meter lange Tentakel hinter sich her. Mit ihren Fangarmen umgarnen die Medusen kleine Fische und Krebse. Doch nicht ihre Schönheit oder Anmut läßt die Opfer erstarren, vielmehr ein lähmendes Gift, das bei der leisesten Berührung aus den Nesselkapseln schießt.

Hauptnahrung der Quallen sind jedoch nicht Fische, sondern winzige im Wasser schwebende Tiere und Pflanzen, die sich diese Wabbelwesen unter den Schirmrand, in die Mundöffnung und von dort aus weiter in einen sackartigen Magen ziehen. Wärme aber läßt die Kleinstwesen sprießen, und so erklärt sich das plötzlich massenhafte Auftauchen der Quallen. Doch auch ungünstige Strömungen können die Medusenschwärme aus Gebieten mit unsauberem Wasser herantreiben. An Formenteras Stränden ist die Plage zum Glück meist nach ein, zwei Tagen verschwunden.

Falls es mal zu der Begegnung mit einer Feuerqualle kommt, sollte man sich auf keinen Fall duschen. Denn Süßwasser aktiviert die Nesselkapseln. Besser ist es, die brennende Stelle mit Sand oder Salz abzureiben. »Drüberpinkeln ist am besten«, sagt Amigo. Das mag stimmen. Nur gebe es ja Stellen, wende ich ein, die man selber schlecht erreichen kann.

»Dann mußt du dir jemanden suchen, der dir sympathisch ist.«

Die Kakteenfeigen reifen. Schon sind sie gelb, bald werden sie orangerot sein. Das ist dann der Zeitpunkt, sie zu pflücken. Doch Vorsicht, die *chumbos*, wie die Einheimischen sie nennen, haben dünne spitze Stacheln. Es genügt, eine Frucht zu streifen, und schon brechen die Spitzen ab. Die Bauern pflükken die Früchte mit einem Stück Karton. Das ist einfacher und wirksamer, als einen Handschuh zu benutzen, denn die Stacheln würden im Leder nur steckenbleiben.

In Deutschland sind Kakteenfeigen eine rare Delikatesse, auf Formentera gehören die Opuntien oder Ohrenkakteen zu jedem Bauernhaus. Wie schon erwähnt, hatten die dichten Hecken aus Feigenkakteen früher die Funktion eines Landklos. Vielleicht ist das der Grund, weshalb die Chumbos von den Bauern heute nicht mehr so sehr geschätzt werden. Zu

»Chumbos«, Kakteenfeigen, sind eine Delikatesse.

unrecht, sie sind wirklich lecker. Am besten schmecken sie gut gekühlt. Die Mühe, alle Stacheln zu entfernen, mache ich mir nicht. Ich spieße die Frucht auf eine Gabel, schneide die Blütenkappe ab und löffele sie mit einem Teelöffel wie ein Frühstücksei aus.

Es gibt Residenten, die aus den Kakteenfeigen Kuchen oder Marmelade machen. Schmeckt nicht schlecht, aber die Fruchtkerne sind ein bißchen lästig. Ich habe mit Maria darüber gesprochen. Nein, Marmelade hätten sie nie aus den Chumbos gemacht. Als ich ihr sage, daß die Früchte in Deutschland einzeln in Watte verpackt teuer verkauft werden, verzieht sie ungläubig das Gesicht. Die Feigenkakteen erinnern an die Zeiten der Armut, genau wie die Früchte des Johannisbrotbaums.

Die Formenterenser aßen die braunen Schoten, als es wenig anderes zu essen gab, vor allem in der Hungerzeit nach dem Spanischen Bürgerkrieg. Auch machten sie aus dem trockenen süßlichen Fruchtfleisch einen Ersatzkaffee. Heute dient das Johannisbrot nur noch als Schweinefutter. Seinen Namen hat der Baum von Johannes dem Täufer, der die spannenlangen Bohnen auf seinem kargen Speisezettel hatte, als willkommene Abwechslung zu den Heuschrecken, von denen er sich angeblich in der Wüste ernährte.

Im Altertum wurden die harten, glatten Samen des Johannisbrotbaums zum Wiegen von Gold und Edelsteinen benutzt. Das Wort Karat geht auf die griechische Bezeichnung »keratos« für die Samenschoten des Johannisbrotbaums zurück. Wahrscheinlich brachten schon die Phönizier diese genügsame Pflanze auf die Pityusen, spätestens aber dann die Araber.

Ein Bewohner von Formentera war es jedenfalls, der den Einfall hatte, aus den Früchten des Johannisbrotbaums einen Aperitif zu machen. In einem zweistöckigen Haus in ES CALÓ destillierte Mari Mayans vor hundert Jahren den ersten bittersüßen Palo. Auch den mit wildem Thymian aromatisierten Likör Frigola und den bekannten Kräuterschnaps Hierbas füllte er hier in Flaschen. Ende der dreißiger Jahre zog die kleine Fabrik zur Nachbarinsel; in dem Stammhaus bei Es Caló aber übernachten heute Touristen.

Am besten schmeckt der hausgemachte Hierbas. Jede Familie hat ihr eigenes Rezept. Grundstock ist ein Anisschnaps, entweder Anis dulce, also süß, oder Anis seco, also trocken; gut ist auch eine Mischung von beiden. Dann kommen die Kräuter hinzu, zehn bis zwanzig. Immer dabei sind Thymian und Rosmarin, Zitronenmelisse und die Blüten des Kamillenstrauchs Manzanilla. Sechs Monate sollte man den Hierbas stehenlassen – danach trinken, mäßig bis regelmäßig.

Mein Freund!
Mit Deiner Bemerkung, was ich eigentlich an diesem »Hundeknochen im Mittelmeer« finde, hast Du mich auf eine Idee gebracht. Genau diese Frage habe ich anderen Formentera-Freunden gestellt, Residenten und Stammgästen. Hier ein paar Antworten:

Dr. Jürgen Sudhoff: »Weil Formentera immer noch Ruhe und Einsamkeit vermitteln kann.« (Als ich ihn fragte, war er Regierungssprecher; nun ist er Botschafter in Paris.)

Ernst Schultz, Rockmusiker: »Ich mag, daß sich die Insel dem Besucher nicht anbietet. Einige meiner schönsten Lieder sind auf Formentera entstanden.« (Ernst Schultz traf hier mit Stefan Waggershausen zusammen, und heraus kam eine gemeinsame Platte.)

Michael Bertram, ehemaliger Pressesprecher von Willy Brandt: »Weil man hier so viel Sand hat, wie man braucht, und so einsam sein kann, wie man will.«

Knut Terjung, damals Pressesprecher der SPD-Fraktion im Bundestag: »Der zeitweilige Ausstieg nach Formentera gibt mir Abstand, Ruhe und Neuorientierung. Die Insel ist mein zweites, mein selbstgewähltes Zuhause.« (Immer noch, mit dem Unterschied, daß er heute aus Warschau kommt, wo er das ZDF-Studio leitet.)

Christine Mattner, Bühnenschauspielerin: »Als ich sah, wie ein Bauer sein Weinfaß am Strand sauberrollte, fragte ich ihn, ob er mir ein Stück Land verkaufen könne. Er antwortete: ›Si‹. So wurde aus dem Flirt einer Urlaubslaune eine langjährige Liebe.«

Jürgen mit der Erdbeere: »Weil ich hier ganz normal
einem Mädchen eine Hühnerfeder schenken kann. Weil ich
hier mit kajalgeschwärzten Augen und schwarzem Hom-
burg auf dem Kopf ganz normal einkaufen gehen kann.«

Soviel, mein Freund, zum Hundeknochen. Und der Kreis
der Inselfreunde wächst, nur meine Entenschar wächst
noch schneller. Manchmal stehe ich knöcheltief in Enten-
mist. Du mußt wissen, die Viecher haben keinen Schließ-
muskel, lassen alles fallen, sowie es verdaut ist. Schlachten? Hühner ja, die sitzen in Trance auf der Stange. Aber
Enten, die gucken dich mit schräg gehaltenem Kopf richtig
an. Dennoch schlage ich manchmal, wenn sie so richtig die
Sala vollgesaut haben, heimlich im Kochbuch das Rezept
»Ente in Orangensoße« nach.

Gestern traf ich Daniel. Er gehört zu denjenigen, die von
der letzten Aussteigerwelle an Formenteras Strände
gespült wurden. Er ist Architekt, so einer mit hübscher
Frau im Haus und Porsche vor der Doppelgarage in
Deutschland. Hier riß er sich die Ärmel vom maßgeschnei-
derten Hemd, zog die handgenähten italienischen Slipper
aus und rief: »Leben! Atmen! Die Erde unter den Füßen
spüren! Ich brauche nichts mehr. Nichts, nichts, *nada*!«

Anschließend wollte er seine Porsche-Uhr dem Meeres-
gott übergeben. Warum so feierlich? fragte ich ihn. Da
wurde er wütend und warf die Uhr in den Aschenbecher.
Die Bedienung zuckte die Achseln, räumte den Ascher samt
Uhr und Kippen ab. Im letzten Augenblick, bevor alles im
Müll verschwand, konnte ich ihr ein Zeichen geben.

Drei Tage später stand Daniels Frau vor der Tür. Er
selber blieb beim Taxi, das die beiden zum Boot bringen
sollte. Ich ging zu ihm, sah die Sorgenfalten in seinem
Gesicht, sah die handgenähten Slipper an seinen Füßen
und gab ihm die aus dem Müll gerettete Uhr zurück.

Schon in aller Frühe hat mein Nachbar Mariano mit der Weinernte begonnen. Am Feldrand steht sein kleiner knallroter Trecker, der Anhänger ist mit Holzkisten beladen. Von Mariano sehe ich seit Stunden nur den Rücken zwischen den Rebstöcken. Pünktlich um zehn macht er Pause. Ein Schluck Wasser, ein belegtes Brot, danach arbeitet er weiter. Gegen Abend hat er das halbe Feld abgeerntet. Die gefüllten Kisten versteckt er in der Mitte des Feldes. Früher sei das nicht nötig gewesen, sagt er.

Dann klagt er noch ein bißchen über die Pinien. Er hat allen Grund dazu. Die Rebstöcke nahe dem Wald sind mickrig, zum Teil verdorrt. Die bis zu dreißig Meter langen Pinienwurzeln saugen dem Weinfeld die Kraft aus. Deshalb wird Mariano am Feldrand einen tiefen Graben ziehen und die Pinienwurzeln durchtrennen. Kein Zweifel, die Bauern mögen die Pinien nicht. Aber sie wissen auch, daß sie die Bäume brauchen. Würden sie alle fällen, verlören die Dünen ihren Halt, und der Sand überwehte die Insel.

Am Abend des zweiten Tages hat Mariano das gesamte Feld abgeerntet und tuckert mit seinem Gespann los, hochbeladen mit blauen Trauben. In den nächsten Tagen sind er und seine Söhne damit beschäftigt, die Trauben durch eine Presse zu drehen, die ähnlich wie ein alter Wäschewringer aussieht. Einige Bauern keltern auch noch auf althergebrachte Art, indem sie die Trauben mit bloßen Füßen austreten. Den Saft schütten sie durch ein Holzgitter, das die Schalen und Stengel zurückhält, in einen gemauerten Behälter.

Dort bleibt der Most eine Woche; danach kommt er in Holzfässer, die mit Zement versiegelt werden. Kein Gramm

Noch ist es nicht soweit, aber im November ist Probetrinken.

Chemie, kein Gramm Zucker, Öchsle hin, Öchsle her – dies ist purer Landwein. Der Alkohol entwickelt sich im Faß. Am Anfang ist der Wein dunkel, eben *tinto*, danach kriegt er eine helle Färbung, wird nahezu rosé. Bis zu einem Jahr kann der Wein lagern, dann muß das Faß gereinigt werden. »Mit Brunnenwasser, sonst nichts« betont Mariano.

Ab November ist Probetrinken. Der *vino pagés* schmeckt fruchtig, herb und ziemlich harzig. Er ist mit keinem anderen Wein zu vergleichen, aber nicht jedermanns Sache. Ich kenne Leute, denen ich keine größere Freude machen kann als mit einer Flasche Formentera-Wein. Andere hingegen kriegen ganz schmale Lippen.

Nicht jede Flasche mit einem Formentera-Etikett enthält echten Inselwein. Um sicherzugehen, muß man bei den Bauern direkt kaufen. Meist geht das nur über Beziehungen. Denn die Leuten wissen schon, welche Arbeit in jeder Flasche Wein steckt. Das fängt mit dem Beschneiden der Rebstöcke an. Zwei, drei Tage lang höre ich im Februar das Knipsen von Marianos Schere, danach das Rattern der Motorhacke. Im April lockert er wieder die Erde auf, jätet das Unkraut. In der trockenen Zeit zieht er Kuhlen um die Rebstöcke, in denen sich die Nachtfeuchtigkeit sammeln kann. Sobald die Trauben reifen, stellt er Scheuchen auf, die gegen diebische Menschen überhaupt nicht und gegen die klugen Vögel nur anfangs helfen. Dann wissen sie, daß ihnen von den flatternden Stoffetzen keine Gefahr droht.

Letztes Jahr ging Marianos Motorhacke zu Bruch. Den Rest des Feldes mußte er mit der Hand bearbeiten. Ich sah ihn die Arme in die Hüften stemmen, hörte ihn fluchen. Rund dreihundert Mark hat die Reparatur gekostet. Dieses Geld und die Arbeit – würde er all das auf den Wein umrechnen, eine Flasche müßte weit über tausend Peseten kosten. Aber Mariano rechnet ja nicht, er arbeitet.

Nicht jede Flasche mit dem Formentera-Etikett enthält echten Inselwein.

Vor rund zwanzig Jahren schrieb Ernesto Ehrenfeld das Gedicht »Inselbauer«, es hat noch immer seine Gültigkeit.

Er lebt
schon ungezählte Jahre
mit Weib und Kind
auf harter Inselerde,
die sich nur schwer beackern läßt.
Ein paar Weinstöcke
auf magerem Feld,
aber sein eigener Wein!

Eidechsen naschen Trauben
diebisch flink, und Vögel auch,
als gehörten sie alle dem Himmel.
Oft seh' ich ihm zu –
seine geduldige Hoffnung,
aus verbrauchten Rebwurzeln
immer noch – wie ein Wunder –
diesen Rausch zu zaubern,
perlend und rot
in der Sonne leuchtend.
Sein eigener Wein –
als gälte es, sein eigenes Leben
damit zu bestätigen. . .
Bis er dann selbst erlischt.

VIII. Oktober

**Palmen im Dorf, Gitarren am Meer,
die Jagd beginnt mit Hunden.**

Zum Radfahren ist es zu windig. Ich schwinge mich aufs Moped. Die gute alte Mobylette, Modell Campera, ist das beste Moped, das ich kenne. Speichenräder, ein anständiger Tank zwischen den Beinen, da kommt keine der modern gestylten Maschinen mit. Stabil genug für zwei Personen ist sie auch,

Mit der guten alten Mobylette kommt keine der modern gestylten Maschinen mit.

obwohl das Fahren zu zweit verboten ist, schon immer war. Aber früher krähte kein Hahn danach. Die Bauersleute fuhren zu zweit, Bäuerin mit gerafftem Trachtenrock im Damensitz hinten drauf, entweder auf der langen Sitzbank oder auf einem Kissen, gefüllt mit Schafwolle.

Von all den fünfhundert oder tausend Ausländern auf Formentera fährt nur ein einziger Motorroller, und der ist Mathematikprofessor. Ansonsten setzen sich nur Touristen auf die Roller. Die kleinen Räder sind für die Holperwege und sandigen Pfade denkbar ungünstig. Die Inselärzte Dr. Pedro Pizá und Dr. Luis Martin könnten ein Lied davon singen. Von der roten antiseptischen Tinktur für Schürfwunden verpinseln sie Mengen, als wären sie Anstreicher im Akkord; und nähen können die beiden besser als manch eine der Inselnäherinnen.

Seit neuestem müssen auch Mofafahrer einen Schutzhelm tragen. Bis jetzt halten sich nur wenige an die Vorschrift. Doch nach einer Schonfrist werden Polizisten vom Festland eingesetzt, und die kennen kein Pardon. Die Strafen sind höher als in Deutschland: Fahren ohne Helm kostet zweihundert Mark, ohne Gurt dreihundert, falsches Parken kann noch teurer kommen.

Toni hat eine Erklärung dafür: »Die brauchen das Geld, um die Verschönerung zu bezahlen.«

»Aber die Palmen waren nicht sehr teuer, und die uralten Olivenbäume soll die Gemeinde gar umsonst gekriegt haben.«

Ich überquere den funkelnagelneu gepflasterten Kirchplatz, setze mich auf eine der funkelnagelneuen Bänke. Die alte Wehrkirche ist neu verputzt und frisch geweißelt. Nur die alte Post hat sich nicht verändert.

Ich gehe hinein. Da steht der museumsreife Fernschreiber, da hängt der Holzkasten mit den postlagernden Briefen. Ein Mädchen fragt nach dem Namen Jäger. Natürlich guckt der

Postmann unter dem Buchstaben Y nach, so wie er regelmäßig für Berger unter V nachschaut, schließlich spricht er die
Stadt Valencia ja auch Balencia aus, mit ganz weichem B.

Drei Briefpakete hat er durchgesehen, für einen einzigen
Kunden. »*Nada*«, sagt er, nichts dabei. Weitere Ausländer
mit so komischen Namen wie Esmit (Schmid) oder Muljer
(Müller) umlagern den Mann, aber er verliert seine Ruhe
nicht. Er weiß, diesem Morgen folgt ein neuer, und so sehr er
sich auch beeilt, nach diesem Kunden kommt ein anderer.

Vor dem Bürgermeisteramt spricht mich der Dorfpolizist
an. Ich solle bei Gelegenheit die Müllgebühr für die letzten
drei Jahre bezahlen. Er sagt das so aus dem Gedächtnis; auch
die anderen Residenten sind dort gespeichert. Ein Gedächt-
niswunder? Oder Tradition? Zu Francos Zeiten, sagen die
Alten, wußten die Zivilgardisten alle persönlichen Daten der
Insulaner, »bis hin zum Hochzeitstag«.

Einmal dabei, will ich auch gleich die Steuerplakette fürs
Fahrrad bezahlen. Doch mein Rad ist nicht im Gemeindecom-
puter. Das neue elektronische Gehirn speichert eben längst
nicht so zuverlässig wie der Kopf eines alten Zivilgardisten.

Ich schlendere über die funkelnagelneuen Platten der Fußgängerzone. Bäcker Manolo macht immer noch das beste
Weißbrot, sein Dobermann liegt mehlbestäubt an seinem
angestammten Platz. Doch die neue Situation scheint ihm
nicht zu gefallen; weit und breit ist kein Autoreifen in Sicht,
nach dem er schnappen könnte. Unter den frisch gepflanzten
Mimosenbäumen haben Kunsthandwerker ihre Tapezierti-
sche aufgebaut. Ich biege rechts ab. Am Haus des alten Pep
vorbei, der mit Stolz auf seine anarchistische Vergangenheit
zurückblickt und auch heute noch, obwohl über neunzig,
seine Gartenmauer mit politischen Parolen verziert.

Links das Gemüsegeschäft der beiden Brüder, wie alle
sagen, und daneben der Einheimischen-Metzger, wie man

Das alte Rathaus hatte seinen Charme.

ihn im Unterschied zum Touristen-Metzger nennt. Ein Haus
weiter das Fischgeschäft mit seiner alten Fassade, gegenüber
ein neuer Kasten mit Arkaden, wo vorher eine Finca stand.

Schon wahr: Ich muß jetzt aufpassen, nicht in das Gejam-
mer zu verfallen, alles Neue sei schlecht. Der Ort ist sauberer
geworden, zugegeben, aber schöner? Wer ein Jahr lang nicht
da war, soviel steht fest, der reibt sich die Augen.

»*Hola*!«

Ich drehe mich um. Ein gellender Pfiff, heiseres Lachen. Wieder einmal bin ich reingefallen, auf den Papagei über Juans Kramladen. Der Bursche ist umwerfend, pfeift den Mädchen hinterher wie ein andalusischer Bauarbeiter. *Hola*, Loro, schön, daß du noch da bist!

Ich fahre nach LA SAVINA zur Tankstelle, der einzigen der Insel. Neuerungen auch hier. Für Mofas gibt es jetzt eine Zapfsäule mit Münzeinwurf. Wie langweilig! Kein Gespräch mehr mit dem Tankwart, nur Münzen einwerfen, Zapfpistole

Früher war das Tanken in La Savina ein Erlebnis.

in den Tank stecken, fertig. Dagegen war das Tanken früher ein Erlebnis.

Die alte Besitzerin pumpte den Sprit mit einem Schwengel in einen Behälter, wo das für die Mischung nötige Öl erst hinzukam. Jeder Pumpenschlag ein halber Liter, alle Kunden zählten in Gedanken mit: 14 Schläge, also sieben Liter – oder waren es doch nur dreizehn gewesen? Nein, nein, keine üble Nachrede, sie hat sich wirklich nur äußerst selten verzählt.

Irgendwann wurde diese handbetriebene Mischanlage ausgewechselt, und Vicente, der Sohn der Besitzerin, übernahm das Tankgeschäft, mit großen Plänen. Nur wenige Schritte neben den Zapfsäulen machte er das Restaurant Gasolina auf. Vicente war in Deutschland gewesen und hatte dort die Autobahnraststätten gesehen: Immer voll, wunderbar!

Als Formenteras Autobahnraststätte partout nicht anlaufen wollte, hängte Vicente eine rote Laterne auf. Die Leute schmunzelten, mehr taten sie nicht, und auch dieser Service verpuffte.

Ein Tankkunde meinte damals: »Wer will es denn schon im Benzindunst treiben?«

Im Oktober kommen die ganz speziellen Besucher, meist Leute, die seit vielen Jahren zu den Stammgästen gehören. Sie wissen, daß das Wasser noch angenehm warm ist, daß die Kellner wieder zu Gesprächen bereit sind und daß die Residenten sich wieder über Besucher freuen.

Desirée schaut in Bernadettes Modelädchen vorbei. Wie nebenan Jorges Kräuterladen Puchi Puchi ist auch Bernadettes Boutique mehr als ein Geschäft, es ist ein Treffpunkt der Eingeweihten. Die sprachgewandte Schweizerin kann sich in fünf Sprachen unterhalten, und noch besser zuhören. Gelassen bedient sie ihre Kunden und läßt sich nebenbei von Desirée die Tarotkarten legen.

Bernadettes Modelädchen – Treffpunkt der Eingeweihten.

Kelche, Münzen, Schwerter – Desirée deckt den Ritter der Stäbe auf, einen sehr abgegriffenen. Ihre Karten sind nicht ganz so alt wie sie selber, aber auch nicht viel jünger. »Jupiter bringt dir neue Erfahrungen und neue Zustände«, sagt die Holländerin, schiebt die Karten zusammen und wickelt sie in ein Seidentuch, »weil sonst die Kraft verlorengeht«.

Desirée vertraut auf die Kraft der Karten und auf ihre Vorahnung; wie damals, als sie, aufgescheucht durch ein inneres Warnsignal, eine Feier verließ und nach Hause rannte. Und tatsächlich erwischte sie in ihrer Finca einen

Einbrecher. Sie geriet nicht in Panik, schloß kurzerhand den Kerl ein und holte die Polizei. Als die Beamten die Tür öffneten, kam ihnen ein rußgeschwärzter Typ entgegen. Der Einbrecher hatte versucht, durch den Kamin zu entkommen, der jedoch in den Bauernhäusern nach alter Sitte mit einem Gitterkreuz versperrt ist.

Nach Desirée ist ein Strand benannt. Viele Jahre kochte sie dort die besten Eintöpfe der Insel. Die Strandbude war so schmal, daß Desirée angeblich zum Umrühren immer den Topf nach draußen nehmen mußte. Doch der Mensch lebt bekanntermaßen nicht von Suppe allein. Eines Tages setzte sich Desirée hin und schrieb drei Gedichte, so ruckzuck nach Feierabend.

Sie ließ die Gedichte zusammen mit Bildern des Malers Peter Bombusch drucken und verkaufte sie nebst guten Ratschlägen und einer schmackhaften Suppe sozusagen als Gesamtkunstwerk der »Mamita de la playa« – so nannte sie sich selber, Strandmütterchen.

Noch sind die Sommerfarbtöne vorherrschend, Ocker, Braun, Siena und das Hellgrau der ausgewaschenen Steine. Bald aber deckt das Heidekraut seinen lila Blütenteppich über die Brachfelder, und die Meerzwiebeln schießen aus felsigem Boden. Ihre Knollen haben die Sommerhitze überdauert und genügend Kraft gespeichert, um nun eine anderthalb Meter hohe weiße Blütenrispe zu treiben.

Fast mannshoch wächst im schattigen Unterholz die Vielblütige Heide. Wie winzige Glöckchen hängen die rosa bis violetten Blüten an den dunkelgrünen Zweigen. In feuchten Ecken zeigt jetzt der Krummstab seine gebogenen Blüten und ein sattgrünes Blatt, das man viel eher im tropischen Regenwald vermuten würde. Die schlauchartige, einer Frauenschuhorchidee ähnelnde Blüte wirkt wie eine Falle. Ist eine

Fliege dort hineingeschlüpft, verengt sich die Blüte und läßt
den Eindringling erst am anderen Morgen wieder hinaus,
wenn er durch seine Befreiungsversuche die Blume bestäubt
hat.

Die Früchte des Granatbaums, soweit noch nicht gepflückt,
brechen jetzt auf und zeigen ihre roten Fruchtkerne. Von
Grün zu Violett verfärben sich die reifen Oliven. Früher war
dies die Zeit, da die Bauern die Früchte mit langen Stangen
von den Bäumen schlugen und zur Ölmühle trugen.

Die alte *truy* stand bei PORTO-SALER. Ein Esel bewegte den
schweren Mahlstein, der die Oliven zu Mus zerquetschte. Der
Früchtebrei kam anschließend in runde Behälter aus Espartogras, die entweder mit Hilfe einer riesigen Drehpresse oder,
noch älter, durch das Gewicht eines mächtigen Balkens aus-
gepreßt wurden.

Vor ein paar Tagen konnte ich wieder den alten Mann
beobachten, der wie jedes Jahr um diese Zeit die schon leicht
schrumpeligen Oliven vom Boden sammelte.

Nach anderthalb Stunden machte er sich wieder auf den
Rückweg zum anderen Ende der Insel; am Fahrradlenker
zwei Plastiktüten mit Oliven, die er in der modernisierten
Ölmühle nahe dem Fußballplatz bei San Francisco abgeben
wird, um dafür eine Flasche frisch gepreßtes Olivenöl zu
erhalten – ein Liter Öl für einen Nachmittag Arbeit.

Für die Mittelmeerbewohner ist der Ölbaum so etwas wie
ein heiliger Baum. Wahrscheinlich brachten schon die Phönizier den kultivierten Ölbaum, der mit kargem, steinigem
Boden zufrieden ist, nach Formentera. Der Baum wächst
langsam und kann viele Jahrhunderte alt werden. Je älter,
desto eigenwilliger sind seine Umrisse, die im Mondschein
das Aussehen von Fabelwesen annehmen. Die besonders
bizarren Formen entstehen durch Pfropfungen, hat mir der
alte Mann erzählt. Bäume, die zu alt sind, werden abgesägt

und in der Schnittfläche mit vier Trieben aufgepfropft. Nach Jahren hat es den Anschein, als wachse ein Baum mit vier Stämmen.

Bis in die fünfziger Jahre war das Olivenöl für die Inselbewohner so wichtig wie das Brot. Das hat sich geändert, doch eigenwillig beharren viele Hausfrauen auf selbsteingelegte Oliven. So macht es Maria:

Sie legt die grünen Oliven auf ein Brett und gibt ihnen einen Schlag, so daß sie platzen. Die gespaltenen Früchte gibt sie in eine Salzlake, die sie ein- oder zweimal wechselt, um ihnen die Bitterstoffe zu entziehen. Beim letzten Mal läßt sie die Oliven im Krug, gibt frisches Fenchelkraut hinzu, Blätter vom Zitronenbaum, eine Zehe Knoblauch, eine zerteilte Pfefferschote und Thymian.

»Die Hippies kommen!« Aus Amigos Mund klang das wie: Die Hunnen greifen an.

Ich wende ein, daß es die Hippies nicht mehr gibt, nirgendwo auf der Welt, auch nicht auf Formentera.

»Doch, doch, komm mit, Jungchen!«

Im Eilschritt zur PLAYA MIGJORN, wo wir sehen, wie aus einem französischen Kastenwagen acht Männer und zwei Mädchen steigen. Sie ziehen sich aus, werfen ihre Gitarren ins Meer. Die Wellen treiben die Holzkörper zurück an Land. Die Jungen und Mädchen springen nun selber ins Wasser, greifen nach den Gitarren, spielen imaginäre Soli, führen sich insgesamt wie toll auf. Einer ruft: »Noch eine Woche, dann ist es geschafft.«

Was Amigo für Hippies hielt, ist eine Gruppe von jungen Leuten, die im Urlaub ihre eigene Gitarre basteln. Die Werkstatt befindet sich in San Fernando. In dem weißgetünchten Gebäude war einst eine Spielhalle, später ein Mofaverleih. Dann, vor ein paar Jahren, zogen dort drei Deutsche ein, allesamt Musiker und vor allem Formentera-Fans. Sie brachten eine Busladung Werkzeuge und Maschinen mit und hängten draußen neben der grüngestrichenen Tür eine Gitarre mit den Umrissen der Insel und dem Schriftzug »Formentera Guitars« auf.

Mitbegründer Atze Rockinger ist inzwischen zurück zu Frau und Tochter und Gitarrenfabrik, die beiden anderen, Ekkehard Hoffmann und Thomas Stratmann, blieben auf ihrer »Trauminsel«. Als ich sie jetzt begrüße, drücken sie mir einen Prospekt in die Hand, in dem von Pickups und schwarzer Hardware, Body und Binding die Rede ist, für mich britische Dörfer. Beim nächsten Kursus schaue ich mir das mal an.

Aus der Werkstatt dringt das Kreischen einer Bandsäge, und es duftet nach exotischen Hölzern. Die Kursteilnehmer stehen an den Werkbänken, vor sich haben sie Werkzeuge und Bohlen aus Mahagoni oder Ahorn. Aus diesen Grundplatten sollen innerhalb von zwei Wochen E-Gitarren und Bässe entstehen. Dazwischen liegen noch einige Stunden Theorie im Gitarrenbau und natürlich viele Stunden Arbeit: Hobeln und Sägen, Fräsen, Schleifen und Polieren, bis hin zum Verlöten der Tonabnehmer, Pickups, wie ich jetzt weiß. Gitarrenschüler ohne handwerkliche Begabung werden von Thomas Stratmann, einem Berufsschullehrer, an die Hand genommen. Die Atmosphäre ist locker, die Arbeitszeit dem südlichen Rhythmus angepaßt, drei Stunden vormittags, drei Stunden abends.

Nach einer Woche fährt die Gruppe zum Pirata-Bus, um hier die eigenhändig gewerkelten Gitarrenkörper zu »wässern«. »Das gibt«, sagt Thomas, »den typischen Formentera-Sound.«

Einige Tage später dringt Gitarrenmusik an mein Ohr, ein Stück von den Dire Straits. Hinter dem Kap geht die Sonne unter, über den Mola-Hügel schiebt sich wie ein riesiger Kupfergong der pralle Mond. Die Pauschaltouristen stehen längst unter der Dusche oder an der Hotelbar. Ich weiß, dies ist die Stunde, da Pascual am Pirata-Bus seine Lieblingsplatten auflegt. Doch was ich höre, ist Live-Musik. Ich laufe durch den Wald, und je näher ich komme, desto weniger hören sich die Gitarrensoli nach Mark Knopfler an.

Dann sehe ich die Musiker. Es sind die Kursteilnehmer, die sich am Abend vor ihrer Abreise noch einmal am Strand getroffen haben, zum ersten Zusammenspiel mit den selbstgebauten Instrumenten. Eine Flasche Rotwein kreist, und mit jedem Schluck verbessert sich das Spiel. Mit dem Mondlicht als Beleuchtung, begleitet vom Wind und Wellenrauschen klingt es wirklich nicht schlecht.

Diese Stimmung war es, die Musiker wie Chris Rea und Wolf Biermann angelockt hat. Lange vor ihnen sang Peter Sinfield von King Crimson »Formentera Lady«. Und die britische Gruppe Pink Floyd ließ sich hier zur Filmmusik von »More« inspirieren, einem Drogenfilm, den der Franzose Barbet Schroeder auf Ibiza drehte. Das war Ende der sechziger, Anfang der siebziger Jahre. Doch die Anziehungskraft blieb. Als Robert Plant von Led Zeppelin vor einiger Zeit auf Ibiza eine Platte aufnahm, kam er nach Formentera, schaute sich um und sagte: »Man, you are living in a fucking paradise.«

In der Umgangssprache der Altrocker wahrhaftig ein Riesenkompliment an die Insel.

Tomás will als Bio-Bauer sein Glück machen. Als erstes hat er eine Musikanlage mit schrankgroßen Lautsprechern installiert. Er will seine Salatpflanzen mit Mozart beschallen.

Noch ist kein Schuß gefallen, aber ich weiß, die Jagdzeit ist angebrochen. Heute morgen weckte mich das Gekläff einer

Hundemeute. Monate waren sie eingesperrt, jetzt sind sie los, die Jagdhunde.

Es gibt auf den Pityusen eine eigene Hunderasse: Der Podenco Ibicenco ist halbgroß, extrem schlank, sehnig, hat kurzes rostbraunes oder sandfarbenes bis nahezu weißes Fell, große Tütenohren, eine lange Schnauze, ist gutmütig, ja scheu und äußerst schnell. Seit altersher, angeblich schon zu Zeiten der Phönizier, wird diese Rasse eigens für die Kaninchenjagd gezüchtet. Auch wenn man mehr auf seiten der verfolgten Mümmelmänner steht, kann man den Hunden eine gewisse Achtung nicht absprechen. Sie verstehen ihr Handwerk.

Mit der Nase knapp überm Boden streifen sie durch das verwilderte Weinfeld. Sie nehmen die Duftspur eines Kaninchens auf, überraschen es beim Frühstück. Das Karnickel flieht in langen Sätzen. Es ist schnell, die Meute schneller.

Schon sind die Hundefänge dem weißen Puschelschwänzchen nahe, da schlägt das Karnickel einen Haken und entkommt in einen dichten Mastixbusch. Die Hunde umkreisen das undurchdringliche Gebüsch. Vor Eifer, aber auch, weil sie sich an den spitzen Ästen stoßen, jaulen sie auf und winseln.

Jetzt ist ihr Herr an der Reihe. Er wirft Steine in den Busch. Das Kaninchen, in Panik, kommt heraus, und fachmännisch treiben es die Hunde ihrem Herrn zu. Jetzt – nie würde es das Kaninchen bis zum rettenden Unterschlupf schaffen – jetzt käme der Schuß, das Ende.

Doch der Jäger hat sein Gewehr nicht dabei, denn noch ist die Jagd lediglich mit Hunden erlaubt. Dafür aber hat er gestern die Höhle mit Steinen und Reisig verschlossen. Also doch Mümmelmanns Ende? Nein! Gestern abend hat jemand die Höhle wieder frei gemacht. Zwar kann man das Jagen nicht verbieten, aber man kann den Karnickeln zumindest eine Chance geben.

Die Jagd mit dem Gewehr beginnt etwas später. Die kleinen schwarzweißen Schildchen, die man überall an Bäumen und Zäunen sieht, besagen *coto privado de cazar*, privater Jagdgrund.

Das Thema Jagd ist absolutes Reizthema. Es gibt auf Formentera so viele Jagdflinten wie es Männer gibt. Nicht alle Jäger sind auch Weidmänner. Ein Resident drückte es mal so aus: »Die schießen auf alles, was sich bewegt und keine Räder hat.«

Natürlich ist das, wie alle griffigen Formulierungen, übertrieben. Doch ich habe gesehen, wie ein Mann jäh seinen Wagen anhielt, den Kofferraum öffnete, eine Flinte herausriß und auf einen der Kiebitze schoß, die auf der langen Reise von Europa nach Afrika auf der Insel Rast machen. Auf die Frage, warum er das getan habe, sagte er: »Wollte mal sehen, was das für ein Vogel ist mit diesem komischen Federbüschel auf dem Kopf.« Damit ließ er den Kiebitz fallen.

Ich weiß, sie haben es schon immer getan, nämlich gejagt. Aber früher hatten sie Hunger, Fleisch war knapp. Doch warum hocken sich heute ausgewachsene Männer stundenlang in einen Unterstand nahe einem angelegten Wasserbekken, um durstige Vögel mit dem Klappnetz zu fangen? Warum ballern sie in Singvogelschwärme?

Unsere Katze Luna lebt mit sieben Schrotkugeln im Fell, andere Katzen sind nicht wiedergekommen, ein Dutzend in all den Jahren. Hans Giffhorn, der das sehr schöne Buch »Ibiza – ein unbekanntes Naturparadies« geschrieben hat, bezeichnet die einheimischen Jäger am Buchanfang noch als »sehr flexibel«. Ein paar Seiten später wird der Göttinger Professor dann aber ziemlich deutlich, wenn er sagt: »Noch vor einigen Jahren gab es an mehreren Felsküsten Ibizas

Kolonien der bis zu drei Meter langen Mönchsrobbe, in den
Wäldern jagte der Steinmarder, und über die Garigue hop-
pelte der Feldhase. Wohl vor allem dank der Jagdleidenschaft
der Ibizenkos sind diese Tiere heute von den Pityusen verschwunden.«

Ich höre schon Tonis Einwand, daß es immer die Auslän-
der sind, die meckern. Und gut kann ich mir vorstellen, daß
den Formenterensern dieses Einmischen der Ausländer in
Angelegenheiten der Insel auf die Nerven geht. Als der auf
Mallorca und Menorca sehr erfolgreiche Umweltverein G.O.B
(Grup Balear d'Ornitologia i Defensa de la Naturalesa) auf
Formentera zu einer Versammlung rief, kamen dreißig Leute.
Davon waren 29 Ausländer, der eine Spanier aber war vom
Festland. Bei den Einheimischen das Interesse zu wecken,
war nicht leicht. Als das geschafft war, unterhielten sich auf
den folgenden Versammlungen die neuen Mitglieder so lange
in ihrem Inseldialekt, bis die Ausländer wegblieben.

Auch ohne die ausländischen Residenten tut sich was. Die
Leute vom G.O.B. werden bei neuen Projekten angehört, die
Lehrer in den Schulen leisten Aufklärungsarbeit. So etwas
wächst nur langsam. Ob die letzten Flamingos, die Kiebitze,
die eifrig bejagten Singdrosseln das überleben, ist eine
andere Frage.

Mein Freund!
Das Inselleben plätschert so vor sich hin. Sexy Renée ver-
suchte, mit einem Strip im Lokal Cizaña die Szene zu
beleben, blieb aber mit ihrer Entkleidungskunst recht halb-
herzig. Eher höflich war der Beifall der Zuschauer, unter
ihnen auch jener Fischer, der mit einer Tritonmuschel die
Sardinen ausruft. Fast gelangweilt ließ er seine Kippe von
einem Mundwinkel zum anderen wandern. Mehr als Renée
zeigen inzwischen die spanischen Illustrierten, in die er

seine Fische nach altem Brauch einwickelt. Für die »Insel Zeitung« konnte ich Renée wenigstens noch ein paar Kernsätze aus ihrem Buch »Alle meine Männer« entlocken: Die Deutschen verglich sie in puncto Liebe mit Motorrädern – erster Gang, zweiter Gang, dritter Gang und Schluß.

Vielen Dank, daß Du mir den Redakteur ins Haus geschickt hast, der mit der Absicht nach Formentera gekommen war, ein Inselblatt herauszugeben. Ich habe ihn gefragt, ob er Spaß haben wolle. Ja, hat er gesagt, eine Ferienzeitung zu machen, das sei ein Traum von ihm, so wie Frauen davon träumen, eine Boutique im Süden aufzumachen. Ob er denn mit dem Blatt auch Geld verdienen wolle.

»Ja, klar!«

»Wie?«

»Mit Anzeigen selbstverständlich.«

Selbstverständlich ist das keineswegs, vielmehr ist es so: Im Frühjahr hat keiner der ausländischen Anzeigenkunden etwas auf dem Konto. Im Sommer aber wollen sie nicht werben, weil der Laden sowieso brummt. Kommt der Herbst, heißt es: Jetzt lohnt es sich nicht mehr, die Besucher verlassen die Insel. Und im Winter muß sich jeder Anzeigenverkäufer schon in der Tür ducken, damit ihm nicht ein harter Gegenstand an den Kopf fliegt.

Mein Freund, der letzte Verleger der »IZ« hat einige zigtausend in das Inselblatt hineingesteckt. Dafür haben die Jungs in der Redaktion auch in jeder Ausgabe einen Artikel über ihn gebracht. Das war der Lohn! Nicht einmal Karl Friedrich Wächter, dem wir so manchen Cartoon stibitzten, hat jemals Honorarforderungen gestellt.

Und ich? Ich sitze hier mit einem Honorarscheck, den keine Bank einlösen will. Denn wieder einmal ist das Ende der Saison auch das Ende der »Insel Zeitung«. Dabei hatte es so gut angefangen. Als ich mich in der Redaktion in Palma de Mallorca meldete, fragte mich der neue Verleger, wie ich anreise. »Nun«, sagte ich, »mit dem Mofa bis zum Hafen La Savina, von dort mit dem Schiff eine Stunde nach Ibiza, weiter mit einem Taxi zum Flughafen, zwanzig Minuten Flug, und noch einmal eine halbe Stunde mit dem Taxi. Um sechs bin ich aufgestanden, jetzt ist es drei Uhr nachmittags.«

Der neue Verleger schritt in seinem neuen Büro auf und ab. Endlich blieb er stehen, sah auf seine Rolex, sah mich an und sagte: »Eine Zeitung lebt davon, daß die Mitarbeiter schnell zur Stelle sind.«

Ich nickte und dachte, jetzt bist du als Reporter der Ziegeninsel gefeuert, sieben Stunden Anmarsch sind nun mal ein bißchen viel.

»Wir werden Sie demnächst mit einem Hubschrauber von Formentera abholen.«

Die Jungs von der Redaktion feixten. Zu Recht, nie ist je ein Hubschrauber auf Formentera gelandet, um mich abzuholen. Dafür aber habe ich jetzt diesen Scheck in der Hand, den ich mir rahmen lassen kann, als schöne Erinnerung.

Soviel zur Arbeit, mein Freund, nun zum Vergnügen. Bei der letzten Strandfeier an der Playa Illetas ist die Jacht des Playmobil-Herstellers abgetrieben. Freunde von mir haben das teure Schiff auf hoher See gefunden. Nach internationalem Seerecht hätten sie das Spielzeug des Spielzeugherstellers beanspruchen können. Hätten, taten sie aber nicht, wollten doch keine Spielverderber sein.

Was noch? Berti Vogts war hier zu einem Jugendturnier. Vor Jahren hatte er den »Trofeo Formentera« gestiftet, einen Pokal für A-Jugend-Mannschaften. Seitdem ist Formentera wohl der einzige Platz in der Welt, auf dem Berti

Vogts' Stern heller strahlt als der von Franz Beckenbauer. In der Kneipe Sa Volta hängen seine Fotos gleich neben dem Bildnis des spanischen Königs.

Die Füße im Wasser, Seegras in den Ohren, auf dem Rücken liegen und in den blauen Himmel starren. Der sommerliche Hitzedunst ist verschwunden, die Sicht wird weit. Der Herbst ist die Zeit der dramatischen Wolkenbilder. Vom Kap Barbaria schieben Wolken ihre Kamelhöcker über den Horizont. Ein dunkelgraues Löwenmaul erscheint, frist weiße Lämmerwolken, wird dick, gelb, böse. In einer Stunde werden wir das schönste Gewitter haben.

Es dauert keine zwanzig Minuten. Wie Bleigewichte fallen die Tropfen ins Meer, in die Wege mit dem mehlig feinen Staub reißen sie kleine Krater, auf den staubbedeckten Feigenblättern bilden sich Rinnsale. Die ersten Regentropfen seit drei Monaten – die ganze Insel überläuft ein Schauer des Wohlgefühls.

Die ganze Insel? Nein, die Besucher ziehen Schnuten. Sie wollen nicht einen einzigen Sonnentag missen. Doch diesmal nimmt der Wettergott keine Rücksicht. Blitze zucken, dann gießt es in Strömen. Die ausgetrocknete Erde kann die Wassermassen gar nicht aufnehmen, es bilden sich Bäche und Pfützen. Nicht weniger als drei Gewitter wetteifern miteinander; es gibt ja auch soviel nachzuholen.

Dreihundert Sonnentage zählt die Statistik übers Jahr auf den Balearen; Formentera hat noch ein paar mehr. Die Wolken, die sich in Mallorcas Bergen festkrallen, die sich auch schon mal über den Hügeln von Ibiza ausregnen, diese Wolken ziehen über das flache Formentera hinweg. Weniger Regen, dafür sind die durchschnittlichen Temperaturen um ein, zwei Grad höher als auf den Nachbarinseln. Obwohl die balearischen Schwestern sehr eng beieinander liegen, sind sie doch sehr verschieden: Das grüne Menorca scheint fast eine nordische Insel zu sein, während Formentera afrikanisch anmutet.

Das Gewitter zieht weiter, schlagartig hört der Regen auf. Die Luft dampft, und es riecht herrlich nach regennasser Erde. In den Olivenbäumen, deren Blätter jetzt wieder silbrig glänzen, zetern die Spatzen. Sie verteidigen ihr Revier gegen die Singvögel, die auf der Durchreise nach Afrika sind.

Der markanteste der einheimischen Vögel ist der zebragestreifte Wiedehopf. Flach fliegt er über das Land, klappt beim Landen seinen prächtigen Kopfputz wie Bremsklappen auf und ruft sein charakteristisches »Hupupup«, weshalb ihn die Einheimischen Puput nennen. Nesträuber machen um den Wiedehof einen großen Bogen; die alten Hopfe verspritzen eine stinkende Flüssigkeit und die jungen bewerfen Angreifer mit Kot.

Wo kommen sie so schnell her? Schmetterlinge wippen plötzlich auf allen Blumen, Bäumen und Sträuchern. Der Admiral, schwarz mit roten Streifen, bevorzugt Disteln, umflattert aber auch die Feigenbäume. Der Kleine Fuchs sucht, was Menschen meiden, den Kontakt zu Brennesseln. Star unter den bunten Gauklern ist mit seinen acht Zentimetern Flügelspanne der Schwalbenschwanz. Weit verbreitet sind die kupfergescheckten Distelfalter. Von Afrika flattern sie herüber, rund zweihundertfünfzig Kilometer übers Wasser, falls sie den kürzesten Abstand wählen. Beachtlich, aber für Distelfalter ist das die leichteste Übung. Nur die Faulpelze unter ihnen bleiben hier, die reiselustigsten flattern weiter bis nach Norwegen.

Himmelblau sind die Gemeinen Bläulinge, aber nur die Männchen, die Weibchen kommen in gedeckten Brauntönen. Sicherheit ist ihnen wichtiger als leuchtender Putz. Es geht ja nicht nur um den eigenen Schutz, sondern auch um den des

Nachwuchses. Ihre Eier legt die braune Bläulingsdame auf die Thymianblüten. Da finden die frisch geschlüpften Larven dann gleich ihre Lieblingsspeise.

Fressen, fressen, noch mal fressen – dann verpuppen. Denn Höheres steht der schwerfälligen Raupe schon im Sinn. Sie löst sich in der Hülle auf und entwickelt sich zum luftig leichten Schmetterling. Es gibt einheimische Arten, die bis zu viermal im Jahr für Nachwuchs sorgen. Da muß so ein Falter, um einen Partner zu finden, schon ganz schön herumflattern. Die mit Adern durchzogenen Flügel sind mit Chitinschuppen besetzt wie ein Paillettenkleid. Farbpigmente lassen das Sonnenlicht brechen und machen den Schmetterling zu einem gaukelnden Signal. Klappe auf: Hier bin ich. Klappe zu: Wo bist du? Manche dieser flatterhaften Damen geben ihren nun doch wirklich schon auffälligen optischen Reizen noch eins drauf, indem sie ein Parfüm versprühen, das die Männchen über weite Entfernung mit ihren Fühlern erschnuppern.

Finden sich zwei, die sich mögen, dann tun sie es. Die Weißlinge, von ihnen gibt es hier sehr viele, schwingen sich dabei hoch und höher ins Himmelsblau. Doch nur einer von ihnen bewegt die Flügel, der andere läßt sich tragen.

IX. November

Höhle ohne Wiederkehr,
Mutschmanns Reise ohne Ende.

Im Norden klingt der Name dieses Monats nach Nebel, Nieselregen und traurigen Festen. Auf Formentera nennt man den November auch den kleinen Sommer. Das Wasser ist noch so warm, wie es an der Nordsee kaum im Hochsommer wird; zwischen 18 und 20 Grad. Denn das Mittelmeer wirkt wie ein riesiger Speicher, der nur langsam seine Wärme abgibt. Die Luft ist gerade so warm, daß man sich wieder über die Sonnenstrahlen freut. Und wichtiger noch: Erst jetzt, nachdem die Reisewelle verebbt ist, stimmt die Aussage vom »Paradies der Einsamkeitssucher« wieder, wie Formentera in frühen Reiseprospekten genannt wurde.

Der Wald von Mastspitzen, der im Sommer die Bucht von ESPALMADOR ziert, ist verschwunden. Ein einsamer Segler ankert nahe dem weißen Strand, Strandläufer und Nixen sind wieder unter sich. Espalmador ist eine der wenigen Inseln, die man zu Fuß erreichen kann. Man wandert über die felsige Nordspitze *Es Trucadors* bis zur *Punta Es Pas*. Strömungen verändern den sandigen Meeresgrund. Mal kann man den zweihundert Meter breiten Wasserarm durchwaten, mal muß man schwimmen.

Auf dem drei Quadratkilometer großen Eiland gibt es Dünen und einige Palmen, eine Lagune und eine Finca. Doch nicht etwa von den Palmen, wie manche glauben, hat die Insel ihren Namen, sondern von dem Wort *espalmar*, was soviel wie säubern und abdichten bedeutet. Fischer und Seeleute sollen in punischer Zeit die gutgeschützte Bucht der Insel aufgesucht haben, um ihre Schiffe in Ordnung zu bringen.

Der *Sarazenenturm* an der steilen Westküste steht an strategisch wichtiger Stelle. Von hier aus beherrschten die Wächter mit Kanonen, die im Jahre 1794 aufgestellt wurden, die Durchfahrt zwischen den Inseln. In diesen Gewässern fand der Kampf gegen den berüchtigten türkischen Piratenkapitän Aydin Drub statt, von den Formenterensern der Einfachheit halber *el Diablo*, der Teufel, genannt.

»Mein Stück Karibik vor der Haustür«, nennen Fahrtensegler Espalmador. Mit Fug und Recht von »mein« dürfte jedoch nur der Besitzer der Insel sprechen, die seit einem halben Jahrhundert in Privatbesitz ist. Damals soll der Ire Bernard Cinnamond Espalmador angeblich für umgerechnet sechstausend Mark gekauft haben, eine hartnäckige Legende, die das Bürgermeisteramt in San Francisco nicht bestätigen möchte. Heute liegen die Grundstückpreise zwischen 15 und 30 Mark je Quadratmeter, und die Zeit, da man ganze Inseln kaufen konnte, ist ohnehin vorbei.

Unter Naturschutz steht die östlich von Espalmador gelegene ILLA ESPARDELL. Wie einer dieser typischen Suppenteller aus gebranntem Ton ruht das Inselchen im blauen Wasser, flach, unbewohnt, nur mit Strauchwerk bewachsen. Sein Name leitet sich vom Espartogras ab, das früher hier geschnitten wurde. Nur ein halbfertiges Haus und die Ruine eines kleinen Turms stehen in der kargen Landschaft – und eine Badewanne. Das Haus, so erzählt man sich gern, habe ein selbstherrlicher Marinemensch ohne Genehmigung zu bauen angefangen. In der Badewanne aber, so erzählt man sich noch lieber, habe bei irgendwelchen Filmaufnahmen Gina Lollobrigida geplanscht.

In den Gewässern um Espalmador und Espardell, die Schauplatz vieler Kämpfe und die auch wegen der tückischen Winde gefährlich waren, können Taucher immer noch Amphoren und Keramikscherben aus punischer, römischer und islamischer Zeit finden. Vereinzelt sichten sie auch zwischen Sand und Seegras meterlange Steckmuscheln und, sehr viel häufiger, Sektflaschen, die bei Ausflügen geleert und über Bord geworfen wurden. Doch mit den organisierten Piratenfahrten ist es für ein halbes Jahr vorbei. Ende Oktober haben die letzten Pauschaltouristen die Insel verlassen.

Stille auch in den Inselorten. Die Ladenbesitzer in Pujols verkleben die Schaufenster mit Zeitungspapier oder streichen sie mit weißer Farbe, um die Sonnenstrahlen auszusperren. Die drehbaren Ständer mit Ansichtskarten, die Gittergestelle mit Taucherbrillen und Sonnenöl sind überall vor den Geschäften verschwunden. Pascual hat den Pirata-Bus abgebaut. Der Wind weht die Spuren des Sommers zu, Sand bedeckt Papierschnipsel und Limonadenflaschen.

Die Wellen schwappen Seegras an Land, die Bauern holen es, um damit ihre Felder zu düngen. Vom Seegras stammen die auffälligen Bälle, die der Wind dem Strandläufer wie im Spiel vor die Füße rollt. Diese Bälle aus den Fasern abgestorbener Halme, von den Wellen perfekt rund und recht hart gerollt, nennt der Volksmund Nonnenfürze.

Curro kommt vorbei. Er trägt einen Rucksack, und an seinem Gürtel baumelt eine Taschenlampe. »Klapp die Schreibmaschine zu«, ruft er, »wir machen eine Höhlenbesichtigung!«

Ich war einmal in der *Cova d'En Jeroni* bei SAN FERNANDO – bunt angestrahlte Stalaktiten und bunt angestrahlte Stalagmiten –, und das eine Mal hatte mir eigentlich genügt.

»Höhle ist was für Touristen«, sage ich zu Curro.

Er zeigt mir, was er im Rucksack hat: ein langes Seil, Wein,

Käse, Weißbrot und Lappen, um Knie und Ellbogen zu scho-
nen. »Glaubst du immer noch, daß ich in eine Touristenhöhle
will?«

Ich klappe den Deckel der Schreibmaschine zu, und schon
strampeln wir los.

Der Asphalt surrt unter unseren Rädern, wir recken die
Nasen in den Wind. Im November macht das Radfahren
wieder richtig Spaß. Es ist weder zu heiß noch zu kalt.

San Fernando kommt in Sicht, die Abzweigung nach CA
MARI und dahinter das Restaurant Tortuga. Da steht der

Der aztekische Sonnengott bewacht das Restaurant La Tortuga.

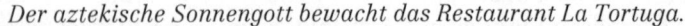

Die kleine Post bei San Fernando.

aztekische Sonnengott vor der Tür, doch den grünen Briefkasten, in dem die Gäste ihre Tischreservierungen stecken, hat die Besitzerin abgehängt.

Einst war das Restaurant eine Finca, in der Reis, Öl und Zucker, aber auch Petroleum für die Lampen verkauft wurde. Der Amerikaner Bruce machte aus dieser Tienda Formenteras erstes Tanzlokal. Getanzt wurde auf dem runden Dreschplatz aus gestampfter Erde. Bartolo Ferrer, heute Bürgermeister, und seine Frau Margit übernahmen später das Lokal.

Vor dem nächsten Haus steht eine plaudernde Gruppe. Wer nicht weiß, daß es sich um das Postgebäude von San Fernando handelt, wird sich fragen, was die Leute da machen. Die Post besteht nur aus einem kleinen Fenster, drinnen die Postbeamtin Señora Pilar, draußen die Kunden.

»Post, Tod und Liebe – alles in Familienhand«, erinnert mich Curro. »Jahrelang war Don Benito, der Schwiegervater von Pilar, der Postmeister, nebenher fuhr er den Leichenwagen und beförderte in seinem Taxi die Mädels von der Casa cuatro vientos.« Curro grinst.

Das sogenannte Haus der vier Winde ist nämlich unser allerliebster Inselpuff, wo Schäferstündchen in bargeldknappen Zeiten auch schon mal mit einer Hammelkeule entlohnt wurden. Dieses Freudenhaus bei Kilometer 9 inmitten von Getreidefeldern und grasenden Schafen, hat einen sehr diskreten Charme. Kein Wunder, daß immer wieder Familienväter mit ihren Sprößlingen auf eine Limonade einkehren.

Wir fahren weiter.

Möwen kreisen über dem Schulhof von San Fernando. Während der langen Sommerferien sah man nicht eine, jetzt kommen sie wieder in Scharen. Fast ohne Flügelschlag halten sie sich in der Luft. Den Kopf mit dem gelben Schnabel schräg, die hellen Augen auf den Boden gerichtet, hat es den Anschein, als lauschten sie auf das Pausenzeichen. Sie wissen, sobald die Kinder auf den Hof stürmen, fällt für sie etwas ab. Zwar haben Schokoriegel und Milchschnitten auch auf Formentera die Schulhöfe erobert. Doch noch immer kaufen die Kinder im kleinen Bäckerladen nebenan das klassische Frühstück: ein mit Olivenöl beträufeltes Brötchen.

Bei SAN FRANCISCO biegen wir ab und nehmen die Straße zum *Cap de Barbaria,* für die Bewohner nur kurz das Kap. Wir kreuzen den *Torrent de S'Alga,* einen Wildbach, der aber nur nach heftigen Regengüssen Wasser führt. Die Abzweigung zur *Cala Saona* lassen wir rechts liegen, fahren auf schnurgerader, doch leicht ansteigender Straße weiter. Die Hochebene des Kaps, mit dem *Puig Guillem* als höchstem Punkt, erhebt sich ganze 113 Meter über dem Meeresspiegel. Aber auf Formentera gilt das schon als Anhöhe. Wir beugen uns über die Lenker und stöhnen ein bißchen über die Anstrengung.

Rotbraune Ackerkrume taucht auf. Nach dem ersten großen Regen bearbeiten die Bauern den Boden. Schwärme von Möwen auch hier; sie stolzieren in den frisch aufgehäuften Furchen, picken nach Gewürm, streiten sich um die fetten Engerlinge.

Vorbei an den Stämmen mächtiger Aleppokiefern. Die Mandelbäume haben ihre Blätter abgeworfen, ebenso die Feigenbäume, die nun wie Schirme ohne Bespannung aussehen. Das Land wird steiniger, der freie Raum zwischen den Häusern größer.

Vor uns nun *Sa Tanca d'Alla Dins*, der große Steinwall, der die Südspitze des Kaps abtrennt. Wir durchqueren das Gatter, schließen es wieder hinter uns. Hinter dem Steinwall liegt kein einziges Haus, doch Schafe und Ziegen leben hier und verwilderte Hausschweine.

Curro holt aus seinem Rucksack Äpfel, die er bei den Wühlspuren als Köder auslegt. Wir verstecken uns hinter einem Steinwall, und nach kurzer Zeit tauchen die Schweine auf. Sie freuen sich über die Gabe, schmatzen, grunzen, dann verschwinden sie wieder.

Stille umfängt uns. Selbst die Singzikaden, die den heißen Sommer zersägt haben, sind nach dem letzten Regen verstummt. Auf dem kargen Boden wachsen nur niedrige Bäume, dafür Unmengen von Rosmarin, der seine blaßblauen Spitzen zeigt. Die Luft ist voll von dem harzigen Geruch, und auf fast jeder noch so unscheinbaren Pflanze sitzt ein Schmetterling.

Sanft neigt sich die Straße der Küste zu. Unsere Fahrräder kriegen Flügel. Dort hinten steht der Leuchtturm. Wir rasen auf ihn zu. Das flache, steinige Land fliegt an uns vorbei. Schemenhaft sind Steinkreise auszumachen, von denen man annimmt, daß sie von den Ureinwohnern für Kulthandlungen errichtet wurden.

Groß ist die Verführung, die Räder bis zu dem Punkt rasen zu lassen, wo es keine Umkehr mehr gibt, wo sich das Land jäh in die Tiefe stürzt. Nicht alle Besucher konnten der Versuchung widerstehen. Es ist vorgekommen, daß ein Motorradfahrer, so von Wind und Wahn getragen, auf den letzten Metern noch aufdrehte.

»Die kupfern-goldene Harley in weichem Bogen über den Klippen, einen Sekundenbruchteil wie reglos in der Luft... Dann die Dunkelheit darunter. Blauschwarz das Meer. Tiefe. Unendlichkeit. Die krachende Brandung verschluckte alle anderen Geräusche.«

So läßt Irene Rodrian ihren Roman »Über die Klippen« auf Formentera enden.

Wir bremsen ab, lehnen die Räder gegen die Leuchtturmmauer. Wenige Schritte nach rechts befindet sich ein Loch in der Felsplatte. Ausflügler steigen gern in die Höhle. Sie ist nicht viel größer als ein Wohnzimmer, hat aber einen phantastischen Panoramablick, und man kann auf eine Art Balkon treten und vor dem majestätischem Meer die Arme ausbreiten. Diese Höhle und der anderthalb Kilometer östlich gelegene Sarazenenturm sind die Anziehungspunkte am KAP BARBARIA.

Es gibt noch vier weitere Piratentürme. Doch der *Torre des Garroveret* auf dem Kap ist besonders gut erhalten. Über das ockerbraune Gemäuer streichen die Schatten der Wolken, die unter der Sonne vorbeifliegen. Seevögel, in den Klippen Ziegen, Geröll und ein unendlicher Himmel – dies könnte das

Ende der Welt sein, ist aber nur der südlichste Punkt der Insel.

Wir gehen die Steilküste entlang, Curro voran, ich vorsichtig hinterdrein. Er dreht sich um, sagt:

»Da ist sie, die Höhle, gleich neben dir.«

Ich blicke um mich. Nur Krüppelkiefern, die sich ins Gestein krallen, Dornbüsche, harte Gräser und Felsplatten, die bei jedem Tritt nachzugeben drohen.

»Ich sehe nichts.«

Er drückt die Zweige eines Busches zur Seite, und dahinter erscheint ein Loch im Felsen, nicht viel größer als der Eingang zu einer Hundehütte. Wir kriechen hinein. Drinnen knipsen wir die Taschenlampen an. Das Licht fällt auf die feuchtglitzernden Wände einer Höhle, so groß wie ein Weinkeller. Von diesem Gewölbe gehen mehrere Gänge ab. Curro hat sie erforscht. Die meisten führen in Sackgassen, einen hat er markiert.

Ich folge dem geisternden Schein seiner Lampe. Mal kann ich aufrecht gehen, dann muß ich mich bücken, hin und wieder geht es nur auf allen vieren weiter. Gut, daß wir uns Lappen um Knie und Ellbogen gewickelt haben. Stalaktiten und Stalagmiten glitzern im Schein der Taschenlampe, einige so fein wie gefrorener Schnürlregen, andere kräftig wie Elefantenfüße.

Die Höhlen, so hatte ich damals in der Cueva de Jeroni gelernt, entstehen durch versickerndes Regenwasser, und die Tropfsteine wachsen dadurch, daß sich Kalk ablagert. Für einen Zentimeter braucht die Natur rund hundert Jahre. Mit Ehrfurcht betrachte ich den Vorhang aus vier, fünf Meter hohen Zapfen.

Wunderschön und zerbrechlich! Nie würde ich, nie könnte ich – doch da ist Curro schon durch.

Auf dem Bauch und gewandt wie ein Schlange ist er in

einem Spalt verschwunden. Ich mache es ihm nach, weniger gewandt. Es geht noch um ein paar Ecken, durch einen Binnensee, und dann tut sich ein Gewölbe auf, hoch wie eine Kapelle. Am Ende steht sogar, einem Altar ähnlich, ein glattgeschliffener Felsblock.

»Kennst du die Legende von der COVA MALA?« fragt Curro, während wir uns ausruhen, und er beginnt zu erzählen:

Ein Pärchen vom Festland, das seine Flitterwochen auf Formentera verbrachte, hörte von dem Ruf der Cova Mala, der besagt, daß man die Höhle nur zweimal betreten dürfe. »Wer es ein drittes Mal wagt, muß unweigerlich sterben«, warnten die Einheimischen. Nun, unweigerlich stacheln solche Warnungen die Neugier an. Das fremde Pärchen, als ob es in den Flitterwochen nicht was Besseres zu tun gäbe, begab sich zu der Höhle. Kaum drinnen, wollte die Frau, unter dem Vorwand, sie habe ein Gespenst gesehen, wieder hinaus. Im Tageslicht verschwand ihre Furcht, und sie überredete ihren Mann, die Cova Mala ein zweites Mal zu betreten.

»Und?« frage ich Curro.
»Er tat es.«
»Der Trottel!«
»Warte ab!«

Die beiden gingen also, erhöhter Nervenkitzel, zum zweitenmal in die Höhle. Sie entdeckten Fledermäuse, die an der Decke hingen, von Gespenstern aber keine Spur, und kehrten um. Die Sonne schien wie zuvor, nichts hatte sich verändert. Oder doch? Voller Schreck stellte die Frau fest, daß sie in der Höhle ihren Halsschmuck verloren hatte.

Der Mann erinnerte die Frau an den Ruf der Höhle. Sie aber nannte ihn einen Feigling und wahrscheinlich noch mehr. Er weigerte sich noch eine Weile, doch gegen eine starke Frau ist ein Mann, Feigling oder nicht, machtlos. Er ging hinein, sie wartete. Als es dunkel wurde, lief sie ins Dorf und erzählte den Bewohnern von dem verloren Schmuckstück und von dem verschwundenen Ehemann.

Die Dorfbewohner begleiteten sie am anderen Morgen zur Höhle, ein paar Mutige gingen mit Fackeln hinein, fanden aber nichts, weder Mann noch Schmuck. Ob es die Blicke der Dorfbewohner waren oder der Drang, es genau wissen zu wollen – die Frau betrat die Höhle, und es war nun auch für sie das dritte Mal. Diesmal waren es die Bauern, die lange und vergeblich warteten; dann zogen sie los, um Männer zu finden, die noch nie oder erst einmal in ihrem Leben die Höhle betreten hatten. Man fand solche Männer, und diese Männer fanden den Leichnam der Frau. Ihr Schädel war in zwei Hälften gespalten.

»Und der Mann?« platze ich heraus.

»Der Mann erschien just in diesem Augenblick hinter einem Felsen, wo er, wie er beteuerte, die ganze Zeit verbracht hatte.«

»Ein Lügner, ein Mörder – sicher haben ihn die Leute auf der Stelle festgenommen.«

»Wieso denn? Er hatte doch das beste Alibi. Er konnte seine Frau gar nicht erschlagen haben, dazu hätte er die Höhle ja ein drittes Mal betreten müssen, was aber unweigerlich zu seinem Tod geführt hätte. Die Legende berichtet, daß die Frau eher kräftig und von Hause aus wohlhabend, der Mann hingegen zart und bis zu seiner Heirat mittellos gewesen sei. Als reicher Witwer kehrte er nun zum Festland zurück.«

»Wann war das?«

»Die Alten sagen, die Legende sei sehr viel älter, aber dieser Vorfall habe sich so um 1908 ereignet. Damals sei das Schiff ›Constante‹ die einzige Verbindung zur Nachbarinsel gewesen und die Überfahrt habe 75 Céntimos gekostet. – Was grinst du so?«

»Ich denke an die vielen Pärchen, die sich im Urlaub in die Wolle kriegen und ihren Partner in die hinterste Ecke einer Höhle wünschen. Und ich frage mich, ob die Leute noch heute an den Spuk der Cova Mala glauben?«

»Darauf sollte man sich nicht verlassen.«

Als wir aus unserer Höhle heraustreten, scheint grell die Sonne, Wasser und Himmel sind blau wie nie zuvor. Wir fühlen uns sehr lebendig.

Nebenbei bemerkt: Die Cova Mala befindet sich nicht auf dem Kap Barbaria, sondern an der Südküste der Mola. Doch dies gilt nicht als Tip zur Lösung von Eheproblemen.

Eines Tages saß er da und miaute, daß es einen Stein hätte erweichen können. Ein kleiner Kater, rotgetigert, noch mit dem langen flauschigen Babyfell und den blauen Augen, die alle jungen Katzen haben. Saß da mitten auf der Kokosmatte von unserem Hund Max, der nicht ohne Grund den Ruf eines rauhen Burschen hat. Das kleine Fellbündel hockte also da ganz nahe den gebleckten Wolfszähnen, schrie, fauchte, bukkelte, wich aber keinen Millimeter. Wo kam es her, wer hatte es bei uns ausgesetzt?

Wir stellten dem kleinen Kater diese Fragen, erhielten aber keine Antwort. Wir fragten, willst du Milch, und er antwortete laut und deutlich: Mach schon hin, aber bitte mit Schnuller, denn aus dem Napf kann ich noch nicht trinken!

Wir besorgten eine Spielzeugflasche mit Nuckel, und die Welt war für den kleinen Tiger in Ordnung. Er trank viermal am Tag. Wenn er nicht fraß oder schlief, dann prügelte er

Bei La Savina knüpft dieser Fischer sein Netz.

Oben: Fischerboote in La Savina.

Unten: Bootsschuppen in der Bucht von Es Pujols.

Die Salinen. *Oben:* Absperrungen zum Fluten.

Unten: Mit diesem Schöpfrad wurde das Wasser aus dem See in die Becken befördert.

San Francisco Javier. *Oben:* Die neue Fußgängerzone.

Unten: Das alte Rathaus und die Kirche.

Türmchen und Zackenmauer: der Friedhof bei San Francisco.

Fischerboote und Badegäste in der Cala Saona.

Nur auf Feldwegen zu erreichen ist die Platja Migjorn mit der schon legendären Strandbude „Pirata-Bus" (unten).

Jachten und Sportboote ankern sommertags am belebten Illetas-Strand.

Mariano ist der einzige, der für seine Körbe noch Espartogras verwendet.

Das Weißeln der Zisterne (oben) ist ebenso Frauensache wie das Ausnehmen der Fische (unten).

Oben: Viel Arbeit ist nötig, bis der Wein geerntet werden kann.

Unten: Bei der Matanza wird die Wurst noch nach altem Rezept hergestellt.

Hier werden die Trauben noch nach alter Tradition gekeltert.

Kunsthandwerkermarkt auf der Mola.

Oben: Nur noch bei Fiestas sieht man die traditionellen Tänze.

Unten: Bootsprozession bei der Fiesta del Carmen in La Savina.

Nur einmal im Leben blühen die Agaven.

sich, so klein er war, mit unseren anderen Katzen, obwohl die ihn nur beschnuppern wollten. Wer auch immer Tiger bei uns abgeliefert hatte – ein Mensch oder die Katzenmutter mit einem Pfotentritt –, der mußte ihm mit auf dem Weg gegeben haben: Das Leben ist hart, die Konkurrenz groß, kratz allem, was Fell hat, die Augen aus, entschuldige dich später!

Wenn wir ihn anfaßten, schnurrte er wie eine Nähmaschine, sobald sich ihm Artgenossen näherten, fuhr er die Krallen aus. Unseren angestammten Kater verjagte er, mit der Kätzin kriegte er Ärger, weil er ohne Umstände sofort an ihre Zitzen ging. Richtig schmusen konnte er nur mit langhaarigen Pullovern.

»Das Leben und dazu eine Katze: Das gibt eine unglaubliche Summe, ich schwör's euch!« Diese eindringlichen Worte schrieb Dichter und Katzenfreund Rainer Maria Rilko. Junge Kätzchen haben auf Inselbesucher eine schier unwiderstehliche Anziehungskraft, und manch einer nimmt so ein putziges Wollknäuel für die Ferienzeit auf, päppelt es hoch – und läßt es am Ende des Urlaubs zurück.

Gabrielet, Künstler und guter Menschenkenner, weiß, daß die Leute das, was sie umsonst bekommen, nicht sonderlich schätzen. Von einer Residentin, die zwei junge Katzen von ihm haben wollte, verlangte er je Tier drei Peseten. Anschließend ging er in die Bar Miguel und erzählte seinen Freunden, daß er gerade einer Ausländerin zwei Katzen verkauft habe, für richtiges Geld; dann bestellte er eine Runde.

Tomás will eine Grottendiskothek aufmachen. Die Idee ist nicht so originell, wie er glaubt. In der COVA DES ESTRIPS an der Ostküste der Mola steht sogar noch der Schaufelbagger, den die Bauherren vor Jahren zurückgelassen haben. Seinen biologisch angebauten Salat wird Tomás nicht mehr los, seit die Kunden festgestellt haben, daß Rauke wild auf der ganzen

Insel wächst und daß das Kaviarkraut bei ES CALÓ einen Sandberg überwuchert.

Im Sommer 1981 drehte der NDR auf Formentera »Mutschmanns Reise«. Diese Filmsatire über einen mißglückten Familienurlaub wurde im Oktober desselben Jahres gesendet. Im November brachte ich eine Videokassette mit und gab sie dem Besitzer der Apartamentos Impala, der alle möglichen Leute vor seinen Fernseher mit Großbildschirm einlud.

Da saßen sie nun, Bauern und Fischer, Taxifahrer und Residenten, achteten jedoch weder auf die Handlung noch auf die Hauptdarsteller. Was sie interessierte, waren die Nebenrollen. Alle Augenblicke rief jemand: »Da vorne bin ich!« oder »Laß noch mal zurücklaufen, ich glaube, da war mein Sohn!«

Der alte Kapitän der »Joven Dolores« hatte den Kapitän seines eigenen Schiffes gespielt, wunderbar mit Nickelbrille und Zigarre im Mund, mindestens so gut wie Sir Alec Guinnes, mit dem er Ähnlichkeit hat. Paco erkannte seine Schafe am braunen Fell. Als eine weiße Hemdenbrust Glanz in eine Partyszene brachte, riefen alle »Figaro Jupp«, weil nur er, der Inselfriseur, ein weißes Rüschenhemd besitzt.

Praktisch hatte ja die ganze Insel bei diesem Film mitgespielt. Ich erinnere mich an den 27. Drehtag. Ein inseltypisches Vollmondfest stand auf dem Dispositionsplan. Drehort: unsere Finca. Mein Freund Knut hatte mich gewarnt: »Fernsehaufnahmen, das heißt, die Elefanten kommen.«

Sie kamen. Mit zwei Möbelwagen, legten Schienen für die Kamera, verpflanzten Büsche, warfen einen Generator an, der das fehlende Mondlicht ersetzen mußte. Einfacher war es, wie vom Drehbuch gefordert, »fröhliches Volk« zu finden.

Wie ein Lauffeuer ging der Ruf »Freies Essen, viel Rotwein und 75 Mark Gage« über die Insel. Und die Leute kamen mit Mofas und Fahrrädern, zu Fuß oder per Anhalter. Die Nachzügler der Hippie-Bewegung, die ihre geflickten Jeans gegen indisch Seidenes getauscht hatten, spielten Hippies. Die Residenten, herausgeputzt, was Boutiquen und Malkasten hergaben, spielten Urlauber. Und die Bauern in Tracht spielten feiernde Bauern.

Es war – fast – wie im richtigen Inselleben, die Gruppen mischten sich nicht. Während die Einheimischen eine Paella zubereiteten und bescheiden auf ihren Einsatz warteten, kreiste bei den darstellenden Hippies schon der Filmjoint. Regisseur Hanno Lunin, der selber ein Ferienhaus auf Formentera hat, mußte mit ansehen, wie sich sein Film selbständig machte.

Geschmust wurde vor und hinter der Kamera, wobei die Komparsen es eindeutig besser machten, für sie war es ein Heimspiel. Wein und Wiederholungen und süßes Gras verwischten dann, weit nach Mitternacht, die Grenzen von Realität und Schein. Richtig auf der Rolle waren alle wieder, als das Honorar ausgezahlt wurde. Doch zunächst gab es nur die Hälfte, denn die Komparserie sollte ja am folgenden Tag wiederkommen.

Die Story in einem Satz: Leitender Angestellter will mit Frau und Sohn weg von Beruf, Sorgen und Zivilisation; doch die Ferien in der angeblichen Idylle – Eidechsen auf der Terrasse, Fiestas mit Einheimischen und Aussteigern – entpuppen sich schnell als Streß.

»Der Zuschauer«, schrieb hinterher ein Kritiker, »wird den vorgehaltenen Spiegel nur mit Mühe erkannt haben.« Mag sein, auf Formentera allerdings haben sich, wie gesagt, alle wiedererkannt, und der Film ist ja inzwischen auch so etwas wie ein Klassiker – jedenfalls im Videokino von Es Pujols.

»Susa Ackermann war eine der größten Originale der Insel«, schreibt Walter Mönch in seiner Autobiographie. »Wenn man ihr Glauben schenken darf, war sie entweder mit Feininger verheiratet oder auch nur verlobt oder zum mindesten seine Freundin. Jedenfalls war Feininger in ihr Leben getreten. Susa war eine stattliche Erscheinung. Sie sprach mit einer männlichen, ein wenig alkoholgedämpften Stimme, trat selbstbewußt und gebieterisch auf und war äußerst geschickt, die Produkte ihrer Maler an die Käufer zu bringen. Sie hatte ein altes Bauernhaus des Seeräubers Juan Mayans als Galerie eingerichtet und wohnte auch dort. Im Sommer hielt sie alle zwei oder drei Wochen Jour, zu dem des Abends ihre Gäste kamen, um die letzten Arbeiten der Inselkünstler zu besichtigen oder auch nur, um sich zu amüsieren. Ich genoß Susas Gesellschaft und die witzige Art, wie sie Anekdoten erzählte und dabei Phantasie und Wirklichkeit zu einem komischen Gemisch vermengte. Man saß in den alten Räumen oder hockte auf der Terrasse. Ihre Künstler tranken viel und sprachen wenig. Jedesmal wartete Susa mit einem jungen Gitarrenspieler aus Barcelona auf. Er gab spanische Tänze und Volksweisen zum besten, ohne daß ich je in den Jahren einen technischen oder künstlerischen Fortschritt in seinem Spiel bemerkt hätte. Ihre Schützlinge, die Maler, waren zumeist alle versammelt. Susa stellte sie den Feriengästen vor, die vielleicht noch nie einen lebenden Künstler gesehen hatten und darum stolz und entzückt waren, einem solchen leibhaftig zu begegnen, wenn Susa persönlich mit einem von ihnen vor ein Bild trat und es mit hochstilisierten Worten als bedeutendes Kunstwerk anzupreisen verstand, während der Maler selbst, im Hintergrund stehend, sich in seiner Bedeutung wachsen fühlte.«

Diese Schilderung stammt aus den frühen siebziger Jahren. Damals scharten sich, abgesehen von einigen wenigen, alle Künstler um die Galeristin. Unter ihnen natürlich die Maler der ersten Stunde, Bella Brisel und Sioma Baram, aber auch

Walter Nagel, der heute als Graphiker in Stuttgart lebt, und Peter Buch, der zwischen Paris und Formentera pendelt.

Peter Buch erinnert sich, daß Susa an den geselligen Abenden zu vorgerückter Stunde immer von ihrem Liebhaber sprach, der angeblich in den Kakteen hinter dem Haus wartete. »Wir haben das Phantom aber nie zu Gesicht bekommen.«

Erzählt wird auch gern die Anekdote, wie Susa, pudelnackt in den Wellen planschend, von einem Zivilgardisten beobachtet wird. Als der Polizist mit einer Strafanzeige droht, kommt Susa aus dem Wasser: »Weil ich nackt bin? Na schön, dann begleite ich Sie so zur Wache.« Der junge Zivilgardist, im Glauben, die Alemana mache ernst, soll Hals über Kopf getürmt sein.

Susa war mehr als nur Galeristin, sie war das kulturelle Zentrum der Insel. Mit ihrem Tod im Sommer 1977 ging die alte Epoche endgültig zu Ende, und den Inselkünstlern fehlte fortan die Mitte. Obwohl jeder auf Formentera Susa kannte, erschienen zu ihrem Begräbnis nur wenige. Aber das hatte einen einfachen Grund: Auf der Insel müssen Tote innerhalb von vierundzwanzig Stunden beerdigt sein.

Und weil alles so schnell geht, sieht man bei Beerdigungen oft eine Trauergemeinde in sehr gemischter Garderobe. Die nahen, also auch räumlich nahen Verwandten erscheinen in Schwarz, die weiter entfernten Verwandten und Bekannten jedoch oft in der Kleidung, die sie gerade bei der Arbeit auf dem Feld getragen haben.

Die Toten werden entweder direkt in ein Erdgrab gelegt oder in einer der Grabkammern bestattet, die sich wie Schubfächer in der Friedhofsmauer befinden. Diese Grabnischen, geschmückt mit echten wie unechten Blumen und oftmals auch einer Fotografie des Verstorbenen, sind Familienbesitz. Wie lange der Tote dort ruht, hängt also von der Todesfolge innerhalb der Sippe ab. Stirbt ein weiteres Familienglied, kommen die Knochenreste des Vorgängers in die Erde, nun zur wirklich allerletzten Ruhe.

Den *Friedhof* von San Francisco umgibt eine schneeweiße Mauer, verziert mit schwungvollen Bogen, Kreuzen und Kronen. Der MOLA-*Friedhof* liegt schräg gegenüber der *Kirche von El Pilar*. Sehenswert sind beide.

X. Dezember

Von Licht und Liebe und Zahnweh auf der Insel ohne Tannenbaum.

Im Anfang war das Licht, das Licht einer nackten Glühbirne. Sie hing in der Küche, und ihre 15 Watt veränderten unser Leben. Ob im guten oder schlechten Sinne – keine Ahnung. Die Entwicklung ist ja noch nicht abgeschlossen.

Ein Jahrzehnt hatten wir bei Sonnenlicht gearbeitet, beim Schein einer Petroleumlampe gegessen und bei Kerzenlicht gelesen. Wenig Sonne, hieß wenig Arbeit. Gelesen haben wir auch nicht allzuviel, denn nach einer Stunde Lesen bei Kerzenlicht legt man auch das spannendste Buch zur Seite. Wir richteten unseren Tagesablauf nach der Sonne und fühlten uns gut dabei. An einen Stromanschluß war nicht zu denken, er hätte viele tausend Mark gekostet, zudem war er auch gar nicht erwünscht.

Doch die Zeit schreitet voran, und der Fortschritt hieß Energie aus Sonnenlicht. Ein Nachbar installierte in seinem Ferienhaus eine Solaranlage, bestehend aus einer Platte mit Sonnenkollektoren, einer Lastwagenbatterie und einem Regler. Als er im Herbst die Insel verließ, fragte er uns, ob wir die Anlage bis zum Frühjahr, wenn er wiederkäme, übernehmen wollten. Keine Frage, wir griffen zu.

Die erste Glühbirne hängten wir, wie gesagt, in der Küche auf. Sie bedeutete ein völlig neues Kochen. Die beidhändige Kombination – mit der Taschenlampe in der Linken in den Topf leuchten, mit der Rechten rühren – gehörte nun der

Vergangenheit an. Die zweite Birne hängte ich über meine Schreibmaschine. Sehr praktisch! Wenn ich in Termindruck kam, konnte ich jetzt auch abends noch ein paar Zeilen tippen.

Wir lasen mehr, wir hörten mehr Radio, das wir nun ebenfalls an die Batterie hängten. Wir gingen weniger aus, wir gingen später zu Bett. Zuvor hatte uns das schummrige Kerzenlicht immer schläfrig gemacht.

Im Frühjahr kam der Nachbar, nahm die Solaranlage zurück, und unser Haus erschien uns dunkler als in den Jahren zuvor. Ein paar Tage saßen wir noch im Dämmerlicht, dann hatten wir uns zum Kauf einer eigenen Solaranlage entschlossen. Doch so oft wie möglich, das schworen wir uns, würden wir die Kerzen anstecken, weil das so schön und so romantisch ist. Das häßliche elektrische Licht sollte nur zum Kochen und Lesen und Arbeiten sein.

Als ich das nächste Mal nach Deutschland fuhr, brachte ich einen Fernseher mit. Nur so als Überraschung. Es war ja eigentlich auch gar kein richtiger Fernseher, denn er war klein, nur für schwarzweiß, und er lief auf zwölf Volt Batteriestrom. »Für Nachrichten«, sagte ich. »Man muß doch wissen, was in der Welt vorgeht.«

Irgendwann kam eine Rückschau auf Filme mit Marlon Brando. Die ersten waren alt und in Schwarzweiß gedreht und gehörten ganz sicher zum westlichen Kulturgut. Zumal Brando in der Rolle des mexikanischen Revolutionärs Zapata endlich spanisch sprach. Die jüngeren Filme, das lasen wir im Programmheft, waren dann schon in Farbe gedreht. Das Schwarzweiß auf dem kleinen Bildschirm kam uns nun irgendwie verwaschen vor, unecht. Außerdem sind kleine unfarbige Bildschirme, das las ich dann zufällig in einer Zeitschrift, nicht gut für die Augen.

Da traf es sich gut, daß ich wieder nach Deutschland

mußte. »Vielleicht finde ich ja einen gebrauchten Farbfernseher«, sagte ich sehr nebenbei bei der Abreise. Auf dem
Rückweg brachte ich dann einen mit, originalverpackt. Das
mußte sein, weil sonst die Fluggesellschaft die Beförderung
abgelehnt hätte. Noch am Ankunftstag sahen wir einen wun-
derbaren Naturfilm, zwar in Farbe, aber nicht zu Ende. Denn
plötzlich brach die Anlage zusammen. Farbfernseher ver-
brauchen viel mehr Strom als Schwarzweißgeräte.

Eine zweite Solarplatte, eine zweite Batterie; die Leitungen
mußte ich auch verstärken. Nachdem all das installiert war,
konnte ich auch an eine elektrische Schreibmaschine denken.
Ich überlegte eine Weile und kaufte dann eine mit Bildschirm
und Diskettenlaufwerk, weil so eine Maschine ja die Arbeit
ungeheuer erleichtert. Das sagte der Verkäufer, und er hatte
recht.

Nur war es jetzt so, daß mich jede kleine Wolke nervös
machte. Zwei Tage bedeckter Himmel, und ich saß da ohne
Saft – und ohne Manuskript; denn alles, was ich bis dahin
erarbeitet hatte, befand sich ja nun auf Diskette. Die gute alte
Olympia entstauben? Da konnte ich ja gleich zurück zu Schie-
fertafel und Griffel! Statt dessen kaufte ich einen Generator,
nur für den Notfall. Prima Lösung! Der Generator macht 220
Volt, da kann man auch schon mal einen Fön anschließen
oder einen Mixer. Natürlich könnte man auch ein Videogerät
anschließen, aber Video, das wäre nun wirklich das aller-
letzte – oder?

Es passiert überall, warum sollte es hier nicht passieren.
Eines Tages bringt ein Tropfen das Faß zum Überlaufen. Ein
Blick, eine Bemerkung könnte der Auslöser sein. Ein Mann
greift zum Jagdgewehr und erschießt seinen Nachbarn.
Überall kommt so etwas vor, aber auf einer kleinen Insel hat
es doch ein anderes Gewicht.

Da kennt man den Täter, da hat man mit dem Opfer vielleicht noch am Vortag gesprochen. Beide, Täter und Opfer, waren bis dahin ganz normale Nachbarn, mit der besonderen Zurückhaltung der Inselbewohner, und nun dieser plötzliche Ausbruch von Gewalt. Der Polizist, der am Tatort erscheint, ist wahrscheinlich mit Täter und Opfer verwandt, befreundet oder zumindest gut bekannt. Die Gerechtigkeit nimmt nun ihren Lauf, womöglich ist es ein Irrweg. Nach Jahren, nach wenigen Jahren, wie es scheint, steht der Täter dann neben einem an der Theke – Inselschicksal.

Vergeht nach solch einer Tat eine sehr lange Zeit, wird aus dem Vorfall vielleicht eine Legende, wie die von dem Bauern, seiner Frau und der Zisterne. Die erzählen die Alten so:

Ein Bauer, der seine Zisterne erweitern wollte, stand unten im Loch mit einer Sprengladung. Die Lunte war schon gezündet, als er merkte, daß seine Frau die Leiter aus dem Schacht gezogen hatte. Geistesgegenwärtig trat er die glimmende Schnur aus. Später gelang es ihm auch, den steilen Schacht zu erklimmen. Er ging ins Haus, sagte nichts. Er lebte weiter mit seiner Frau, sprach aber über Monate kein einziges Wort mit ihr. Doch eines Tages nahm der Mann ein Beil und erschlug seine Frau.

Den Namen des Bauern nennen die Alten nicht, aber sie sagen, er sei freigesprochen worden, und nicken dabei heftig.

Was einem doch beim Reinigen einer Zisterne so durch den Kopf geht! Ich blicke hoch. Da ist der Himmel über mir, verkleinert als Ansichtskarte, da ist die Leiter. Wenn sie sich jetzt bewegt, drehe ich durch. Die Zisternenwände sind birnenförmig und glatt, unbezwingbar. Kein Mensch würde mein Rufen hören.

»Fertig?« ruft Toni.

Ich binde den Eimer mit dem schlammigen Wasser an das Seil. Er zieht es hoch, läßt dafür eine Schüssel mit Speis herunter: zwei Teile Sand, je ein Teil Zement und Kalk, der die Mischung glatt macht.

Ich schneide die Wurzeln ab, die sich durch die Betonwand gebohrt und ein dichtes Netz gebildet haben. Dann schlage ich die Ritzen auf und reibe die Wurzelenden, wie Toni es geraten hat, mit Salz ein. Zum Schluß verputze ich die Fugen und streiche über die ausgebesserten Stellen die rote Farbe, mit der die Bauern auch die Kaminräume anstreichen.

»Den Strauch wirst du fällen müssen«, meint Toni. Er streicht über die auffällig dunkelgrünen Blätter. Sein Blick mißt die Entfernung zur Zisterne. »Ja, das ist der Bösewicht«, sagt er, und nach einer Weile eher nachdenklich: »Ob Pflanzen wohl Augen oder Ohren haben? Oder riechen sie das Wasser?«

Es begann wie in einem Liebesroman und endete wie in einem Krimi. Er, der jungenhafte braungebrannte Inseltyp, trifft sie, die schon etwas ältere Geschäftsfrau. Er ist ein Mann mit bewegter Vergangenheit, sieht gut aus, kann fesselnd erzählen. Sie ist verheiratet, brav und bieder. Er spricht von gemeinsamer Zukunft, von langen Reisen. Sie hört zu, verliebt sich in ihn oder in das Abenteuer, das er für sie verkörpert.

Die Romanze spielt zu der Zeit, als der König von Tonga in Deutschland weilt, einen Scheck in Empfang nimmt und im Gegenzug allen Deutschen, die bereit sind, beim Aufbau seines Königreichs zu helfen, ein Stück Land verspricht. »Wenn wir beide uns schnell entschließen«, sagt der Inseltyp zu seiner Urlaubsbekanntschaft und hält ihr die Zeitung mit der sensationellen Meldung unter die verliebten Augen, »dann gehören wir beide, du und ich, zu den ersten und können dort ein Geschäft aufziehen.«

Sie zögert, er drängt: »Einmal den ganzen Fisch, nicht nur die Gräten!«

Solche Sätze fallen dem Inseltyp ein. Und auch dieser: »Habe ich dir heute schon gesagt, daß ich dich liebe?«

Das klingt aus seinem Mund wie auswendig gelernt, und eigentlich müßte sie hellhörig werden. Doch längst hört und sieht sie nur das, was sie hören und sehen will.

Das Land sei nach des Königs Worten umsonst, die Reise zu den Inseln im südlichen Pazifik jedoch nicht, sinniert er so für sich hin. »Laß das mal meine Sorge sein«, sagt sie, fährt nach Hause, spricht mit ihrem Ehemann, läßt sich ihren Geschäftsanteil auszahlen, verabschiedet sich von ihren Freunden und fährt zurück nach Formentera.

Sie ist frei, sie hat das Geld. Der Weiterreise steht nur noch eine Kleinigkeit im Wege. »Auf den Tongainsel gibt es keinen Zahnarzt«, gibt der Inseltyp zu bedenken. Doch auf Mallorca kenne er einen guten Dentisten, der in einem Rutsch alle Schäden repariert. Er lächelt, und sie sieht, an seinen Zähnen muß was getan werden.

Er fährt mit dem Mofa zum Hafen, sie bleibt zurück in seinem Häuschen, mit ihren Koffern, mit seinem Hund. Aus Langeweile – oder war das doch eine Vorahnung? – schaut sie in die Mauerlücke, wo sie das Geld versteckt hat. »Dollar, nichts als grüne Dollar zählen auf den Tongainseln«, hat er, der Welterfahrene, zu ihr gesagt. Die Dollar sind weg.

Einen Tag und eine Nacht trinkt sie. Zwei Tage und zwei Nächte weint sie, vor Wut, Scham und Enttäuschung. Drei Tage und drei Nächte hofft sie. Denn so lange sollte die Zahnreparatur auf Mallorca dauern. Zur Polizei geht sie nicht. Zu dem Schaden käme der Spott, meint sie. Zwei Wochen bleibt sie noch in dem Haus, danach will sie mit dem Ticket, das sie schon an der Fonda-Säule angeboten hatte, nach Hause fliegen.

Wie aber will sie den Leuten daheim, ihrem Ehemann, den Freunden und Bekannten, ihre Rückkehr erklären?

»Nun, denen sage ich, daß er, dieser Schuft, einen Unfall hatte und mit dem Geld verbrannt ist.«

Dann übergibt sie uns den herrenlosen Hund, sagt, er heiße Max, und bittet uns, ab und zu unter den postlagernden Briefen nachzuschauen, ob nicht doch noch eine Nachricht für sie eintrifft, aus Mallorca, von den Tongainseln oder sonstwo.

»Der Typ von Formentera ist leutselig, fröhlich und vor allem von einem ernsthaften, ausgeglichenen und friedlichen Temperament«, heißt es in dem »Führer für den Reisenden« von 1969. Gut gemeint vom Autor Joan Castelló Guasch, aber vielleicht doch ein bißchen zuviel des Guten. Die Insulaner sind ja, Gott sei Dank, auch nur Menschen.

Die alten Damen, zwei Schwestern, von denen wir die Finca gemietet haben, kamen im Jahr zwei- oder dreimal vorbei. Eine war groß und hager, die andere klein und rundlich. Beide trugen noch die Tracht, bodenlange dunkle Röcke aus Kattun, darüber ein schwarzes Wams und eine braungewürfelte Schürze. Unter dem bebänderten Strohhut schaute ein dünnes geflochtenes Schwänzchen hervor. Obwohl sie in ihrem Leben sicher schwer gearbeitet hatten, sahen ihre Gesichter keineswegs hart oder verhärmt aus. Sie schienen sehr zufrieden zu sein.

Auch mit uns als Mietern. Wohlwollend nahmen sie zur Kenntnis, daß in den Ställen wieder Kaninchen mümmelten und auf dem Land Hühner scharrten. So hatten sie, gaben sie uns zu verstehen, die Finca, die ihr Geburtshaus war, in Erinnerung. Noch größer war die Genugtuung der alten Damen, als sie bei einem ihrer Besuche die friedlich grasenden Schafe bemerkten.

Zu einem Bauernhof gehören Schafe.

»Ja, so muß es sein«, sagten sie. »Zu einem Bauernhof gehören Schafe. Wie viele haben Sie?«

»Gar keine. Das müssen die Schafe vom Nachbarn sein.«

»Vom Nachbarn?!« riefen die beiden alten Damen wie aus einem Mund, und mit einer Gewandtheit, die man ihnen sicher nicht zugetraut hätte, klaubten sie Steine vom Boden, holten aus, warfen und riefen mit hohen Stimmen: »Fuera, bichos, fuera!« Haut ab, ihr Viecher, haut ab!

Es gibt Familien, die sind sich nicht ganz grün. Es gibt Familien, da sprechen nur die Frauen miteinander, während sich die Männer strikt aus dem Wege gehn. Es gibt Familien, bei denen der Streit schon Generationen zurückliegt, so lange, daß die Familienmitglieder den Grund gar nicht mehr wissen. Von diesen Abstufungen hatte ich bereits gehört. Doch offensichtlich gibt es auch Familien, bei denen die Schafe die Sündenböcke sind.

In den Mittagstunden ist es noch herrlich warm, so um die zwanzig Grad, doch die Nächte sind schon kühl. Längst haben sich die Gartenschläfer in ihre gepolsterten Nester verzogen, tief in der Erde oder in Schlupfwinkeln nahe dem Haus. Gern suchen sie sich Winterplätze in den mit Seegras gepolsterten Zimmerdecken alter Fincas. Plötzliche Wärme kann sie aus dem Winterschlaf wecken und zum Umhertollen verleiten, womit sie dann wiederum den Bewohnern den Schlaf rauben.

Die Igel sind noch dabei, sich den richtigen Winterspeck anzufressen. Nachts gehen sie auf Beutezug, fangen Mäuse, Würmer und Insekten. Vor Hund und Katze haben sie keine Angst. Sie vertrauen einfach auf die Wirkung ihrer Stacheln. Wenn Max besonders ärgerlich bellt, weiß ich, daß er einen Igel aufgestöbert hat. Bei Gefahr einrollen und abwarten, nach diesem Muster verhalten sich Igel auch beim Herannahen eines Autos, und dieses Verhalten wird ihnen im Herbst, wenn sie nachts die gespeicherte Wärme der Asphaltstraßen aufsuchen, zum Verhängnis. Überfahrene Igel sind für die Möwen ein Leckerbissen, der ihnen aber oft nicht gut bekommt, wegen der rasenden Autos.

Der pityusische Wanderigel ist etwas kleiner als sein mitteleuropäischer Verwandter, seine Stacheln sind heller. Läßt man im Garten Reisig und Laub und Küchenabfälle liegen, wird er dort seßhaft. Dann kann man in der Dunkelheit sein Schmatzen hören.

Noch sind die Felder recht karg. Doch schon sprießt das Korn; zum Anbeißen frisch und grün sieht es aus, nicht nur für die Ziegen und Schafe, die sehnsüchtige Blicke über die Feldbegrenzungen werfen. Außer den nimmermüden Geranien blüht jetzt auch die Aloe, eine Heilpflanze, die wegen ihrer fleischigen, sternförmigen Blätter hier auch Pulpo genannt wird. An ihren wie Antennen hochstehenden Blütenrispen schwirren kleine Vögel und zielen mit langen, spitzen Schnäbeln in die roten Glockenblüten.

Jetzt, da die Waldwege wenig benutzt werden, stößt man häufig gegen Spinngewebe. Dabei wird einem bewußt, wie stark die dünnen Fäden sind. Ihre Haltbarkeit übertrifft jedes künstliche Material, so daß man auf die Idee kam, aus Spinngewebe schußsichere Westen herzustellen.

Es gibt daumengroße Spinnen, die einen ziemlich erschrecken können. Gelbschwarz gestreift ist die schöne Wespenspinne. Andere Arten haben ein helles Kreuz auf dunklem haarigen Leib, was sie gefährlich aussehen läßt. Doch die einheimischen Spinnen sind harmlos und überdies nützlich, wie man sich leicht überzeugen kann. Ihre Netze sind voller Fliegen und Mücken.

Insektenvertilger sind auch die Geckos. Sie leben bevorzugt in den alten Häusern und kommen nur nachts aus ihren Verstecken. Besucher, die einen dieser fast durchsichtigen Wandkletterer in ihrem Apartment sichten, sollten nicht erschrecken. Von nahem sehen Geckos mit ihren dicken runden Augen wirklich nett aus.

Nicht Weihnachten ist im Dezember das größte Ereignis, sondern die *Matanza*, das Schlachtfest. Auf jedem Bauernhof wird übers Jahr ein Schwein gemästet; das war schon immer so, das wird auch eine Zeitlang noch so bleiben. Die Matanza ist mehr als nur das Schlachten einer dicken Sau. Sie ist ein gesellschaftliches Ereignis, das den Zusammenhalt der Sippe fördert, und überdies hat sie die Funktion eines Kühlschranks. Denn das Schlachten geht ja reihum, und wer andere Leute zum großen Schmausen ins Haus holt, wird selber auch eingeladen.

Für Fremde bedeutet die Einladung zu einer Matanza eine große Ehre. Doch gehen Sie ruhig etwas später hin. Das Schwein quiekt laut und lange, denn es wird nach alter Art geschlachtet.

Vier Männer halten das Tier auf einem Tisch fest, ein fünfter nimmt das Messer, Blut fließt in eine Schüssel. Danach nehmen die Männer das Tier aus, zerteilen es. Die Frauen säubern die Därme für die Würste. Danach und währenddessen wird getrunken, geschmaust, und früher wurde auch noch bis in die Nacht hinein gesungen.

Hatte ich eben vom Schmausen gesprochen? Es ist schon ein großes Fressen! Und so soll es auch sein. Langen Sie kräftig zu, man erwartet es von Ihnen. Da die Schweine mit Feigen, Melonen und Kakteenfrüchten gefüttert werden, ist das Fleisch von hervorragender Qualität. Was an diesem Tag nicht in den Magen geht, wird verwurstet.

Da ist einmal, in geringeren Mengen, die *Butifarra*, eine mit Zimt gewürzte Blutwurst. Und da sind, dick und kurz oder lang und dünn, die *Sobrasadas*, denen reichlich süßes Paprikapulver beigemengt wird. Während die Butifarras schnell austrocknen, halten die Sobrasadas viele Monate.

Solange noch Paprikawürste an der Decke baumeln, hieß es früher, ist die häusliche Welt in Ordnung. Ein paar Scheiben Sobrasada genügen, um jeder Suppe einen deftigen Geschmack zu geben. Auch heute noch kann man Bauarbeiter beobachten, die um Punkt zehn Uhr die Maurerkelle fallen lassen, ruckzuck ein Feuerchen entfachen und sich am frisch geschnitzten Stecken ein Stück Sobrasada braten.

Mancher Besucher fragt sich, warum die Bauern keinen Schinken herstellen. Wer jemals einen Winter auf der Insel verbracht hat, kennt die Antwort: Es ist zu feucht. In den Bauernhäusern, auch den geheizten, schimmeln Ledergürtel und Schuhe; Schinken würde also erst gar nicht haltbar werden.

Bei den Fischen haben die Formenterenser eine eigene Konservierungsmethode entwickelt. Sie nehmen Katzenhaie und Rochen bis auf den Knorpel aus und legen sie vier, fünf Tage in eine Lake, die so salzhaltig ist, daß eine Kartoffel darin schwimmt. Danach werden die Fische ausgebreitet in die Äste kahler Sabinas gehängt, und zwar am Meer, weil dort keine Fliegen sind. Das Salz entzieht dem Fisch die Flüssigkeit, er bleibt haltbar.

Will man diesen Trockenfisch verwenden, muß man ihn in Stücke schneiden und kurz in Wasser einweichen. Danach sollte man ihn gut abtrocknen und in Olivenöl dünsten. Für das Gericht *Ratjada amb patates* kommen zum getrockneten Rochen noch Kartoffeln, eine Zwiebel, etwas Paprika und ein paar Fäden Safran.

Erstaunlich ist, daß die Formenterenser trotz der Tiefkühltruhen, die heutzutage in vielen Bauernhäusern stehen, die alten Methoden, Fisch und Fleisch haltbar zu machen, beibehalten haben. Noch ist die Matanza ein Höhepunkt im familiären Zusammenleben – wie lange noch?

Mein Freund!
Nicht nur das Jahr geht zu Ende, auch das Ende der Welt naht – das behauptet Amigo.

Vor einer Woche war er noch dabei, einen Orangenbaum zu pflanzen. Gut geschützt vor dem Nordwind sollte der stehen. So fing er denn an, Sand und Steine zur Seite zu schaffen, um an ihrer Stelle Muttererde anzuschütten. Als

*Katzenhaie und Rochen werden zum Trocknen in die Äste kahler
Sabinas gehängt.*

ich ihn gestern besuchte, schaute aus einer tiefen Grube nur noch sein Kopf heraus, eine Schaufel Erde nach der anderen flog über den Rand. Er arbeitete verbissen.

»Was heißt zu tief für einen Apfelsinenbaum, Jungchen? Das wird ein Unterstand. Der Atomkrieg geht bald los. Hörst du keine Nachrichten?«

Amigo hat schon einige Male die endgültige Abrechnung zwischen Kommunismus und Kapitalismus vorausgesagt. Aber diesmal scheint es ihm absolut ernst zu sein. In seinem Haus stapeln sich Vorräte an Reis, Zucker und Olivenöl. Auch an eine ansehnliche Batterie Wodka hat er gedacht. Ich kann nicht einmal darüber lachen. Zu oft hat er Dinge vorausgesagt, die tatsächlich eintrafen, die Skandale um Hormonkälber, gepanschten Wein und vergiftetes Speiseöl.

Amüsanter ist schon Amigos Behauptung, der Schah von Persien sei gar nicht tot, sondern lebe in einer Finca auf der Mola, in Nachbarschaft des amerikanischen Schachgenies Bobby Fischer.

Sagen wir mal so: Auf einer Insel, wo jeder das ist, wofür er sich ausgibt, ist vieles möglich. Selbst von langjährigen Bekannten kennt man nur den Vornamen oder den Spitznamen. Einen Typ, der in Deutschland polizeilich gesucht wurde, nannten alle nur den Bankräuber. Das störte weder ihn noch die Leute oder die hiesige Polizei, die ihn lange unbehelligt ließ. Als sie ihn schließlich auslieferte, geschah das nicht etwa wegen seiner Straftat in Deutschland; nein, der Mann war in eine Schafherde gefahren und konnte keinen Führerschein vorweisen.

Weil ihre Arbeitsweise anders ist, wird die lokale Polizei von den Ausländern oft unterschätzt. Diesen Fehler machte auch jener Amerikaner, der hinter seinem Haus ein Beet mit Haschischpflanzen angelegt hatte. Dem Dorfpolizisten, mit dem er gut bekannt war, hatte er erzählt, es handele sich um eine fremde Tomatensorte. Kurz vor der Ernte, schon ließ der Hippiegott den würzigen Morgentau von den Blättern perlen, tauchte der Polizist auf. Zielstrebig ging er in den Garten, riß die mittlerweile riesigen »Tomatenpflanzen« aus dem Boden und legte sie auf eine Waage. Er wog sie samt Wurzeln und anhängender Erde und kam so auf gute fünf Kilo; entsprechend hoch war die Strafe.

Kurz vor Weihnachten erscheinen vor allem Besucher, die selber Hausbesitzer sind oder Freunde haben, die ein Haus auf der Insel besitzen, was sicher noch besser ist. Es gibt nur zwei, drei Hostals, die geheizte Zimmer haben. Die großen Hotels sind geschlossen, die meisten Gaststätten auch.

Bis Anfang der achtziger Jahre trafen sich zu dieser Zeit alle, ob Einheimische oder Zugereiste, in der Fonda Pepe. Man saß da um einen fahrbaren Heizofen geschart in der Schänke oder unter den Bildern der Inselkünstler und den alten Fotografien im Speisesaal. Die Umgebung stimmte, die Preise waren fair und das Essen in Ordnung.

Leider hält Julian die Fonda nun im Winter geschlossen. Er ist der Meinung, es lohne sich nicht mehr. Tatsache ist, daß weniger Wintergäste kommen und daß die wenigen Überwinterer mehr zu Hause bleiben. Solartechnik, bessere Heizungen und Satellitenfernsehen haben diese Veränderungen bewirkt.

Über Weihnachten und Neujahr öffnet Julian die Fonda, aber nur die Schänke. Die Küche ist erst wieder zur Osterzeit in Betrieb. Aber wir können uns jetzt ja schon mal freuen.

Zu empfehlen ist *Cordero al horno*, Lamm aus dem Ofen. Kenner schwärmen ganz allgemein vom Lammfleisch, das seinen besonderen Geschmack von den würzigen Gräsern kriegt, die die Schafe hier fressen. Fisch, er liegt in einer

Kühltheke im Speisesaal der Fonda aus, ist ebenfalls empfehlenswert. Ein Tip noch, um den wirklich fangfrischen zu erkennen: Die Augen sollten rund und glänzend sein. Wenn man dann dem Kellner noch sagt, bitte ohne Salz, kann nichts mehr schiefgehen. Mit Salz, die Salinen sind nahe, und Knoblauch, geht man verschwenderisch um.

Knoblauch senkt den Blutdruck, regelt die Darmflora, macht Luft, gibt Kraft. Angeblich gehörte Knoblauch zur täglichen Mahlzeit der Sklaven, die für die Pharaonen die Pyramiden bauten. Karl der Große befahl in seinem Reich den Anbau der »stinkenden Rose«, wie die Knolle von den Griechen genannt wurde. Und im Mittelalter sollen die Herzensbrecher den Tag mit dem Knabbern einer Knoblauchzehe begonnen haben, um für den Abend gerüstet zu sein.

Als nahrhafte Speise kaum zu überbieten ist die *Salsa de Navidad*, die traditionsreiche Weihnachtssoße der Insel. Den Grundstock bilden verschiedene Brühen von Huhn, Lamm, Schwein und Rind, die eingekocht werden. Dazu kommen gemahlene, mit Eiern vermengte Mandeln, viel Zucker, Safran, Nelken, Zimt und etwas Muskat. Die Zutaten werden von Haus zu Haus abgewandelt, aber immer kommt eine fettig-süße Soße heraus, die ganz sicher arabischen Ursprungs ist. Die Salsa de Navidad werden Sie in keinem Speiselokal finden. Sie müssen sie also bei einheimischen Freunden probieren, am besten zusammen mit dem luftigen Anisbrot, das nur zu Weihnachten gebacken wird.

Heiligabend ist ohne Bedeutung auf Formentera, ein Tag wie jeder andere. Weihnachten ist sehr wohl Festtag, aber das Festliche beschränkt sich auf gutes Essen, einen Schluck Wein mehr als sonst und auf eine gelinde Ausgelassenheit. Mit deutscher Weihnacht und geschmücktem Tannenbaum

hat das nichts zu tun. Wie könnte es auch? Meist scheint die
Sonne, Schnee glitzert nur auf den Schaufensterscheiben der
Geschäfte und kommt aus der Sprühdose.

Selbst das ist neu, hängt mit dem Einfluß der Fremden, mit
dem Zusammenwachsen Europas und mit der Fernsehwer-
bung zusammen. Früher bekamen die Kinder ausschließlich
zum Dreikönigstag Geschenke. »Auch das war nicht viel«,
erinnert sich Toni. »Getrocknete Feigen, Orangen, eine aufge-
blasene Schweineblase, mit der wir Fußball spielten.«

Heute quengeln die Kinder, angeregt durch die Fernsehbil-
der, auch schon in der Vorweihnachtszeit. Meist beruhigen
die Eltern die kleinen Quälgeister mit Kleinigkeiten, denn die
großen Geschenke gibt es nach wie vor erst am 6. Januar.

Um die Weihnachtszeit füllen sich die Geschäfte mit *turron*.
Turron besteht hauptsächlich aus Mandeln und Zucker, kann
weich wie Marzipan, zäh wie türkischer Honig oder hart und
splitternd wie Glas sein. Die größte Auswahl an Süßigkeiten
bietet der kleine Laden mit der bonbonbunten Aufschrift
Caramelos in SAN FRANCISCO. In dieser Schleckerhöhle, dieser zur Wirklichkeit gewordenen Traumvision von Naschkat-
zen, herrscht Carlos el Gordo, aber mehr noch ein Chaos von
süßen und sauren und salzigen Leckereien.

Ich halte mir die Augen zu, ich mache Umwege. Ich muß
der Versuchung widerstehen, denn ich habe Zahnschmerzen.

Zahnschmerzen sind überall unangenehm, auf Formentera
aber waren sie bis noch vor kurzem eine Katastrophe. Denn es
gab auf der Insel keinen Zahnarzt, keinen regulären. Es gab nur
Dr. Päule, der im Ruhrpott eine Chinchillazucht betrieb und
zwei- oder dreimal im Jahr die Insel aufsuchte. Dann wohnte er
am Mola-Hang in einem Haus, das heute der Familie Graf
Lambsdorff gehört, und zog alten Bäuerinnen die Zähne; ein
Gartenstuhl im Innenhof, eine Zange, mehr brauchte er nicht.

Die Patienten bezahlten mit einem Huhn und gingen mit einer weiteren Zahnlücke nach Hause. Den Schmerz waren sie los, an Zahnersatz dachte niemand, Dr. Päule, der bei der Arbeit gern bunte Buschhemden trug, am wenigsten.

Wer sich nicht seiner Zange anvertrauen wollte, der mußte nach Ibiza. Natürlich fuhr man erst hinüber, wenn man vor Schmerzen fast die Pinien hochkletterte. Ist doch die Fahrt zur Schwesterinsel bei Einheimischen und Zugereisten nicht viel beliebter als Zahnweh. Bei mir fiel die Entscheidung, ich erinnere mich, an einem Montagmorgen nach schlaflosem Wochenende. Ich nahm das erste Boot, das um halb acht.

Schon vor der Ankunft in Ibiza-Hafen stellte ich mich sprungbereit an die Bordwand. Ich wußte, es ging um Minuten. Um neun Uhr fing die Sprechstunde an. Ein heimlicher Blick zur Seite, ob da noch andere mit dicker Backe standen. Dann im Laufschritt durch ganz Ibiza-Stadt. Ich hatte als Geheimtip die Adresse von Dr. Canet: gegenüber dem neuen Markt, gleich neben dem Busbahnhof, also fast auf halbem Weg zum Flughafen.

Praxis im zweiten Stock. Keuchend die Treppen hoch. Klingeln. Schwester öffnet, bedauert, weil sich schon zwanzig Patienten angemeldet haben. Das sei die Höchstzahl. Jetzt kam, betont zungenschwer, mein Satz: »Soy de Formentera.« Ich bin aus Formentera, das war das Schlüsselwort aller Gepeinigten. Auf dem Gesicht der Zahnarzthelferin erschien dieser Ausdruck, den man für arme Verwandte und Menschen aus benachteiligten Regionen bereithält. Ich kriegte ein kleines Pappschildchen, darauf die Nummer 21.

Zwanzig Patienten vor mir, im Wartezimmer hatte ich reichlich Zeit, die gerahmten Diplome an der Wand zu betrachten, genau 26 an der Zahl.

Dr. Canet führte den Bohrer mit zarter Hand, und ebenso

zart, fast wie hingehaucht, schrieb er nach der Behandlung die Zahl 5 000 auf ein Stückchen Papier. Das waren nach damaligem Kurs rund hundert Mark für zwei Füllungen. Ich zahlte, rannte zurück zum Hafen, doch das Mittagsboot war schon weg. Die nächste Fähre ging in drei Stunden.

Ich setzte mich in die kleine Bar Peixet gegenüber der Anlegestelle, wo schon die anderen Formentera-Leute saßen. Residenten mit ihren Basttaschen, Bäuerinnen mit den braunschwarz karierten Tüchern, in die sie die Einkäufe aus der großen Stadt verpackt hatten. Wie üblich rührte sich kaum einer von der Stelle. Zuerst dachte ich, sie hätten Angst, die Fähre zu verpassen. Später erfuhr ich, daß ein Stadtbummel sie einfach nicht interessierte.

Ab Mitte der achtziger Jahre hat Formentera nun seinen eigenen Zahnarzt. Dr. Carlos Tur Serra, ein Sohn der Insel, der in der Fremde, das heißt in Barcelona Zahnmedizin studiert hatte, war heimgekehrt. Endlich! Ich glaube, nur auf Godot wurde noch länger gewartet. Formentera war zahnmedizinisches Brachland, da gab es für Dr. Carlos Tur viel zu ackern. So scheint es immer noch zu sein.

Als ich jetzt mit meinen Zahnschmerzen zu ihm gehe, sehe ich ihm den Arbeitsdruck an, noch bevor er den Terminkalender aufschlägt. Er sagt: »Sie sind Deutscher?« Ich nicke.

»Die Deutschen bauen gute Autos.«

Ich stimme zu.

»Die Deutschen haben gute Zahnärzte. Wann fahren Sie in Ihre Heimat?«

»Im Frühjahr«, nuschele ich.

»Bueno«, sagt er und blättert weiter in seinem Terminkalender. »Das trifft sich gut, gehen Sie dann am besten dort zum Zahnarzt.« Er zeigt mir seine Wochenübersicht. »Schauen Sie, alles voll bis März, April.«

»Aber es tut jetzt weh. Jetzt, jetzt!«

Wir einigen uns. Er will jetzt nachschauen und später eine Behandlung vornehmen. Ich atme auf.

Silvester. Die Fonda Pepe ist gerammelt voll. Kein Durchkommen mehr zur Theke. Sektflaschen und Gläser wandern durch viele Hände, bis sie den Besteller erreichen. Noch fünf Minuten. Julian, verteilt die Geschenke des Hauses; für die Frauen kleine Zellophanbeutel mit den *Uvas de suerte*, zwölf Glücktrauben, für jeden Monat eine. Die Männer kriegen gerösteten Speck. Der ist borstig und leicht ranzig wie immer, muß er wohl sein, sonst bringt er nicht die Kraft, die man sich von ihm nach altem Glauben verspricht.

Noch eine Minute. Pepe erscheint. Er nimmt einen Hammer und genau zwölf Sekunden vor null Uhr, nicht eine Sekunde zu früh, nicht eine zu spät, beginnt er gegen den kupfernen Gong zu schlagen, der über der Theke hängt. Als der letzte Gong ertönt, rückt der große Zeiger zu dem kleinen Zeiger. Und dann geht das Licht aus.

Das neue Jahr hat begonnen.

Alle juchzen. Sektkorken knallen. Umarmungen. Rufe: *Molts anys i bons!* Noch viele Jahre und alles Gute! Zunächst werden alle geküßt, die in unmittelbarer Nähe stehen. Danach, wenn ein Teil der Bekannten auf die Straße rennt, um Feuerwerkskörper abzubrennen, kommen die weiter entfernt stehenden Gäste dran. Aber grundsätzlich küßt jeder jeden. Aufgepaßt, Fremder, der du noch nicht vertraut bist mit den Bräuchen der Eingeborenen! Auch Leute, die dich über Monate nur mit giftigen Blicken bedacht haben, schmatzen dir jetzt, gnadenlos, Küsse auf Wange und Mund.

Glockenläuten. Gläserklirren. Und Küßchen, Küßchen. Alles ist schön und in Ordnung, für einen langen Moment. Ab Neujahrsmorgen sehen wir das Leben und die Mitmenschen dann wieder kritischer.

XI. Januar

Drei Könige, zweitausend Hippies, ein Römerpfad und jede Menge Salz.

6. Januar. Heute ist Feiertag, vor allem für die Kinder. Schon Tage zuvor haben sie Wunschbriefe an die Heiligen Drei Könige geschrieben. Mit Apfel, Nuß und Mandelkern, die es früher zum Fest gab, ist es nicht mehr getan. Wie bei den Großen sind auch bei den Kleinen die Erwartungen gestiegen. Pepito hat ganz oben in seine Wunschliste ein Videospiel gesetzt.

Aufregung schon seit Tagen, aber der Höhepunkt war gestern, als die *Reyes magos* mit dem Schiff aus Ibiza herüberkamen. Dem Mann mit kohlschwarzem Gesicht und wolligem Haar schlug das lauteste Kinderschreien entgegen, eine Mischung aus Erwartung und Furcht. Kinder, die nicht artig waren, so drohen die Eltern, kriegen an Stelle von Geschenken ein Stück Holzkohle.

Wie seine königlichen Kollegen trug Balthasar eine Papierkrone, silbern und golden, und dazu einen blutroten Umhang. Alle drei wankten leicht, entweder von der langen Schiffsreise oder von den geistigen Getränken, mit denen sie sich vor der Begegnung mit den Kindern gestärkt hatten.

Auf dem Kirchplatz von San Fernando spielte eine Kapelle. Einige Kinder hatten sich verkleidet, alle kreischten, zappelten – Los Reyes ist eine Mischung aus Nikolaus-Tag und Karneval. Endlich rief einer der Heiligen Könige von einer Namensliste, die ihm die Eltern zugesteckt hatten, die Kinder auf, während der zweite abwechselnd strafend oder lobend blickte und der dritte in den Gabensack griff.

Das Videospiel für Pepito war nicht dabei.

Die Heiligen Drei Könige verschwanden in Richtung La Mola, um dort ihren Aufgaben nachzukommen. Zu Hause bei Pepito gab es *Buñuelos*. So lecker diese Krapfen nach Inselart sind, für ein entgangenes Videospiel bedeuten sie dennoch nur einen schwachen Trost. Die Buñuelos werden so gemacht, sagt Pepitos Mutter:

Buñuelos

Ein halbes Kilo Kartoffeln mit Zitronenschale und Anis oder Fenchelsamen in wenig Wasser garkochen. Die leicht abgekühlten Kartoffeln durch ein Sieb pressen, Hefe und zwei Eier zugeben und kräftig durchkneten. Rund ein Kilo Mehl bereithalten und langsam beimischen. Den fertigen, nicht zu festen Teig zu kleinen Ballen formen, in Öl ausbacken und mit Zucker bestreuen. Könner drücken beim Ausrollen der Teigballen mit dem Daumen ein Loch in die Krapfen – nur dann sind sie echt.

Bunte Gestalten, im Kopf die utopische Idee vom persönlich geprägten, doch weltumspannenden Glück: Ende der sechziger Jahre eroberten die Hippies die Insel. Was sie hier vorfanden, entsprach schon so ziemlich ihren Vorstellungen vom Paradies auf Erden. Ein ruhiges Leben unter südlicher Sonne, naturverbunden, ohne Konsumzwang, das nächste Kaufhaus war so weit entfernt wie der Mond.

Zeitweise lebten weit über tausend Blumenkinder auf Formentera, abgesichert durch einen Scheck von Vaters Konto, geduldet von der einheimischen Bevölkerung und beschützt durch einen Hippiegott, der die Mandelblüten schon im Januar regnen läßt. Sie stammten aus allen möglichen Ländern, doch die meisten kamen aus den Vereinigten Staaten.

»Die Neuankömmlinge«, erinnert sich Bob von der Bücherei, »fragten als erstes nach der Blue Bar. Sie legten dort ihre Bündel ab, schliefen in der Strandbar oder auf dem Vorplatz.«

Die Blue Bar existiert noch. Heute gehört sie einem Deutschen und ist mehr der Geheimtip von Gästen, die partout nicht vor Morgengrauen nach Hause wollen. Damals war sie ein unter Freaks weit über die Inselgrenzen bekannter Treffpunkt, wie das Green Hotel in Kabul, der Pudding Shop in Istanbul oder das Salt & Pepper in Katmandu. Was die am MIGJORN-STRAND gelegene Blue Bar ursprünglich war, weiß keiner mehr so richtig. Eine Finca auf keinen Fall, weil die Einheimischen so dicht am Meer nie ein Wohnhaus gebaut haben, allenfalls Unterstände für ihre Boote.

Peludos nannten die Formenterenser die Hippies oder eben *peluts* in ihrer Mundart, was soviel wie die Felligen oder Langhaarigen bedeutet. Die Bauern und Fischer tolerierten die sanften Rebellen, die in den Wäldern schliefen, die nackt ins Wasser sprangen und süßes Kraut rauchten. Diese Toleranz wird immer wieder bewundernd hervorgehoben, und es stimmt ja auch. Oder doch richtiger gesagt: Die Fremden waren ihnen gleichgültig. So war das jedenfalls bei den Alten. Die Jungen fanden die buntgekleideten Besucher schon interessant und guckten sie sich genauer an, suchten wohl auch deren Nähe.

»Aber einlassen durften wir uns mit den Peludos nicht, sonst gab es auch schon mal was hinter die Ohren«, erinnert sich Francisca heute an die Hippiezeit. Sie war damals dreizehn und wurde ins Haus eingeschlossen. Als Grund gab die Mutter an, daß man bei den Fremden nicht wisse, wer Junge oder Mädchen sei, denn alle hätten lange Haare und trügen Hosen.

Es gab einige Reiche unter den Freaks, wie sie sich selber nannten, die mit Schmuck behängt waren wie indische Maharadschas, und es gab viele, die von der Hand in den Mund lebten. Erst rund zwanzig Jahre ist das her. Doch die Geschichten von den Vollmondfesten, von dem Versuch, etwas abseits der Zivilisation und dafür in Einklang mit der Natur zu leben, klingen heute schon exotisch.

Wurde hier eine Utopie verwirklicht? Natürlich nicht, genauso wenig wie in den anderen Hippienestern von Kreta bis zum indischen Goa. Aber vielleicht war es der Anfang von dem, was man später das Formentera-Gefühl nannte, diese Mischung aus Freiheit, Sonne und harmlosen Verrücktheiten.

Die Insel wurde zu einem Magnet für Charakterkäuze und Tagträumer. Black Tony tauchte auf, Sohn eines hohen afrikanischen Regierungsbeamten, der ständig trommelte und mit der Zeit so dürr wurde, daß ihn alle Mädchen liebten. Kaum hatte er sich von einer Blondine am Hafen verabschiedet, wartete die nächste mit dem Mofa auf ihn. Tony setzte sich auf den Rücksitz und streckte seine langen Beine wie Bootsausleger weit von sich.

Glück bei Frauen hatte auch Ex-Legionär Jan, der leicht wütend wurde und mit harten eckigen Augen wie Eddie Constantine wild in die Runde blickte. Ein Franzose, nein – denn das hätte ihn schon wieder fuchtig gemacht –, Bretone war er, da legte er Wert drauf. Jan trat für eine freie Bretagne ein: »Bomben hier ein bießschen, Bomben da ein bießschen, warum niescht?« fragte er provozierend, und keiner reagierte.

Der Mangel an Reibungsfläche und das friedliche Klima der Insel machten ihn immer aggressiver, und bald konnte man seine Freundinnen an den blauen, allerdings nicht naturblauen Augen erkennen. Schlägereien auch mit Männern, nicht einmal die Guardia Civil konnte ihn bändigen. Niemand traute sich – bis zu einem Winterabend. Wieder einmal lehnte Jan an der Theke der Fonda Pepe und pöbelte in die Runde. Als ein Unbekannter von seinem Schachbrett aufstand, den Störenfried mit beiden Händen – nach Art, wie ein Bauer einen Mehlsack anlupft – in die Höhe hob, ihn vor die Tür setzte, zurück zu seinem Schachbrett ging, den Springer zog und »Schach!« sagte, sonst nichts.

Bis dahin hatte die Insulaner den starken Schachspieler als den Typ mit dem Hemd umschrieben, weil der selbst im Winter nur ein offenes Hemd trug und barfuß lief. Nun bezeichneten sie ihn als den Typ, der Jan bezwungen hatte. Das klang wie Drachentöter.

Als ich 1977 nach Formentera kam, war die Hippiezeit vorbei. Auf Ibiza spielte Eric Clapton in der Stierkampfarena vor noch einmal verwegen herausgeputztem Publikum. Doch der Traum, die Welt durch Gitarrenmusik, Flower-Power und ein friedliches Pfeifchen Gras verändern zu können, war bereits ausgeträumt.

Die Freaks waren an die Werkbänke, an die Hochschulen und in die Büros zurückgekehrt. Auf Formentera hielten sich noch ein paar versprengte Seelen. Ob man sie als Hippies bezeichnen konnte, weiß ich nicht. Jedenfalls waren sie Außenseiter, Unangepaßte. Zu ihnen gehörte ganz sicher René E. Mueller.

Der Berner Bürgerschreck war mit einer Fünfzehnjährigen, die er aus einem Erziehungsheim in Chur »befreit« hatte, nach Formentera gekommen. Kaum auf der Insel, verlor er das Mädchen an einen Wanderprediger. In einer Finca bei San Fernando schrieb René, unterstützt von Friedrich Dürrenmatt und dem Schweizer Waffenkönig Bührle,

Gedichte und den wildbewegten autobiographischen Roman »Engel der Straße«. Als das Buch gedruckt war, machte der Verlag pleite. René kaufte die Auflage zum Altpapierpreis auf, verhökerte die Bücher einzeln auf der Fonda-Terrasse und setzte den Erlös an der Theke um.

»Ich habe noch was zu verlieren – meine Erinnerung«, schließt Renés Buch. Dieser Satz paßt als Übergang.

Da war James, ehemaliger Kriegsfotograf in Vietnam, der seine Kamera weggeworfen hatte, aber die Greuelbilder in seinem Kopf nicht loswurde. »Mann, ich habe Soldaten an den Bäumen hängen sehen, mit dem Kopf nach unten, denen die Ameisen die Augen wegtrugen.«

Als er mir das erzählte, war er nicht mehr nüchtern, aber auch noch nicht völlig betrunken, und nur in dieser äußerst knappen Zeitspanne sprach er von seiner Vergangenheit. James trank Kognak immer mit Eis, deshalb nannten sie ihn James con hielo. Er hatte sich einer Inselband angeschlossen, sang aber immer nur einen Song, den vom »House of the Rising Sun«. Manchmal machte er den Ansatz, etwas aus seinem Leben zu erzählen. Wenn die Zuhörer ihn dann betreten anguckten, besann er sich wieder, lachte ins Mikrophon und mimte den Clown.

Jeder wußte, daß er Drogen nahm, harte Drogen. Dennoch waren alle wie vor den Kopf geschlagen, als er sich eines Tages das Leben nahm. Er wurde auf dem Friedhof in San Francisco begraben, und weil keiner seinen vollständigen Namen kannte, steht auf dem Holzkreuz »James con hielo«. Unter diesem Namen tourte die Inselband noch eine Weile durch Deutschland.

Man kennt das Klagelied: Ach ja, als der und der noch hier lebte. Es stimmt, daß viele Sonderlinge der Insel den Rücken gekehrt haben. Aber Tatsache ist auch, daß stets neue auftauchen und daß Charakterkäuze, Verrückte und Genies immer erst mit Verspätung als solche erkannt werden, genau wie alternative Energiequellen und Goldene Zeitalter.

Manche blieben einfach nur nicht lange genug hier, um sich als Inseltypen ins Gedächtnis zu prägen. Wie jener Kerl in einer schwarzen Schiedsrichterhose, der eines Tages Station machte, um auf dem Bürgermeisteramt von San Francisco um Asyl zu bitten. In der DDR, die derzeit noch bestand, hatte er es schon versucht, ebenso im Vatikan – erfolglos. »Und ihr wollt Kommunisten sein!« hatte er den DDR-Bürokraten zugerufen. »Und ihr wollt Christen sein!« hatte er den päpstlichen Bürokraten noch entgegengeschleudert und sich auf den Weg nach Formentera gemacht.

»Warum gerade Formentera?«

Jesus selber habe ihm das neue Ziel genannt.

Andere Typen kreuzten auf. Erst gestern sah ich einen, blondes Haar, rötlicher Bart und von Kopf bis Fuß in Schafwolle gekleidet, einschließlich langer Strickhosen, und auch sein Fahrrad hatte eine Satteldecke aus Schafwolle. Wenig später sah ich einen Burschen mit Rollschuhen in Schußfahrt die Serpentinen von La Mola nehmen. Er habe einen Termin bei seinem Guru, rief er über die Schulter. Mit ein bißchen Glück, falls er vorher nicht im Graben landet, kommen wir doch noch ins Gespräch.

»Schickt Leute aus, die Charaktere sammeln sollen!« forderte vor zweihundert Jahren der Physiker und Aufklärer Georg Christoph Lichtenberg. Auf Formentera würden Sammler fündig werden – immer noch.

Gedichte, Bücher, Bilder. Fast jeder malte oder schrieb, auch die Besucher, Martin Grzimek an seinem Roman »Die Beschattung«, Michael Molsner an seinem Krimi »Ausstieg eines Dealers«. Knut Terjung, damals Pressesprecher von Herbert Wehner, bestellte beim israelischen Inselkünstler

Aaron Keydar für seinen Chef zum Geburtstag eine Pfeife, und weil die handgerecht geschnitzt sein sollte, fragte er in Bonn nach, wie Wehner denn die Pfeife halte. Mit links natürlich! Bei einem späteren Besuch arbeitete Knut Terjung dann an seinem Wehner-Buch »Der Onkel«.

Im Sommer – da ist das Strandleben, da sind die Besucher – gibt es genügend Abwechslung. Herrlich auch, wie man mit dem Besorgen von drei Porreestangen plus Plausch im Einkaufs-Treff Estrella den halben Tag verbringen kann!

Aber der Winter! Kein Fremder da, bei dem man so ganz nebenbei die Inselerfahrungen raushängen lassen kann. Man kennt das doch: Eine Gruppe von Besuchern, die alles so toll finden, was mit der Insel zusammenhängt, und dann wirft einer den Satz ein: »Mein Nachbar hat die Weinstöcke in diesem Jahr schon im Januar geschnitten.« Große Augen, du lebst hier?

O ja, das tut dem Überwinterer gut wie die ersten Strahlen der Frühlingssonne.

Also schreiben oder malen oder Holz sammeln. Irgendwie muß man sich handfest im Winter beschäftigen, wer es nicht tut, ist rettungslos verloren. Für die modische Aufgabe, sich selbst zu finden, ist Formentera ein denkbar ungünstiger Ort. Wer mit dieser Absicht kommt, wird sich selbst allenfalls auf dem Grund eines Kognakglases wiederfinden.

Also rein in den Wald? Gemach, gemach! Es gibt auf der Insel ja nicht einen Quadratmeter Wald, der nicht irgendeinem Bauern gehört. Auch wenn der die Kiefern, die der Sturm umgeworfen hat, nicht selbst zu Brennholz macht, sondern vermodern läßt, fragen muß man. Sonst kann es einem wie dem Ausländer gehen, der Freunde zu sich nach Hause einlud.

Es war ein regnerischer Wintertag, kalt und ungemütlich.

Doch der Gastgeber heizte, bevor die Gäste kamen, seinen Kamin tüchtig an, und zwar mit einem dicken Balken, der die ganze Nacht für wohlige Wärme sorgen sollte. Der erste Gast kam, und wie üblich stellte er sich nach der Begrüßung erst einmal vor den offenen Kamin, um sich dort mit der Bemerkung, es gehe doch nichts über ein Kaminfeuer, die klammen Hände zu reiben. Dann zeigte er auf das knisternde Holz und sagte: »Pepes Balken.«

»Wie bitte?«

»Das ist Pepes Balken.«

Den habe er auf dem freien Feld gefunden, sagte der Gastgeber. Ja, ja, meinte der Gast, aber es sei eben Pepes Balken. Woher er das wisse, erkundigte sich der Gastgeber. Aber da kamen schon wieder Gäste, die sich ebenfalls vors Feuer stellten, die Hände aneinander rieben und irgendwann sagten: »Ach, guck mal, Pepes Balken!«

Es stellte sich heraus, daß anscheinend jeder auf der Insel den verflixten Balken kannte. Der eine erkannte ihn an der Form, der andere an der blauen Farbe, mit der ein Ende mal vor Urzeiten angestrichen worden war.

»Pepes Balken, na und, was soll's? Ich lege ihm einen Balken aufs Feld, und damit hat es sich dann«, sagte der Gastgeber.

Tage später sprach ihn ein alter Mann an: »*Hola*, ich bin Pepe. Es geht um den Balken. Den brauche ich jedes Jahr im Sommer, wenn die Dreschmaschine kommt, um damit das Ziegengatter aufzuhalten.«

»Tut mir leid, das wußte ich nicht. Ich hatte den Balken weggenommen, aber inzwischen habe ich an dieselbe Stelle einen prima Balken hingelegt, und damit müßte die Sache auch wieder in Ordnung sein.«

»Nicht ganz.« Der alte Pepe schüttelte den Kopf. »Nicht ganz. Mein Balken war etwas blau am Ende.«

Eine Geschichte, die sich die Leute, was nahe liegt, an Winterabenden gern vorm prasselnden Kaminfeuer erzählen.

Also vorher fragen oder am Strand Treibholz sammeln. Doch Vorsicht! Das Treibholz ist voll mit dem Meersalz, das sich in den Poren abgelagert hat. Beim Verbrennen im offenen Kamin kommt es zu kleinen Explosionen. Den sprühenden Funken sind schon viele Hemden und Hosen zum Opfer gefallen. Schlimmer soll es eines Tages Susa Ackermann erwischt haben, als sie, innerlich vom Wein, äußerlich vom Kaminfeuer erwärmt, im Sessel einschlief und ein sprühender Funke ihre Beinkleider aus Kunststoff verbrannte. Amigo erzählte mir das: »Ihre Beine waren schwarz gebrannt.«
Schmerzhaft, im übertragenen Sinn, waren meine eigenen Erfahrungen mit dem Treibholz. Daß die alten Kamine nicht heizen, weiß jeder auf der Insel. Und so war ich froh, als mir ein Bekannter einen Ofen aus Deutschland mitbrachte, ein schönes altes Stück mit Jugendstilranken an den gußeisernen Klappen und grünemailliertem Blechkleid. Eine wohltuende Wärme ging von diesem Ofen aus. Aber nur einen Winter lang. Dann nämlich hatte das Meersalz aus dem Treibholz das hübsche Emaillekleid aufgefressen, das viele Jahrzehnte in Deutschland gehalten hatte.

Als ich Martin Grzimek das erstemal traf, spähte er mit sorgenvollem Blick durch die Pinien zu einem Himmel, der mit bleischweren Wolken behangen war. Kalt war es, und der Regen würde auch nicht lange auf sich warten lassen. Wir nickten uns zu, nicht viel freundlicher als sich die Leute in Deutschland zunicken, wenn jeden Augenblick ein Unwetter losbrechen kann. Doch dann ging ich noch einmal zurück, und wir kamen ins Gespräch.

Ein Bekannter hatte Martin sein Ferienhaus überlassen, damit er auf Formentera seinen Roman zu Ende schreiben könne. »Ruhige Zeit jetzt«, hatte der Mann gesagt, »du wirst herrlich schaffen können.«

Martin lachte bitter auf, als er mir das erzählte. »Ich war nie so beschäftigt wie hier. Um ein Brot zu kaufen, muß ich bis San Fernando, weil in der Nähe alles zu ist. Dann Holz für den Kamin ranschleppen, sägen, Wasser pumpen, Kochen, Spülen. Tausend Kleinigkeiten, die alle getan werden müssen, solange es noch hell ist. Meist bin ich mit den Kleinigkeiten erst fertig, wenn die Sonne schon wieder untergeht. Bei Kerzenlicht sitze ich dann und schreibe ein paar Zeilen. Aber es kommt nicht viel dabei herum.«

»Und jetzt?«

»Ich bin beim Packen, reise ab. Insel des Lichts, daß ich nicht lache! Traurig, feucht und kalt ist diese Insel.«

»Morgen scheint wieder die Sonne«, behauptete ich mit der Überzeugungskraft eines beinahe Eingesessenen.

Und ich hatte Glück, am anderen Morgen schien tatsächlich die Sonne. Formentera zeigte sich von seiner besten Seite, eine Insel der Ruhe und des Lichts. Die Sommersonne ist ein erbarmungsloser Feind, macht träge und aggressiv. Die Wintersonne hingegen wärmt gerade soviel, daß man sie als angenehm empfindet, und ihre Strahlen beflügeln die Schaffenskraft.

Martin kam gut mit seinem Roman voran – solange die Sonne schien. Wenn es regnete, las er uns am Kamin die fertigen Kapitel vor. War der Himmel bedeckt, dann trafen wir uns zu einem Spaziergang, ohne uns dazu großartig verabreden zu müssen.

Spaziergang über den RÖMERWEG: Schnell sind wir durch den Wald und in ES CALÓ. Die Pension Miramar mit den

Palmen draußen und den Spitzendeckchen drinnen auf den Kommoden ist natürlich geschlossen, ebenso der Mofaverleih in der Finca, das Restaurant Rafalet und der Kramladen daneben. Gearbeitet wird dennoch in dem winzigen Ort. Die Männer gehen fischen oder schaffen an den Booten, die auf Rampen aus Sabinabalken und Brettern stehen.

Der kleine Naturhafen soll schon von den Römern benutzt worden sein. Ob die Römer auch den Weg anlegten, der von hier aus zur Hochebene führt oder ob dieser Pfad erst später von den Mönchen des Augustinerordens gebaut wurde, ist umstritten und ziemlich unwichtig. Der Weg heißt *Cami romà* und das Dörfchen mit vollständigem Namen Es Caló de Sant Agustin.

Linker Hand ziehen dunkle Wolken entlang der Küste ES CARNATGE. Ihr Name besagt, daß hier die Leichen von Seeleuten angeschwemmt wurden, wenn ein Schiff in der gefährlichen Durchfahrt bei Espardell zerschellt war. Daß die Inselbewohner fremde Schiffe mit Lichtern in die Gefahrenzone lockten, ist schwerlich mehr als eine Schmähung. Wohl aber werden sie die Strände, wenn der Tramuntana sich gelegt hatte, nach Wrackteilen abgesucht haben. Oder nach Schmuggelgut, denn Es Carnatge, so munkelt man, soll bis in jüngster Zeit ein Anlaufpunkt der Schmuggelboote gewesen sein.

Rechter Hand erhebt sich das Hochplateau LA MOLA, graublau, mit schwarzen Augenhöhlen. Ein paar hundert Meter gehen wir noch auf der leicht ansteigenden Asphaltstraße weiter, dann, beim *Hostal Entre Pinos,* biegen wir auf einen schmalen Pfad ein, der sich hart an der Steilküste entlangschlängelt. Hin und wieder tauchen uralte Pflastersteine und Durchbrüche auf, die durch den massiven Fels gehauen wurden. Wir können uns die Flüche der Straßenbauer vorstellen, die unter glühender Sonne geschuftet haben. Jedenfalls hat ihre Arbeit Wind und Wetter von Jahrhunderten überdauert, was man von den modernen Straßen nicht sagen kann.

Vorbei an der *Cueva de la mano peluda,* der Grotte der felligen Hand. Die Legende berichtet von einem alten maurischen Piraten, der, von seinen Komplizen verlassen und nahe dem Verhungern, hier eine tote Ziege fand. Er aß das Fleisch, das Fell der Ziege aber hängte er vor den Höhleneingang, was ihm das Leben rettete. Denn die Inselbewohner, die auf Piraten nicht gut zu sprechen waren, mieden nun die Höhle, die von weitem aussah, als würde sie von einer felligen Hand bewacht.

In der Hippiezeit sowieso, doch auch noch im letzten Sommer hausten in der Grotte neuzeitliche Höhlenbewohner samt Schlafsack und Reisegrill. Die Holzkohle konnten sie mit etwas Glück in der Nähe finden. Hier am Hang der Mola befanden sich früher die Kohlenmeiler. Wie sich die ersten Ausländer noch erinnern, roch damals die ganze Insel nach Holzkohle. In den Wintermonaten war dies überhaupt der vorherrschende Geruch.

Jetzt riecht es nach Rosmarin. Wir bleiben stehen, ziehen tief die Luft ein. Unter uns liegt die Insel, die von hier oben einer Streitaxt gleicht. Der Stiel, die schmale Landbrücke zwischen San Fernando und Es Caló, wird vom Meer berannt, blaugrün mit weißen Wellenkämmen.

Vor einigen Jahren hatte es mal den Anschein, als würde das Meer die Insel an dieser schmalen Stelle überfluten. Damals fegte ein Orkan über Formentera hinweg. Die Wellen sprangen an Land, rissen mit sich Jachten und Fischerboote, die sie in Es Pujols bis an die Eingänge der Restaurants schleuderten. Der Sturm knickte Bogenlampen und drückte Schaufenster ein. In der Vorhalle des Hotels Roca Bella türmten sich Felsbrocken.

Einige Winterurlauber flüchteten auf die Mola, weil das

Gerücht von einer heranrollenden Riesenwelle die Runde machte. Was sie nicht wußten: Die angeblich seriöse Meldung stammte vom 28. Dezember, und der ist in Spanien das Gegenstück zum 1. April in Deutschland.

Die Riesenwelle blieb aus. Aber der Sturm hatte auch so genug Schaden angerichtet. Er hatte Häuser abgedeckt, die Bootsunterstände zerstört und in die Pinienwälder regelrechte Schneisen gefräst.

Während wir über vergangene Unwetter sprechen, nähert sich von Westen eine Regenwand. Schon müssen wir uns beeilen. Als wir am Ende des Römerwegs auf die Asphaltstraße stoßen, streift die erste Bö durch die Pinienwipfel. Wir laufen zurück bis zum Restaurant Mirador, das geschlossen ist, aber eine offene Terrasse mit herrlichem Ausblick hat. Von dort schauen wir zu, wie der Regen, einem Vorhang gleich, auf die Insel fällt.

Ausflug zu den SALINEN: Frisches Weißbrot werden wir in San Fernando kaufen. Tomaten, Öl und Zwiebeln in eine Tüte, und schon sind wir auf Tour.

Eidechsen flüchten vor unseren heransurrenden Rädern, instinktiv wählen sie immer den Weg zum schützenden Graben. Ich passe auf, daß ich ihnen nicht den Rückweg abschneide. Schmetterlinge flattern dicht über dem Boden. Vor SAN FERNANDO spulen zwei Arbeiter ein dickes Kabel von einer riesigen Holztrommel, andere stellen Masten auf, die sie zunächst mit Seilen wie Schiffsmasten vertauen, um sie später einzubetonieren.

Telefonkabel, Stromkabel und Hochspannungsleitungen durchschneiden mittlerweile weite Teile der Landschaft. Die örtliche Umweltgruppe hätte den Kabelsalat lieber in der Erde, aber dafür fehlt das Geld. Dabei kostet der Anschluß einer Finca ans Stromnetz einige zigtausend Mark, und der

Anschluß eines Telefons ist, wenn das Haus weit vom nächsten Ort entfernt liegt, nicht viel billiger.

Viele Einheimische haben sich deshalb statt eines Telefons ein Funkgerät angeschafft, mit dem sie kreuz und quer über die Insel »telefonieren« und den Fernsehempfang stören. Abends so um zehn ist es am schlimmsten. Mal kippt das Bild weg, dann wieder fragt der einsame Reiter, in Inselmundart, was Juanito macht oder ob die Suppe mit Kichererbsen schon gar ist. Man kann das lustig finden oder sich eine Satellitenschüssel aufs Dach stellen. Doch gegen die zweite Möglichkeit wehre ich mich noch.

Ein Zeitungsartikel aus dem Jahre 68 kommt mir in den Sinn. »Herrlich, einmal kein Komfort!« jubilierte damals die Münchner »Abendzeitung«. Und dann zählte sie auf, was es alles nicht gibt auf Formentera: keine Nachtklubs mit beleuchteten Swimmingpools, keine Kurkapelle, keine Eisverkäufer, keine Folklore, keine Feinschmeckerlokale. Was hat sich daran geändert? Kaum etwas!

All die Kritiker, die heute ständig beklagen, Formentera sei überlaufen, es gäbe zu viele Autos und Motorräder, zu viele Geschäfte und Touristen, all diese Kritiker kommen grundsätzlich nur im Sommer und nicht im Winter, wenn die Insel ruhig und fast menschenleer ist.

Bislang sind wir noch keinem einzigen Touristen begegnet und nur vereinzelten Einheimischen. Die leicht angerauhte Wasserfläche des ESTANY PUDENT taucht am Ende der Straße auf. Schaumflocken wehen wie Schnee über die Straße. Am Ende des Sees biegen wir vom befestigten Weg ab, lassen irgendwo die Räder liegen und strolchen durch die Gegend.

Da ist das alte haushohe Schöpfrad, das früher das Wasser aus dem See in die Salinenbecken beförderte. Da sind die hölzernen Schieber, die zum Fluten der geometrischen Sali-

Schaumflocken des Estany Pudent wehen über die Straße.

nenbecken geöffnet wurden. Den Rest besorgte die Sonne. Sie ließ das Wasser verdunsten, Salz lagerte sich ab und gab den Salzpfannen die schönsten Farbabstufungen von Rosa bis Ocker und Violett.

Im Sand verrotten Schwellen, rosten Schienen und Waggons der alten schmalspurigen Eisenbahn, die einst das Salz zum Hafen brachte. In einem Schuppen steht auch noch die Dampflok, gebaut von der Firma Orenstein und Koppel im schlesischen Breslau. Vor knapp einem halben Jahrhundert hat sie wildschnaubend ihr letzte Fahrt gemacht. Lastwagen übernahmen danach ihre Aufgabe.

Der Salzberg, der früher weit sichtbar wie frisch gefallener Schnee glänzte, ist mit einer Staubschicht bedeckt. 1986 wurde das Salz zum letztenmal geerntet. Seitdem hört das Tauziehen um die Salinen nicht auf. Der Besitzer, die Salinera S.A., möchte dort am liebsten Unterkünfte für Touristen hochziehen. Naturschützer hingegen verlangen, daß das Gebiet, zu dem Dünen und Pinienhaine gehören, zum Naturschutzgebiet erklärt wird.

Die erste Demonstration für den *Parc natural* gab es schon im November 1980. Naturschützer zogen damals mit Spruchbändern über die Insel, ein bis dahin ungewohnter Anblick. Anschließend zeigten sie in einer Dia-Schau, wie wichtig das Gebiet für die Vogelwelt zum Brüten und Rasten ist. Fünf Jahre später wurden die Salinen samt Salzsee Estany Pudent zu einem besonderen, also schutzwürdigen Gebiet erklärt. Ein kleiner Sieg.

Aber bei jedem Wechsel im Rathaus, bei jeder Veränderung der politischen Gruppierungen steht das Thema Salinen wieder auf der Tagesordnung. Dabei geht es auch immer um die Schaffung von Arbeitsplätzen – das alte Argument. Wirklich sinnvoll für die Insel und die Bevölkerung, aber allem voran hilfreich für die Vögel wäre es, wenn der alte Traum der Naturschützer in Erfüllung ginge, und der heißt: Ses Salinas Parc Natural.

Der Salzsee Estany Pudent hieß früher auch Estany des Flamencs. Doch Flamingos tauchen nur noch selten auf. Die rosafarbenen Vögel, die wir jetzt sehen, sind aus Beton, geschaffen vom Zementkünstler Schoppi.

Wir lassen die Skulpturen hinter uns, setzen uns auf den Mühlenhügel. In der alten Moli de Sal, die der Enkel des Müllers zu einem Restaurant umgebaut hat, wurde über Jahrhunderte das Salz mit Hilfe eines Esels gemahlen. Die Tiere seien bei der harten Arbeit nicht alt geworden, hat mir ein Salinenarbeiter mal erzählt. »Menschen halten mehr aus als Esel.«

José Mari muß es wissen, bis zu seiner Pensionierung hat er in den Salinen geschuftet. »In der Erntezeit gingen wir gar nicht erst nach Hause, die Frauen brachten uns das Essen. Arbeit, zehn Tage, zehn Nächte. Das Salz wurde in Blöcke geschnitten, die wir auf dem Kopf trugen. Aufrecht mußten wir gehen, sonst hätte es uns das Genick gebrochen. Doch andere Arbeit gab es nicht.«

Die Salinen waren über lange Zeit Formenteras einziger Reichtum. Das Salz war in ganz Europa begehrt, vor allem zur Fischverarbeitung. Wie lebenswichtig Salz ist, merkten die Menschen in Barcelona, als wegen innerspanischer Querelen die Karlisten 1846 ein Embargo über die aufmüpfige Stadt verhängten. Doch einige Schiffe mit Salz aus Formenteras Salinen durchbrachen die Blockade, und ihnen zum Gedenken wird seit einigen Jahren zwischen Formentera und Barcelona die Segelregatta »Ruta de Sal« veranstaltet.

Wir packen das Weißbrot aus, reiben es mit einer halbierten Tomate ein, streuen etwas Salz von den Salinen drüber. Es schmeckt.

Ein Fischerboot tuckert vorbei, verschwindet im Abendlicht. Graugänse ziehen über uns hinweg, schwenken ein und lassen sich in den Uferböschungen nieder. Aus dem Meer steigen Nebelkraken, Seejungfrauen, und etwas weiter draußen wächst die Felseninsel ES VEDRÀ in den Himmel wie eine Kathedrale, schwarzblau, monumental, ewig.

XII. Februar

Messer hinterm Vorhang, Wintertheater und eine Reise durch das Sonnensystem.

Ob man alle Autos verbieten solle, wie es Besucher immer wieder vorschlagen, frage ich Maria. Sie reibt sich das Mehl von den Händen, öffnet die Luke von dem alten steinernen Backofen und schiebt einen großen Brotlaib in die Hitze. Meine Frage beantwortet sie nicht. – Das ist so eine Eigenart der Einheimischen; wenn eine Frage zu töricht ist, lächeln sie nur höflich, schützen Unwissenheit oder Gleichgültigkeit vor.

Im Moment ist Maria auch mit Wichtigerem beschäftigt. Sie bringt einen der Teigballen in eine längliche Form, schneidet für die *biscuits* tiefe Kerben und schiebt ihn ebenfalls in den Ofen. Nach dem Backen wird Maria die Brotstangen in Stücke brechen und für zwei Tage in den sich langsam abkühlenden Ofen legen. Bescuits sind die inseltypischen Zwiebäcke, ungesalzen, hart wie Granit und ebenso dauerhaft. Sie bilden die Grundlage für die mit Brot angereicherten *sopas con pan* und werden auch, vorher eingeweicht, bei Salaten verwendet.

Maria backt Brot für die ganze Sippe. Nur so lohnt es sich, den Ofen mit Reisig und Holzscheiten anzuheizen. Das Brot backt sie wie die Leute vor hundert Jahren, was sie aber nicht davon abhält, zu einem tragbaren Funkgerät zu greifen, um mit ihrer Tochter im Flachland zu sprechen.

Auf dem Dach von Marias Finca steht ein Sonnenkollektor, unter dem Verandadach hängen Paprikaschoten und die fleischigen Wintertomaten, die bis zum frühen Sommer haltbar

Der Backofen wird mit Reisig und Holzscheiten geheizt.

sind. Für die Einheimischen ist das Nebeneinander von Alt und Neu natürlich; nur die Besucher sehen darin einen Stilbruch. Einige möchten nicht nur die Autos verbieten, sondern am liebsten auch den Holzpflug wieder einführen, weil das eine Menge für das Fotoalbum hergäbe.

Neben der Arbeit im Haus und mit den Tieren näht Maria für die Boutiquen in San Francisco und Es Pujols. Marias Mann, Juan Torres Mayans, ist Müller. Bis 1964 hat er das Korn in einer zweihundert Jahre alten Windmühle gemahlen, danach setzte er einen Motor ein. Als erster auf Formentera

hat Juan Erdbeeren und Artischocken angebaut. Doch zum
Fischen geht er noch genau wie sein Vater und Großvater.
Damit die Jungen wissen, wie so eine Mühle funktioniert, hat
er ein mannshohes Modell gebaut.

Nicht nur von seinem Handwerk, Juan weiß auch viel aus
den alten Zeiten. Wie die Leute das Harz aus dem Sabinaholz
kochten, um damit die Sohlen der Hanfschuhe zu verstärken.
Wie sie die Steine aus den Steinbrüchen an der Westküste
brachen und mit Kähnen nach Ibiza schipperten. Er erzählt
von den jungen Männern, die mehr aus Abenteuerlust denn
aus Hunger an der Steilküste die Nester der Sturmtaucher,
virots im Inseldialekt, ausräuberten. Dabei ließen sie sich an
einem Seil von höhergelegenen Felsen herab. Die überrasch-
ten Vögel wehrten sich mit Schnabelhieben, und oft, so
erzählt man, blieb dem Mann, der mit einer Hand am Seil
hing, nur die Möglichkeit, seine Beute mit einem Biß zu töten.
Eine Tollkühnheit, die der eine oder andere mit seinem Leben
bezahlte. Es ist erst wenige Jahre her, daß ein schon älterer
Mann beim Fangen von Virots zu Tode stürzte.

Der Brauch wird verschwinden, die Bezeichnung Virots für
die Bewohner der Mola bleiben. Im Gegenzug nennen diese
ihre Verwandten im Flachland *papagaios*, Papageien, aber
nicht einmal der Müller Juan weiß, warum.

Geschichten von gestern, winkt er ab, wie die von dem
Bauern, der mit einem Huhn nach Ibiza fuhr, um es dort zu
verkaufen. Eine andere Version berichtet von dem Bauern,
der die gleiche Reise unternahm, um einen Hundert-Peseten-
Schein zu wechseln, niemand auf der Insel hatte soviel Geld.

Ob die alte Zeit auch die bessere Zeit gewesen sei? Da zuckt
er die Schultern. Die Not war groß, doch jetzt gebe es andere
Probleme. Man wisse ja, die Drogen, und schlimm sei es
auch, daß die Jungen nicht mehr auf dem Acker arbeiten
wollten. Vielleicht sei das Leben früher trotz der harten

Arbeit gesünder gewesen, meint er. Das ist für einen Inselbewohner, der sich nur ungern festlegen läßt, schon eine sehr deutliche Antwort.

Die Gesundheit der Formenterenser ist legendär, ihr Durchschnittsalter höher als sonstwo in Spanien. Es gibt die Meinung, beides hänge durchaus mit den harten Lebensbedingungen und dem einfachen, ja kärglichen Essen zusammen. Genügsamkeit als Medizin.

Wurde doch einmal jemand ernstlich krank, mußte er ins Krankenhaus nach Ibiza. Den Kranken begleitete einer der Verwandten, für den dann ein zusätzliches Bett aufgestellt wurde. In den meisten Fällen wird das auch heute noch so gehandhabt. Noch funktioniert die Großfamilie.

Die Familien heißen Ferrer und Escandell, Mayans, Mari, Tur und Juan. Da nach spanischer Sitte der Name beider Elternteile erhalten bleibt, ergeben sich alle möglichen Kombinationen dieser Namen. Bis hin zu Juanito Juan Juan, der in Es Caló wohnt und eigentlich Juan Juan Juan heißt.

Wer kreuz und quer mit der halben Insel verwandt ist, hält sich mit neuen Freundschaften zurück. Wer ständig und überall einen Bekannten trifft, gewöhnt sich an, auch schon mal durch jemanden hindurchzublicken. Das ist nicht böse gemeint, man will nur seine Ruhe haben. Zu den Besuchern, so sie den ersten Schritt machen, sind die Formenterenser durchaus freundlich. Denn diese Fremden gehen ja bald schon wieder weg.

Auch ich mache mich auf den Heimweg.

Vorbei an Juans Mühle, die neuerdings als einzige der Insel wieder intakte Flügel hat, geradewegs auf die Kirche von EL PILAR zu. Eine Hochzeit findet statt. Die Braut in Weiß, die übrige Gesellschaft ist in dunkle Anzüge oder Tracht gekleidet. Das Gotteshaus wurde 1784 im strengen Stil einer ibizenkischen Casa errichtet, vierzig Jahre älter ist die Glocke,

Kornmühle auf La Mola.

die von einem Schiff aus Rotterdam stammt. Auch die Glocke der ein halbes Jahrhundert älteren Kirche in San Francisco und der jüngeren Kirche von San Fernando läuteten einst als Schiffsglocken.

Der Pfarrer von San Fernando sorgte sich früher, wie ich erfahren habe, nicht allein um das Seelenheil seiner Gemeinde. Don Gabriel hatte auch das erste Kino der Insel und kellnerte nebenbei in der Bar San Fernando. Der alte Pfarrer von San Francisco wiederum betrieb nebenbei, doch mit Stil, eine Wechselstube. Wer ohne Hemd kam, den schickte er hinaus.

Vorbei an den Trockenmauern, die auf der Mola höher geschichtet sind und aus rötlichen Steinen, die jetzt in der Abendsonne regelrecht zu glühen scheinen. Am Horizont ziehen sich Wolken zusammen, das Wetter wird sich ändern. Juan hat es mir prophezeit, mit lachendem Gesicht.

Morgen halte er sein Ohr an die große Zisterne, hat er gesagt. Und wenn das Regenwasser über das Dach und den zementierten Vorplatz in die Röhre läuft, dann zähle er die Peseten. Eine Tonne Wasser kostet plus Transport rund zehn Mark. Bevor es die Entsalzunganlage gab, war Wasser nicht nur teuer, sondern äußerst knapp. Juans Zisterne faßt hundert Tonnen. Wenn es morgen so richtig gießt, hat er einen Vorrat, der für Mensch, Tier und Boden über viele Monate reicht.

Brunnen gibt es nicht auf der Mola.

Wie schon erwähnt, erscheint auf der Insel eine Tageszeitung. Doch die wirklich wichtigen Mitteilungen hängen als Anschlag an der Tür von Manolos Bäckerladen. Einmal stand da zum Beispiel, daß alle Hunde gegen Tollwut geimpft werden müßten, und zwar vor dem Rathaus in San Francisco zwischen zehn und dreizehn Uhr.

Max, hast du gehört? Und ob, er guckt schon ganz sauer. Ich binde ihm den Maulkorb um und schubse ihn in das Auto, das ich von einem Bekannten geliehen habe.

Schon von weitem ist es zu hören: Auf dem Kirchplatz ist der Teufel, sind die Hunde los. Ich wußte gar nicht, daß es so viele auf der Insel gibt. Große, kleine, lange, dicke, ein Mischling mit einem schwarzen Fleck überm Auge macht auf Pirat. Auffallend viele deutsche Schäferhunde – *el Pastor Alemán* ist in den letzten Jahren regelrecht zum Modehund geworden. Die schlanken ibizenkischen Hunde, die sonst nur

zur Jagd freigelassen werden, zittern vor Eifer. Die Atmosphäre ist elektrisch aufgeladen wie vor einem Rockkonzert,
die Luft riecht nach Hundepisse.

Einer hat damit angefangen, dann haben es ihm alle nach-
gemacht, sie haben das Bein gehoben, ihren Platz markiert
und Herrchens Hose. Paco vom Kap, bereits naß bis zum
Knie, versucht das Unmögliche: Er will die Meute von sechs
Jagdhunden sowohl von seinen Hosenbeinen als auch von
fremden Rüden fernhalten. Er zieht, stößt weg, ist dauernd in
Bewegung. Mit den vielen Leinen in den Händen wirkt er wie
ein Marionettenspieler.

Max schindet Eindruck mit seinem Maulkorb. Endlich sind
wir an der Reihe. Als der Arzt die Spritze setzt, rammt Max
ihm den Maulkorb in die Kniekehle. Es gibt stärkere Hunde
als ihn auf der Insel, aber keiner ist so ausgebufft wie er.

Vor knapp fünfzig Jahren gab es auf der Insel noch über
200 Esel und 150 Ochsen, dazu Mulis und Pferde. Die Esel
drehten die Schöpfräder der Brunnen, die Ochsen zogen den
Pflug, oft als Gespann zusammen mit einem Pferd oder einer
Kuh. Heute gibt es auf der Insel nur noch einen einzigen Esel.
Er steht in einem Stall der Ferienanlage Mar y Land, und von
Zeit zu Zeit holt ihn sein Besitzer heraus, um die Butangasfla-
schen zu den Bungalows zu transportieren.

Wenn, wie heute, der Wind von Osten weht, höre ich den
alten Graupelz schreien. Ich glaube, er langweilt sich. Die
Bungalows sind verrammelt, selbst die Katzen haben das
Gelände verlassen. Einsam ist der Esel, und sicher möchte er
lieber Gasflaschen schleppen, als den ganzen Tag nur im Stall
stehen. Wie jedesmal, wenn ich sein Klagen höre, nehme ich
mir vor, ihm bei Gelegenheit eine Möhre zu bringen und ihm
die Ohren zu kraulen.

Karneval. Lange Zeit durfte dieses Volksfest nicht gefeiert werden. Diktatoren mögen es nicht, wenn Narren ihnen einen Spiegel vorhalten. Doch dann, nach Francos Tod, brach der Spaß am Ausgelassensein, am Verkleiden wieder auf. Auf Formentera kostümieren sich vor allem die Kinder. Einmal stolzer Torero sein oder Prinzessin Tausendschön! Auf Rükken, die sonst Schulranzen tragen, sitzen heute silberne Engelsflügel. Die kleine Carmen hebt kokett den Fransenrock, der Teufel heult Rotz und Wasser, eine Horde Cowboys und Indianer beballern sich, und der vierjährige Superman muß Pipi machen.

Schon seit Tagen ist das Hauptstädtchen mit Papiergirlanden geschmückt. Am Vortage wurde vor dem Rathaus ein Podium aufgebaut, für die Sänger und eine viel zu starke Verstärkeranlage, ohne die natürlich auch hier nichts läuft. Uno, dos, tres – die Musiker legen sich auch gleich ins Zeug, spielen im fliegenden Wechsel Rock und Folklore.

Der Kirchplatz hat sich inzwischen gefüllt, Menschentrauben vor den Getränkeständen. Man schlendert umher, in der linken Hand den verkleideten Spößling, in der rechten den Pappbecher mit Bier oder süßem Sekt. Man sieht sich, man grüßt, lächelt etwas gelöster als sonst. Mit Copacabana hat das nichts zu tun, mit Kommerz ebensowenig. Abgesehen von den winterlichen Dauergästen und den Kurzzeitbesuchern aus dem Rheinland, die vor der schunkelnden Fröhlichkeit in ihrer Heimat geflohen sind, ist man unter sich.

Wie auch bei den anderen Volksfesten kriegt das Promenieren irgendwann eine bestimmte Richtung. Das festliche Treiben verlagert sich zum Fußballplatz, wo um Mitternacht der Himmel explodiert. Rote, grüne und blaue Raketen steigen in die Luft, zerplatzen, verstreuen Sterne, zischen und kommen als Goldregen zur Erde zurück. Noch ein letzter Böller, dann ist der insulare Karneval zu Ende.

»Krok, krok!« Ich gehe vor die Tür, schaue zum Himmel. Das mache ich jedesmal, wenn ich das heisere Rufen der Kolkraben höre. Ich werde es nicht müde, mir diesen Vogel anzusehen. Er gehört zu der Landschaft wie der Wind. Mit seiner Flügelspanne von über einem Meter ist der Kolkrabe der größte Singvogel der Erde. »Krok, krok.« Mit solch einem kleinen Repertoir kann man also schon Sänger werden.

Wenig Stimme hat er, aber angeblich den höchsten IQ aller Gefiederten. Doch Intelligenz macht nicht unbedingt beliebt. Die Einheimischen haben für »Hans Huckebein«, wie Wilhelm Busch ihn nannte, nicht viel übrig. Toni behauptet, daß der große Schwarze mit dem mächtigen Schnabel neugeborene Lämmer angreift, ihnen angeblich zuerst die Augen aushackt, um danach leichteres Spiel zu haben.

Greuelmärchen! Eher schon könnte es sein, daß der Allesfresser, der auch Kadaver nicht verschmäht, sich hin und wieder mal an ein totgeborenes Lamm heranmacht. Und noch wahrscheinlicher ist, daß Kolkraben ihren scharfen, schwarzen Schnabel in reife Melonen hauen. Auch das lieben die Bauern nicht so sehr.

In Deutschland dürfen Kolkraben schon seit Kaisers Zeiten nicht mehr gejagt werden. Auf Formentera setzen sich Umweltschützer für den großen Sänger mit der rauhen Stimme ein. Sijpko hat verwaiste Jungraben aufgezogen. Einer von ihnen ist jetzt im Kölner Zoo, die anderen haben sich nach Rabenart zunächst einer Jugendbande angeschlossen. Ein eigenes Revier zu finden, ist auf einer kleinen Insel besonders schwer, und die Altvögel hacken die Halbstarken erbarmungslos weg.

Also nicht nur Mordbube und Unglücksvogel, sondern auch noch Rabeneltern? Dieser Vogel, der siebzig Jahre und womöglich auch etwas weise werden kann, hat die Menschen seit Urzeiten fasziniert. Nach der germanischen Mythologie umflatterten Göttervater Wotan zwei Raben, die ihn über das Treiben der Menschen auf dem laufenden hielten und ihm Ratschläge gaben.

»Krok, krok!« Schwarz, edel, mit sattem Flügelschlag heben sich die zwei Rabenpaare über die Pinienwipfel. Noch lange, nachdem sie hinter dem Molahügel verschwunden sind, höre ich ihr Rufen.

Neue Sprühschriften an der Hauswand von Energie und Ausdauer: »Wir sind Spanier«, steht da auf kastilisch. »Som Catalans«, steht da auf katalan. »Nichts von beidem«, hat einer im Inseldialekt dazugesprüht, »Som Formenterers«. Der Sprachenkrieg geht also weiter, auch nach gewonnener Schlacht. Jahrelang hatten Verfechter der Regionalsprache die Ortsschilder besprüht und überpinselt, bis aus San Fernando offiziell Sant Ferran, aus dem geläufigen San Francisco das unbekannte Sant Francesc wurde.

Der Besucher wird sich wundern. Doch der Streit hat einen historischen Hintergrund. Vierzig Jahre war das Katalan im öffentlichen Leben verboten. Nach Francos Tod dauerte es dann noch acht Jahre, bis im Mai 1983 die Balearen ihren Autonomiestatus erhielten und das Katalanische Amtssprache wurde. Inzwischen spricht es auch John Wayne, wenn im dritten Fernsehkanal ein alter Western läuft. Die Lehrer, Pfarrer und Politiker tun es wieder, die Bauern und Fischer hatten nie aufgehört, in ihrer Heimatsprache zu reden, die auf den Nachbarinseln Mallorquin, Menorquin und Eivissenc heißt, auf Formentera aber *pagés*.

Sprache ist Identität, schon richtig. Aber für die Besucher ist dieser Sprachenstreit verwirrend. Aus Cabo de Berberia wurde Cap de Barbaria, aus der Playa Levante die Platja Llevant, und der alte Salzhafen Porto-Saler schreibt sich auch Portu Salè oder Portossaler. Neue Bücher über Pflanzen und

Tiere der Balearen erscheinen vielfach schon gar nicht mehr auf spanisch.

Schon im Mittelalter war Katalan, so betonen die Traditionalisten, eine Universalsprache, in der sich die Seeleute in den Küstenorten des Mittelmeers verständigten. Mit dem Kastilischen ist das Katalanische zwar eng verwandt, doch die Anklänge an das Französische und Italienische sind nicht zu überhören. Sprachforscher finden außerdem arabische Wortgebilde, und Touristen stoßen oft bei Hotelnamen auf das deutsche Wort »blau«, weiß der Himmel oder das Meer – *mar blau* –, wie es da gelandet ist, wahrscheinlich durch irgendwelche Seefahrer.

Mit den Ibizenkos fühlen sich die Bewohner Formenteras ja noch verbunden, durch den gemeinsamen Dialekt und die Geschichte. Doch Palma de Mallorca, die Hauptstadt der autonomen Region Balearen, ist schon weit. Den dreißig mallorquinischen Vertretern im Inselparlament, den zwölf aus Menorca und den elf aus Ibiza steht dort einsam und allein ein Vertreter Formenteras gegenüber. Kein Wunder, daß man sich ständig untergebuttert fühlt. Und Madrid, wo bei wichtigen Entscheidungen immer noch das letzte Wort gesprochen wird – wie kürzlich im Streit um den Campingplatz –, Madrid ist für viele Inselbewohner schon Ausland.

»Yo hablo muy poco español«, sagt Toni immer, er spreche sehr wenig Spanisch. Das klingt bescheiden, aber ich werde das Gefühl nicht los, daß es bei ihm auch eine kluge Taktik ist.

»Aus dem Weg, Kühe«, schrie Aureliano Segundo. »Aus dem Weg, das Leben ist kurz!«

Zweitaktgeknatter.

Ich lege Márquez' »Hundert Jahre Einsamkeit« zur Seite. Ich ahne, mit meiner Ruhe ist es vorbei.

Die Ahnung wird bestätigt, als Luis, der Telegrammbote,

elegant die watschelnden Enten in der Kurve schneidend, seinen Motorroller mit der Aufschrift »Telegrafos« vor der Finca aufbockt.

Mein Freund,
ich soll also einen winterlichen Lagebericht über Formentera schreiben.

Meine Verärgerung über die Störung mit dem Gedanken an das dringend benötigte Honorar neutralisierend, beginne ich mit den Recherchen. Ich will mit denjenigen sprechen, die den ganzen Sommer über schwärmen, was der Winter doch für eine tolle Zeit ist, um unbelästigt vom verachteten Tourismus so richtig kreativ loszulegen.

Ich finde sie nicht.

Sollten die Arbeitswütigen tatsächlich Tag und Nacht beim Schein der Petroleumlampe in schummrigen Zimmern unvergängliche Werke schaffen? In der Fonda Pepe und der Bar Cizaña, den traditionellen Wintertreffs, jedenfalls gähnt die Leere. Schon seit Wochen und Wochen. Wenn aus Versehen mal jemand an einer Gitarrensaite zupft, seufzen Hoffnungsvolle nostalgisch und wähnen die Rückkehr der guten, gar nicht alten Zeit. Noch im letzten Winter wurden Theaterstücke aufgeführt, Ausstellungen veranstaltet und ein Gedichtband herausgebracht.

Erinnerst Du Dich, mein Freund?

In der Bootswerkstatt hinter La Sabina, die aussieht wie ein Kino aus den fünfziger Jahren, ja, richtig, der gelbe Bau gegenüber den Resten des Gefangenenlagers aus dem Bürgerkrieg; zu dieser Bootswerkstatt kamen alle, um mitzumachen oder um wenigstens dabeizusein. Mogens Egil trat als Gaukler auf; er, der sonst die Leute mit Worten zerfetzt, spuckte Feuer und zerriß Ketten. Heinz Löbig Goldfinger kam mit zwei Apfelsinen unter der Rüschenbluse und einem Kofferradio in der Hand auf die Bühne. Zugegeben, andere haben die »Königin der Nacht« besser gesungen, doch Goldfingers Darbietung ist auf der Insel in Erinnerung geblieben. Danach gab es die alles andere als kindergerechte Aufführung von Rotkäppchen. Jürgen, der den bösen Wolf spielte, mußte sich hinter einem Handtuch umziehen, weil seine letzte Unterhose bei der großen Wäsche am Strand von der Brandung weggeschwemmt worden war. Auf dem Programm stand auch die »Verfolgung und Eroberung eines Konzertflötisten durch die Macht der Liebe und seine Schwierigkeit, für das himmlische Kammerorchester einen Ersatzmann zu finden«. Ausgedacht hatte sich das irrwitzige Theaterstück Paul aus dem Elsaß, aufgeführt wurde es von den Stammgästen der Fonda Pepe, alle beschwipst.

Das Stück, ja der ganze Abend war solch ein Erfolg, daß Karen Heidenreich auf eine Wiederholung vor fremdem Publikum bestand. Du weißt ja, daß Karen früher mal mit einer Ballettgruppe durch die Lande zog. Sie lud also ihre Freunde und Bekannten ein, die auch pünktlich in das Hotel Rocaplana kamen. Wer auf sich warten ließ, war Paul, der auf dem langen Weg von San Fernando nach Pujols mal hier, mal dort eingekehrt war. Schließlich erschien er, zwei Stunden zu spät, im Aug' den Glanz von Bruder Alkohol, an der Seite einen Saufkumpan. Behängt mit alten Autoreifen, traten die beiden auf die Bühne. Karen, die ihren Abend geschmissen sah, begann Paul auf offener Bühne zu watschen: »Das – klatsch! – machst du – klatsch! – nicht noch mal – klatsch! – mit mir!« Das Publikum, das mit Theater dieser Güte, so modern und realistisch, nicht gerechnet hatte, war begeistert und klatschte da-capo.

Paul allerdings war die Freude am Theater vergangen.

Er verlegte sich auf die bildende Kunst und schuf jenes Uhrengemälde in Gold, das heute noch in der Fonda hängt. Danach trank er mehreren Wirten die Anisvorräte weg, verliebte sich unsterblich, versäumte, als die Angebetete nicht mehr warten wollte, zwei Abflüge und heuerte schließlich auf einem Schiff an. Eines Tages saß er wieder auf der Fonda-Terrasse, zielte über einen Flaschenhals in die Luft und sagte: »Der Kapitän hat auf Möwen geschossen, tut man doch nicht, oder?« Von dem Schock mußte er sich erholen, und das ging natürlich nur auf dem »verrückten Hundeknochen«.

All das, mein Freund, passierte im vergangenen Jahr. Aber in diesem Winter, glaub es mir, kam es ganz anders. Kaum war die Saison gelaufen, verzogen sich die meisten Dauergäste. Wer Geld hatte, ging nach Goa oder Bali. Wer keins hatte, ging nach Oberkassel, Schwabing oder Recklinghausen, um welches zu machen. Nur Pflanzen und ein paar Landschaftsfotografen können mittels Fotosynthese leben.

Ja, mein Freund, wie schon gesagt, Aussteigen ist noch leicht, überleben schon sehr viel schwieriger.

Einer unter uns, der hockte Jahr für Jahr mit der Geduld eines Uhrmachers auf der Fonda-Mauer, und schließlich gelang es ihm, unter all den Besuchern, die mit der Kamera und schönen Worten Jagd auf Exoten machten, den einzigen echten Mäzen herauszufiltern. Nun hockt Bernard nur noch zu Hause und arbeitet an seinem sechsten, bereits bezahlten Gemälde; zwanzig hat sein Gönner, ein Senator aus Stuttgart, bestellt.

Was tun andere?

Ich mache mich auf die Suche nach dem harten Kern der Überwinterer, treffe ein Mitglied, frage und kriege die Antwort: »Stör mich nicht, bin auf Sauftour!«

Das muß man respektieren. Ich unterhalte mich mit Mogens Egil, will von ihm wissen, was die Künstler so machen.

»Wieso die Künstler?« beißt er prompt an. »Hier gibt es doch nur einen.«

»Also gut, was machst du in diesem Winter?«

»Na, ich baue ein Regal, suche ein dürres Modell und onaniere genau wie im Frühling und Sommer.«

Warum das so schwierig sei – mit dem dürren Modell?

»Na, bei der Kälte will sich doch kein Aas ausziehen.«

Langsam, mein Freund, dämmert Dir die Situation, nicht wahr? Der große Masturbator, geehrt sei er im Namen Dalí, macht sich auf der Insel breit.

Ansonsten wird in den Pinienwäldern auf Teufel komm raus Kaminholz gehackt. Die rauhen Winde wehen, der Mestral aus Nordwest, der Gargal aus Nordost. Hunde heulen in der Ferne, die Insel zieht sich die Schlafdecke über die Nase.

Wann sie wieder erwacht?

Wenn wieder warm die Sonne scheint. Dann kommen die Mädchen, dann öffnen die Boutiquen und Kneipen, dann gehen die Jachten vor Anker, dann stehen wieder die Fahrräder in Reih und Glied, dann diskutieren Kenner und Könner darüber, ob Kunst nur in den Metropolen oder in Randgebieten entsteht. Dann wird Formentera für Monate wieder zum Fluchtpunkt im Mittelmeer.

Doch bis dahin ist Ruhe.

Bis wann?

Ostern!

Also, bis dann!

»Aus dem Weg, Kühe«, schrie Aureliano Segundo im Festestaumel. »Aus dem Weg, das Leben ist kurz!«

Amigo ist auch nicht mehr der alte. Es geht ihm schlecht. Vor drei Wochen fing das an. Auf einmal war er alles leid, die Einsamkeit, die Insel, sein Haus. Er will es verkaufen; seine Hühner, die er zum Füttern immer mit polnischen Kosenamen ruft, hat er bereits aus den Schlafbäumen geschossen. Alles sei vergiftet, sagt er, das Brunnenwasser, der Wodka, das Meer, sein Körper. Er habe sich schon zur Ader gelassen, aber das nütze nichts. Amigo macht das wirklich, und zwar mit einem alten angeschliffenen Taschenmesser.

Ein Woche später kam er abermals vorbei, schimpfte auf den Kapitalismus und warnte mich vor Töpfen aus Aluminium, »weil Aluminium kein Metall, sondern eine Legierung« wäre. Er sprach das mit solch einer Autorität, daß ich ganz unsicher wurde und ihm versprach, meinen Wasserkessel aus Alu gegen einen aus Edelstahl zu tauschen. Bevor er ging, sagte er noch, daß er ab sofort jeden Morgen eine Fahne vor seinem Haus hissen würde, als Zeichen, daß er noch lebe. Vor dem Sterben habe er keine Angst, aber der Gedanke, dort tot zu liegen, mache ihm Sorgen.

Ob er nicht zu seinen Verwandten nach Köln wolle? »Nein, da liegt jetzt Schnee auf den Bürgersteigen, da rutsche ich nur aus«, sagte er.

Ein paar Tage darauf stand er wieder vor der Tür, unrasiert, die Hose mit einem Kabel um den Bauch geschnürt, Drähte in den Turnschuhen. »Kauft mir einen Flugschein nach Deutschland, ohne Rückflug«, bat er. Es ging ihm wirklich schlecht, aber zum Arzt wollte er nicht. Mir schenkte er seine spezielle Rattenfalle, meiner Frau die eisernen Kochtöpfe.

»Das Haus ist verkauft, mit dem Geld fahre ich auf die Krim. Zu meinen Freunden«, hängte er an und grinste noch einmal wie in besten Zeiten. Daß sich bei seinen »Freunden« inzwischen eine Menge verändert hatte, war ihm entgangen.

Meine Frau legte ihm noch ein Paar warme Socken aus
Schafwolle in die zerfledderte Basttasche, dann reiste er ab.

Später hörten wir, daß die Leiter eines Altenheims in Köln
ihre liebe Not mit einem Alten hatten, der die Mitbewohner
vor dem CIA und vor Essen aus Aluminiumtöpfen warnte, der
sich die Schuhe mit Draht zuband und Revolten anzettelte,
der im Schlaf spanisch sprach und eines Tages zum Tor
hinausschritt. »Mit einer Entschlossenheit«, sagte der Heim-
leiter, »als hätte er eine Verabredung am Ende der Welt.«

Am 23. Februar 1981 zieht ein Mann in grüner Uniform und
schwarzem Lackhut im spanischen Parlament seine Dienstpi-
stole. Abgeordnete gehen hinter Stuhllehnen in Deckung, ein
ganzes Land hält den Atem an. Soldaten besetzen das Rund-
funkgebäude, ein General erklärt den Ausnahmezustand,
verspricht Ruhe und Ordnung nach Franco-Muster. Während
durch Valencia und anderswo auf dem Festland die Panzer
rollen, geraten auf Formentera jene Leute in Panik, die als
rojos, Linke, gelten. »Einer von ihnen«, erzählte Karen später, »stand bei mir mit gezückten Brotmesser hinter dem
Duschvorhang, Stunden um Stunden, bis der Spuk vorbei
war.«

Das war er schon am anderen Tag, dank König Juan
Carlos. Der Monarch, auch oberster Militär des Landes, hatte
durch seine unbeugsame Haltung den Putschversuch des
Obersten Tejero und seiner Hintermänner vereitelt. Nach
seinem Eintreten für die junge spanische Demokratie kam es
in allen Großstädten zu spontanen Demonstrationen; auch in
Ibiza-Stadt, wo zweitausend Menschen durch die Straßen
zogen und skandierten: De-mo-cra-cia!

Über Formentera lag in diesen Tagen eine seltsame
Anspannung in der Luft. Erinnerungen flackerten auf. Der
Bürgerkrieg war in ganz Spanien schrecklich, aber auf einer

kleinen Insel wie Formentera bedeutete er die Hölle, auch noch lange, nachdem der letzte Schuß gefallen war. Nicht nur Nachbarn waren zu Feinden geworden, der Riß ging, da ja alle miteinander verwandt sind, quer durch die Familien.

Auf Formentera gab es keine Großgrundbesitzer, kein Proletariat, hier standen sich Bauern und Fischer gegenüber, und nicht selten wurden unter dem Deckmantel der politischen Gesinnung private Fehden ausgetragen. Sie reden nicht gern darüber, die Alten, die den Krieg erlebt haben. Und wenn, dann nennen sie keine Namen. Doch jeder weiß vom anderen, wo der damals gestanden hat. Man kennt die Männer, die damals bei Nacht – und zwar mit dem Ruderboot, weil das Motorengeräusch sie sonst verraten hätte – nach Algerien flüchteten. Man kennt den *rojo*, der sich noch Jahre nach Ende des Krieges in einer Höhle auf dem Kap versteckt hielt und von seiner Frau mit Essen versorgt wurde.

»Ins Café von dem Franco-Anhänger würde ich mich nie setzen«, sagt da ein Achtzigjähriger. Und: »Das Gemüse im Laden von diesem Linken kaufen? Nie und nimmer!«

Alte Geschichten, doch auf kleinen Inseln heilen die Wunden, die Nachbarn sich schlagen, eben nur äußerst langsam.

Kommst du im Winter nach Formentera, hatte bei meinem ersten Besuch jemand gesagt, du glaubst, auf einer anderen Insel zu sein. Stundenlang kannst du dann über Wege laufen, ohne einem Menschen zu begegnen. Ein Ziel ist nicht nötig. Lauf einfach drauflos, vorbei an frischer Saat und Wildblumen, an jungen Lämmern und alten Bäuerinnen, die wie festgewachsen am Feldrand hocken. Vorbei an endlosen Natursteinmauern, vorbei oder anhalten, irgendwo, um eine Eidechse zu beobachten oder um im Unterholz eine Orchidee zu betrachten.

Laufen, nicht fahren! Dir tun die Füße weh? Mit ein bißchen Glück erscheint in der Ferne der rote Linienbus, am

Steuer Jeronimo, gib ihm ein Zeichen! Er wird anhalten, dich fragen, wohin du willst. Und wenn du ihn nicht verstehst, dann wird er dir auf der Landkarte, die hinter der Sonnenblende steckt, die Route zeigen. Seit fast zwanzig Jahre dreht Jeronimo seine Runde, spricht während der Fahrt zu sich selbst und zu seinem Bus. Die scharfen Kurven hinauf zur Hochebene nimmt er wie im Schlaf.

Jetzt blick zurück! Unter dir liegt die Ebene, grün mit weißen Häusern und hingetupften Mandelbäumen, rundum das Meer in allen Farbabstufungen von Türkis bis Tiefblau. Eine letzte Kurve, der Pinienwald hört auf, du bist in EL PILAR, Endstation. Auf dem Marktplatz dösen Gabrielets Katzen, am Kramladen von Mercedes hängen noch vom Saisonende die Pullover und Socken aus Schafwolle; vor Miguels Kneipe steht ein ausrangierter Flipperautomat. Drinnen, am Holztresen, stehen Männer mit dem Rücken zum Fernsehapparat und zählen die Fliegen.

Tritt ein oder wandere weiter. Nach Norden durch Felder und Buschwerk bis zu den kaum mehr sichtbaren Ruinen eines Klosters. *Es Monestir,* so heißt die Gegend noch immer, wurde von den Augustinern im 13. Jahrhundert oder schon lange zuvor von Eremiten errichtet, keiner weiß das mit Sicherheit. Wo nie etwas aufgeschrieben wurde, wuchern die Legenden. Wie die von dem Mönch, der aus Liebe zu einem Bauernmädchen zum Mörder wurde und sich daraufhin in einen Baum verwandelte. Der Baum, eine viele hundert Jahre alte, gespenstisch verwachsene Sabina, steht noch. Und mit etwas Phantasie erkennst du in den gewundenen Ästen die Gestalt eines Mannes.

Wendest du dich von der Hauptstraße nach rechts, dann erreichst du *Sa Talaiassa,* den höchsten Punkt der Insel. Die gleichnamige Finca dort hat, wohl einzig in der Welt, ihren eigenen astronomischen Meßpunkt. Weiter nach Süden geht es durch eine Gegend, die früher der Teufelswald hieß, weil hier ein übelriechendes Gestrüpp wächst. Sträucher und Pinien treten zurück, das Meer und die schroffe Südküste der Mola kommen in Sicht, der Fischerhafen S' ESTUFADOR mit seinen Holzschienenrampen und den ins Gestein gehauenen Bootsschuppen. Die Felsen darüber, verwittert von Sonne und Regen, sehen aus wie Gesichter oder sind, glaubt man den Kräuterweibern, die Kratzspuren des Teufels.

Nichts scheint unmöglich in dieser Landschaft, sofern du sie im Winter durchstreifst. Geh weiter und richte es so ein, daß du zum Sonnenuntergang die Steilküste im Osten der Hochebene erreichst. An der PUNTA D'ES FAR, wo die Insel wie abgebrochen wirkt, bist du am Ziel. Hier, hart an der Klippe, hundert Meter überm Wasser, steht ein alter Leuchtturm, daneben ein Gedenkstein für Jules Verne, dessen utopischer Roman von der »Reise durch das Sonnensystem« zum großen Teil auf Formentera spielt ...

Ein Komet trifft die Erde und reißt mit sich in den Weltraum ein Stück von Nordafrika, ganz Spanien und einen Teil des Mittelmeeres. Auf dem losgelösten Erdbrocken steigt der Wasserspiegel, ganze Landstriche und Inseln versinken. Doch auf der Hochebene La Mola sitzt ein alter Professor, der den Ausgang des kosmischen Abenteuers berechnet:

»Ich war deshalb einigermaßen überrascht, als ich plötzlich auf jenem kläglichen Rest der Insel Formentera wieder erwachte. Aber wir alle können uns glücklich schätzen, denn es hätte alles noch schlimmer kommen können.«

Soweit die Romanhandlung.

Stell dich nachts unter das Lichtrad des Leuchtturms. Über dir in der Kuppel dreht sich ein großer Kristall, der seine Strahlen weit in die Dunkelheit schickt – je länger du in das Lichtrad über dir schaust, desto stärker spürst du: Diese Insel ist auf dem Weg zur Legende.

Serviceteil von A – Z

Allgemeines

Formentera ist die südlichste und mit 82 Quadratkilometern die kleinste der vier Baleareninseln. Sie hat rund 5 500 Einwohner und etwa tausend ausländische Residenten, die ständig oder zeitweise hier leben. Der Hauptort heißt San Francisco Javier, Touristenzentrum ist Es Pujols.

Anreise

■ **mit dem Flugzeug:**
Mit Charter direkt nach Ibiza; der Flug mit der Linie ist inzwischen recht günstig, lästig allerdings der mehrstündige Aufenthalt in Barcelona oder Palma.
Die Beförderung von *Fahrrad* oder *Surfbrett* ist bis zu den gewährten 20 kg frei, muß jedoch angemeldet werden. Beim Fahrrad vorher die Luft aus den Reifen lassen!
■ **Mit dem Auto:**
Mit der Fähre von Barcelona bzw. Valencia über Ibiza oder von Denia (mit Stopp in San Antonio, Ibiza) direkt nach Formentera.
Die Überfahrt von Ibiza nach Formentera dauert mit den Fähren eine Stunde, mit den Schnellbooten dreißig Minuten. Im Sommer verkehren die Schiffe stündlich,

im Winter vier- bis fünfmal täglich.
□ Schiffslinien:
Maritima: Tel. 32 22 10;
Trasmapi: Tel. 32 27 03;
Trasmediterránea: Barcelona Tel. 31 99 612, Valencia Tel. 36 76 112, Ibiza Tel. 30 30 00;
Flebasa, Denia Tel. 57 84 200/ 57 84 011, Ibiza Tel. 19 09 98, Formentera Tel. 32 29 30.

Apotheken

In San Francisco: Tel. 32 24 19, in San Fernando: Tel. 32 80 04. Welche der beiden rund um die Uhr dienstbereit ist, steht an der Apothekentür.

Ärzte

Dr. Luis Martin Soledad, der auch deutsch spricht, hat eine Privatpraxis in San Fernando: Tel. 32 84 75.
Tip: Der deutsche Zahnarzt Dr. Günter Hohmann, San Francisco, gegenüber der Apotheke, Tel. 32 28 05.
Der Tierarzt Dr. Pablo Garcia Vanrell aus Ibiza ist mittwochs von 13-15.30 in San Francisco: Tel. 30 13 83.

Auskunft

■ **Vor Reiseantritt:**
In Deutschland: Spanisches
Fremdenverkehrsamt, Kurfürsten-
damm 180, 10707 Berlin,
Tel. (0 30) 8 82 65 43; Postfach
17 05 47, 60079 Frankfurt/Main,
Tel. (0 69) 72 50 33; Grafenberger
Allee 100, 40237 Düsseldorf,
Tel. (02 11) 6 80 39 80; Postfach
15 19 40, 80051 München,
Tel. (0 89) 53 01 58.
In der Schweiz: Seefeldstr. 19,
8008 Zürich, Tel. (01) 2 52 79 31.
In Österreich: Rotenturmstr. 27,
1010 Wien, Tel. (01) 5 35 31 91
oder 53 31 425.
■ **Vor Ort:**
Sie können sich in einem Büro im
Hafen La Savina persönlich oder
telefonisch (32 20 57) informieren.

Botschaften/ Konsulate

Deutsches Konsulat, Carrer d'An-
toni Jaume, Ibiza, Tel. 31 57 63,
geöffnet von 9 bis 12 Uhr;
Österreichisches Konsulat, Palma
de Mallorca, Plaza Olivar 7, Tel.
72 37 33;
Schweizer Konsulat, Palma de
Mallorca, Passeig de Mallorca,
Tel. 71 25 20 und 71 82 38.

Spanische Botschaft:
-53115 Bonn, Schloßstr. 4,
Tel. (02 28) 21 70 94;
-1041 Wien, Argentinierstr. 34,
Tel. (01) 65 91 66 und 65 85 54;
-3000 Bern, Brunnadernstr. 43,
Tel. (0 31) 44 04 12.

Einkaufen

Die Geschäfte sind in der Regel
von 9 bis 13.30 und von 16 bis 20
Uhr geöffnet.
Es gibt auf der Insel zwei, drei
Boutiquen, die eigenständige,
von Ausländern entworfene, von
einheimischen Näherinnen gefer-
tigte Mode anbieten. Eine gute Fi-
gur, sowohl auf dem Fahrrad wie
zu Hause, machen die Modelle
aus der Boutique Bernadette in
San Francisco.
Auf der Mola wohnt eine Gruppe
von *Kunsthandwerkern*, die sonntags ihre Marktstände aufbaut:
Stoffpuppen (Eva), Webarbeiten
(Lena), ausgefallene Gold- und
Silberarbeiten entwirft Enric
Majoral in San Francisco.
Keramiker Angel arbeitet in
seinem Atelier in San Fernando.
Bilder, Grafiken und Skulpturen
der Inselkünstler stellen die
Galerie »Bella & Sioma Baram«,
die Sala de Cultura und die Bank
Caixa aus, alle drei in San Fran-
cisco.

Eva kleidet ihre Puppen in die Inseltracht.

Einreise

Reisende aus Deutschland,
Österreich und der Schweiz benö-
tigen einen gültigen Reisepaß
oder Personalausweis, Kinder
eine Eintragung im Familienpaß
oder einen Kinderausweis.

Essen und Trinken

"frig y mig"

Formenteras Beiträge zur Trink-
kultur sind der Kräuterschnaps
Hierbas, der Aperitif Palo, der seinen bitter-süßen Geschmack von
den Früchten des Johannisbrotbaums erhält, sowie der mit wildem Thymian aromatisierte Frigola. Der einheimische Wein »vino
pagés« ist gehaltvoll herb, aber
nicht jedermanns Sache.
Charakteristischen Formentera-
Geschmack haben auch der mit
Pfefferminzblättern belegte
Schafkäsekuchen »flaó«, die pud-
dingartige Nachspeise »greixone-
ra« und die hausgemachte
Streichwurst »sobrasada«, bei
der viel süßer Paprika verwendet
wird.
Typisch für die Inselküche sind
die deftigen Eintöpfe, die man jedoch nur selten findet.
Die internationale Küche, die
meist angeboten wird, ist durch-
schnittlich. Gut sind hingegen in

einigen Restaurants die Speziali-
täten:

■ Fonda Pepe, San Fernando:
Cordero al horno (Lammbraten
aus dem Ofen); auch die anderen
Gerichte haben einen guten Stan-
dard, zudem ist die Fonda Pepe
allein schon wegen ihres ge-
mischten Publikums und der Bilder an den Wänden einen Besuch
wert.

■ La Tortuga, San Fernando:
Seit über 20 Jahren gibt es hier
das Formentera-Schwein, eine
saftige Scheibe Fleisch vom Hin-
terbein mit Äpfeln und Zimt.

■ Fonda Rafalet, Es Caló: Die
Terrasse liegt direkt am Meer, der
Fisch, gefangen vom Besitzer, ist
frisch.

■ Restaurant Victoria, km 12,5:
Empfehlenswert ist Taube mit
Kohl, ein einheimisches Gericht,
das allerdings vorbestellt werden
muß.

■ Sa Palmera, Es Pujols:
Schmackhaft die Zarzuela aus frischen Fischen und Schalentieren;
auch die Seezunge, obwohl meist
tiefgefroren, ist groß und gut.

■ Es Moli de Sal: Die ehemalige
Salzmühle im Gebiet der Salinen
bietet fangfrische Langusten und
den schönsten Ausblick auf Ibizas
Küste und die Felseninsel Es
Vedrà.

■ La Formentereña, Playa Migjorn: Der Besitzerin Yvonne ver-
danken die Gäste, daß es am

schönsten Strand katalanische Gerichte inmitten holländischer Gemütlichkeit gibt.

Tip: Tapas sind kleine Portionen Fleisch oder Fisch. Probieren Sie die Happen in den Gaststätten, wo auch Einheimische sitzen.

Fahrzeuge

Fahrräder – sie sind das der Insel angemessene Beförderungsmittel – gibt es an allen Ecken zu mieten. Motorräder, Roller, Mofas und Autos kann man in den Ortschaften und bei den Hotelanlagen leihen.

Die beiden *Tankstellen* der Insel (bei km 1,4 und 4,5) sind sonntags und an Feiertagen geschlossen, haben jedoch Münztanksäulen.

Die Promillegrenze liegt bei 0,8; auch sonst gelten die gewohnten *Verkehrsregeln*. Achtung! Die Polizei ahndet Verstöße mit hohen, oft drastischen Geldbußen.

Ein *Linienbus* fährt vom Hafen bis zur Mola; im Sommer häufig, im Winter eingeschränkt.

Tip: Fußgänger sollten in der Dunkelheit eine Taschenlampe mit sich führen.

Fiestas

Die Patronatsfeste der drei Ortschaften werden häufig mit Prozessionen, immer aber mit traditioneller Musik und alten Tänzen gefeiert, denen man den maurischen Einfluß anmerkt.

30. Mai: Patronatsfest San Fernando.

24. Juni: San Juan. Dieses Fest, zu Ehren Johannes des Täufers, geht auf heidnischen Ursprung und die Sommersonnenwende zurück; es wird im ganzen Mittelmeerraum gefeiert, auf Formentera besonders auf der Mola.

16. Juli: Virgen del Carmen. Die Schutzheilige der Fischer und Seeleute wird mit Bootsprozessionen in La Savina gefeiert.

25. Juli: San Jaime, der Tag des Heiligen Jakob, Schutzpatron der Insel, ist das bedeutendste Fest der Insel.

5. August: Santa Maria de las Nieves. Sie ist die Schutzheilige der Pityusen.

12. Oktober: Nuestra Señora del Pilar. Dieses Fest wird im gleichnamigen Ort auf der Mola gefeiert.

3. Dezember: San Francisco Javier. Das Fest der Inselhauptstadt fällt in die ruhige Zeit; es wird mit Musik und Tanz auf dem Kirchplatz und anschließendem Feuerwerk begangen.

Tip: Gehen Sie zum alten Leuchtturm am Rand der Mola. Nach Sonnenuntergang beginnt sich das Lichtrad zu drehen – ein Fest für Augen und Gemüt, jeden Abend und doch einmalig!

Klima

Das Klima ist ausgeglichen, der Winter mild, mit kurzen Regenfällen und schönen Sonnentagen. Nie sinken die Temperaturen unter null Grad, und die Sommerhitze wird meist durch eine frische Brise gemildert.

Die *Durchschnittstemperaturen* bewegen sich zwischen 11° im Februar, dem kältesten Monat, und 26° im August.

Die Statistik spricht von über dreihundert Sonnentagen auf den Balearen. Auf Formentera sind es womöglich noch ein paar mehr. Hier macht sich schon der Einfluß der Sahara bemerkbar. Auf der Afrika am nächsten gelegenen Insel des Archipels regnet es noch weniger als auf den übrigen Balearen. Süßwasser ist knapp. In Zisternen wird Regenwasser aufgefangen. Daß viele Brunnen leicht salziges Wasser liefern, macht sich in einigen kleineren Hotels bemerkbar. Die großen Hotels Club La Mola und Punta Prima haben eigene Entsalzungsanlagen.

Literaturempfehlung

Eine Auswahl an Reisebüchern und Hintergrund-Literatur, die teilweise schon am Text erwähnt oder zitiert wurden:

Ibiza und Formentera von Niklaus Schmid, Reihe ›Merian live!‹, Gräfe und Unzer, München 1995. Ein handlicher Reiseführer mit Routen und Touren, sehr informativ!

Formentera ein Bildband von Melba Levick, nur auf den Balearen erhältlich.

Ibiza und Formentera von Ursula v. Kardorff, Reihe ›richtig Reisen‹, DuMont, Köln, 1977/84. Die Informationen sind ein wenig überholt, der Text ist immer noch amüsant zu lesen.

Ibiza – Der große Inselführer (mit Formentera-Teil), Dirk Manthey Verlag, Hamburg, 1988, die bereits 3. Auflage.

Ibiza – Ein unbekanntes Naturparadies von Hans Giffhorn, Verlag EinfallsReich, Braunschweig, 1991. Schöne Fotos und lehrreiche Texte über Fauna und Flora der Pityusen.

Legenden aus Formentera von José Luis Gordillo Courcières, Valencia, 1979. Volkstümliche und wundersame Begebenheiten, die man am Kamin lesen sollte.

Reise durch das Sonnensystem von Jules Verne, als Taschenbuch im Fischer-Verlag, Frankfurt, 1987. Utopischer Roman, der zum Teil auf Formentera spielt.

Mallorca, Menorca, Ibiza, Formentera in der Merian-Ausgabe von Februar 1973 mit schönen, nostalgischen Fotos und Beiträgen über Formentera u. a. von Hans Werner Richter.

Mapa de Formentera. Diese Inselkarte von Artes Gráficas im Maßstab 1:25 000 ist gut und genau, mit allen Wegen bis hin zu einzelnen Fincas.

Es gibt ein *Inselporträt* als Videokassette, Studio Peter Wahle, Kasernenstr. 18, 40213 Düsseldorf.

Tip: Bobs ›Casa de Libros‹ in San Fernando ist eine Leihbücherei mit rund 25 000 Büchern in einem Dutzend Sprachen – vorhanden sind natürlich auch die Werke der Inselautoren.

Museum

Das Heimat-Museum in der Fußgängerzone in San Francisco zeigt nicht nur Gerätschaften, wie sie früher in der Landwirtschaft und beim Fischfang benutzt wurden, sondern auch eine Gewürzmühle, ein Modell der typischen Windmühle und einer Noria, Musikinstrumente und vieles mehr. Das Museum ist geöffnet: Mo-Sa von 10-13 und 17-21 Uhr.

Post/Banken

Post und Banken sind nur vormittags geöffnet; die Post von 8.30 bis 14.30 Uhr und samstags von 9.30 bis 13 Uhr; Banken von 8.15 bis 14 Uhr, samstags bis 12 Uhr, jedoch nur im Winter.

Die spanische Post ist nicht die schnellste, durchschnittliche Laufzeit eine Woche. *Briefmarken* verkaufen auch die in den spanischen Farben gekennzeichneten Tabakläden (estancos).

Es gibt die Möglichkeit, Briefe postlagernd (en lista de correos) zu verschicken. Doch im Sommer sind die Warteschlangen vor dem Schalter lang.

Tip: P.O. Box, ein Kommunikationszentrum in San Fernando, vermietet Post- und Schließfächer, hat Fax (32 84 61) und Telefondienst (32 87 63).

Reisezeit

Hauptreisezeit ist zwischen Mitte Mai und Mitte September. Die Spitzenmonate Juli und August sollte man nach Möglichkeit meiden. Besonders schön ist es von Anfang Mai bis Mitte Juni – Vegetation und Bedienung sind noch »saisonfrisch« – sowie von Mitte September bis Ende Oktober, wenn Wasser und Luft noch angenehm warm sind. Für Individualisten empfehlen sich der November sowie die Monate März und April. Auch über Weihnachten und Neujahr herrscht gute Stimmung, ohne Tannenbaum.

Sport

☐ Surfen und Segeln und Fallschirmsegeln am Strand von Pujols.
☐ Tennis im Feriendorf Punta Prima und im Hotel La Mola.
☐ Tauchen im Clubhotel La Mola; Tauchlehrer Godehard Eckerskorn weiß, wo der uralte Zackenbarsch Jolante steht.
☐ Reiten bei Saona Horses nahe San Francisco, Tel. 32 30 01 oder 9 08 43 75 05.
Tip: Vorsicht beim Baden! Es gibt gefährliche Unterströmungen, besonders am Migjorn-Strand. Signale beachten, bei roter Flagge auf keinen Fall ins Wasser gehen!

Taxis

San Francisco: Tel. 32 20 16;
Es Pujols: Tel. 32 80 16;
La Savina: Tel. 32 20 02.

Telefonieren

Die internationale Vorwahl für Spanien aus Europa ist 0034, darauf folgt für die Balearen die 71. Von der Insel ins Ausland wählen Sie zuerst 07, warten einen Pfeifton ab und wählen für Deutschland 49, für Österreich 43 und für die Schweiz 41, danach die Ortsvorwahl ohne die Null.

Unterkunft

Die meisten Hotels sind in Hand der Reiseveranstalter. Zumindest in der Hochsaison sollte man sich vor Antritt der Reise eine Unterkunft sichern. Ansonsten auf der Insel in La Savina: Reservierungszentrale, Tel. 32 32 14.
Das *Roca Bella*, 1957 als erstes Hotel entstanden, hat den Charme der Pionierzeit. Das *Clubhotel La Mola* ist mit vier Sternen ausgezeichnet. Das am kilometerlangen Migjorn-Strand gelegene *Formentera Playa* gilt als »etwas hellhörig«. Gute Sportmöglichkeiten bietet das *Feriendorf Club Punta Prima*.
Im Winter sind nur einige kleinere Hotels geöffnet: *Hostal Bellavista* in La Savina bietet Hafenatmosphäre; *Hostal Sa Volta* in Pujols hat beheizte Zimmer; *Los Rosales*

ist ein modernisiertes Hostal in Es Pujols. Erwähnenswert beim *Hostal Illes Pitiüses* an der Hauptstraße in San Fernando sind die gepflegten Zimmer und das freundliche Personal.

Das Reisebüro Reinhardt Touristik in Düsseldorf, Tel. (0211) 32 01 67, hat sich auf Formentera-Buchungen spezialisiert und kann auch im Winter Flüge und Häuser mit Kamin vermitteln.

Camping: Der Streit um die Zulassung eines Campingplatzes dauert an. Wild zelten ist verboten.

Wichtige Telefon-nummern

Polizei: 0 92
Guardia Civil: 32 20 22
Medizinisches Zentrum
(Dr. Pedro Pizá Caffaro): 32 23 69.

Wirtschaft

Haupteinnahmequelle ist heute der Tourismus. In den rund 10 000 Fremdenbetten übernachten jährlich an die 150 000 Besucher. Früher wurden Schafwolle, Ziegenhäute, Käse und Trockenfische, Holzkohle, Salz und Steine zu den Nachbarinseln und von dort weiter aufs Festland verkauft. Das Salz der Salinen wird mittlerweile nicht mehr geerntet; Ackerbau, Viehzucht und Fischfang dienen in erster Linie dem Eigenbedarf.

Zeit

Die Zeit ist im Sommer und Winter dieselbe wie bei uns. Umgestellt wird an denselben Tagen.

Zoll

Gegenstände des persönlichen Bedarfs dürfen zollfrei eingeführt werden.

Anhang

Literaturhinweise

Die Balearen, Erzherzog Ludwig Salvator von Habsburg, sieben Bände, Leipzig 1869 bis 1891.

Insel-Erde, Gedichte von Ernesto Ehrenfeld und sechs weiteren Inselautoren, hrg. von Niklaus Schmid, Formentera-Verlag H.O. Rasche, Heiligenhaus, 1980.

Über die Klippen, Irene Rodrian, Heyne, München, 1988.

Aus meinem Leben, Walter Mönch, Verlag Laub, Elztal-Dallau, 1981.

Formentera, indice para el viajero, Joan Castelló Guasch, Imprenta Alfa, Palma, 1969.

Formentera, estudi de Geografia humana, Ajuntament de Formentera, 1985.

Bildnachweis

Landkarte: Rolf Woschei nach Mapa de Formentera, Ediciones Artes Gráficas, San Fernando/Formentera

Schwarzweiß-Fotos
José Juan Juan: Seite 98, 164, 211
Melba Levick: Seite 38/39, 67, 71, 91, 96, 106, 117, 134, 157, 238, 241, 260
Gerhard P. Müller: Seite 42/43, 81, 107, 133, 167, 206
Niklaus Schmid: Seite 14, 46, 52, 53, 74, 93, 124, 148, 152, 159, 161, 165, 184, 185, 234

Farbteil
Melba Levick: Seite 2/3, 4 o., 8 u., 9, 14/15, 17, 22/23, 24, 25, 26, 27 o., 28, 29, 30, 31, 32
Gerhard P. Müller: Seite 4 u., 5, 8 o., 10/11, 12 o., 13 u., 16, 27 u.
Niklaus Schmid: Seite 1, 6/7, 12 u., 13 o., 18, 19, 20, 21

Register

Reisen&Entdecken
Der besondere Reisebegleiter

Niklaus Schmid
Formentera
3-404-**69014**-1/DM 12,90

Michael Auwers
Rom
3-404-**69010**-9/DM 12,90

Barbara Kernek
St. Petersburg
3-404-**69012**-5/DM 12,90

Marc Delestre/Beate Kuhn
Paris
3-404-**69011**-7/DM 12,90

Roland Hill
London
3-404-**69007**-9/DM 12,90

Wolf Linder
Mallorca
3-404-**69008**-7/DM 12,90